07
傳世經典

一部《春秋》是孔子的傑作，
孔子的學問包羅萬象，
《春秋》的含義何嘗簡單？
讀《春秋》，
必須讀三傳，
然三傳文辭不加注解也讀不明白。

春秋三傳（中）

孔子
（晉）杜預
（漢）何休
（戰國魯人）穀梁子　注釋

春秋卷之七

文公

楊氏士勛曰。魯世家文公。名興。僖公之子。以襄王二十六年即位。謚法。慈惠愛民曰文。

（乙未）襄王二十六年 **元年** 晉襄二年。齊昭七年。衛成九年。蔡莊二十年。鄭穆二年。曹共二十七年。陳共六年。杞桓十一年。宋成十一年。秦穆三十四年。楚成四十六年。

春王正月公即位

【穀】繼正即位。正也。

【案】胡傳據高宗諒陰之說。援引虞商二書。以為冢宰攝告廟臨羣臣。而人主不親其事。今以朱子之言考之。則他事可攝。即位不可攝。乃不易之定論也。曾子問緦服不祭。則踰年告廟。或使他人攝之。若即位改元。而臨羣臣。萬無可攝之理。故今不從胡傳。

二月癸亥日有食之 公日上有朔字。

杜氏預曰。癸亥。月一日。不書朔。官失之。　趙氏鵬飛曰。不書朔。失其朔也。

天王使叔服來會葬

【左】元年。春。王使內史叔服來會葬。公孫敖聞其能相人也。見其二子焉。叔服曰。穀也食子。難也收子。穀也豐下。必有後於魯國。

【附錄左】於是閏三月。非禮也。先王之正時也。履端於始。舉正於中。歸餘於終。履端於始。序則不愆。舉正於中。民則不惑。歸餘於終。事則不悖。

【公】其言來會葬何。會葬禮也。

【穀】葬曰會。其志重天子之禮也。

夏四月丁巳葬我君僖公

【左】夏。四月。丁巳。葬僖公。

【穀】薨稱公。舉上也。葬我君。接上下也。僖公葬而後舉謚。謚所以成德也。於卒事乎加之矣。

天王使毛伯來錫公命

【左】王使毛伯衛。來錫公命。

【公】錫者何。賜也。命者何。加我服也。

【穀】禮有受命。無來錫命。錫命。非正也。

晉侯伐衛

【左】晉文公之季年。諸侯朝晉。衛成公不朝。使孔達侵鄭。伐緜訾。及匡。晉襄公既祥。使告於諸侯而伐衛。及南陽。先且居曰。效尤。禍也。請君朝王。臣從師。晉侯朝王於溫。先且居胥臣伐衛。五月。

辛酉。朔。晉師圍戚。六月。戊戌。取之。獲孫昭子。　匡。在潁川新汲縣東北。戚。衛邑。在頓丘衛縣

叔孫得臣如京師

【左】叔孫得臣如周拜。

杜氏預曰。謝賜命。得臣。叔牙之孫。

衛人伐晉

【左】衛人使告於陳。陳共公曰。更伐之。我辭之。衛孔達帥師伐晉。君子以爲古。古者越國而謀。

劉氏敞曰。左氏曰。君子以爲古。古者越國而謀。非也。古者雖越國而謀。所謀者必

義事也。今陳與衛何謀哉。謀畔命侵小者也。謀畔命侵小。是非古矣。何以謂之古。

秋公孫敖會晉侯于戚此大夫專會諸侯之始。

【左】秋。晉侯疆戚田。故公孫敖會之。

冬十月丁未楚世子商臣弑其君頵頵。俱倫反。公穀作髡。

【左】初。楚子將以商臣爲大子。訪諸令尹子上。子上曰。君之齒未也。而又多愛。黜乃亂也。楚國

之舉。恒在少者。且是人也。蠭目而豺聲。忍人也。不可立也。弗聽。既又欲立王子職而黜大子

商臣。商臣聞之而未察。告其師潘崇曰。若之何而察之。潘崇曰。享江芊而勿敬也。從之。江芊

怒曰。呼。役夫。宜君王之欲殺女而立職也。告潘崇曰。信矣。潘崇曰。能事諸乎。曰。不能。能行乎。

曰。不能。能行大事乎。曰。能。冬。十月。以宮甲圍成王。王請食熊蹯而死。弗聽。丁未。王縊。謚之曰

靈。不瞑。曰。成。乃瞑。穆王立。以其爲大子之室與潘崇。使爲大師。且掌環列之尹。

【穀】日髡之卒。所以謹商臣之弑也。夷狄不言正不正。

劉氏敞曰。穀梁曰。日髡之卒。所以謹商臣之弑。非也。卽不日者。乃不謹商臣之弑乎。　王氏

錫爵曰。傳謂謚靈弗瞑。改成乃瞑。君薨舉謚。常在葬時。安得謚於未殯之日。此左氏之鑿也。

【案】唐郭瑜對世子宏。謂春秋義存褒貶。以善惡爲勸戒。故商臣千載而惡名不滅。此正合於聖

人之旨。所謂春秋成而亂臣賊子懼也。宏天性仁愛。故卒不忍讀耳。非瑜誤陳經義。以春秋爲

可廢也。胡傳深貶其說。謂身後惡名。不足以繫亂賊之邪志。而懲於爲惡。又曲引董子之論。寬

綦弑。嚴首惡。累數楚成之罪。而以商臣爲不待貶。是亂春秋之名分。失輕重之權衡也。故不錄。

公孫敖如齊

【左】穆伯如齊。始聘焉。禮也。凡君卽位。卿出並聘。踐修舊好。要結外援。好事鄰

國。以衛社稷。忠信卑讓之道也。忠。德之正也。信。德之固也。卑讓。德之基也。

【附錄左】殽之役。晉人既歸秦帥。秦大夫及左右。皆言於秦伯曰。是敗也。孟明之罪也。必殺之。

秦伯曰。是孤之罪也。周芮良夫之詩曰。大風有隧。貪人敗類。聽言則對。誦言如醉。匪用其良。

覆俾我悖。是貪故也。孤之謂矣。孤實貪以禍夫子。夫子何罪。復使爲政。

汪氏克寬曰。左氏於凡諸侯朝聘。悉以爲禮。既不察其不能謹天下之通喪。又不考其尊

周交鄰之疏數。僖公三十年。宰周公來聘。而公子遂報聘於京師。且初聘於晉。此年毛伯錫命。則得臣往拜。而敖亦初聘於齊。比事以觀。不貶而惡自見。

案 諸侯在喪。惟不親與於會盟耳。若使臣以往。未爲不可。邦交有常期。往來有定禮。三年之久安能杜封疆絕賓禮耶。權衡駁左氏太過。惟汪氏以尊周交鄰之疏數爲言。似亦有理。故與左氏竝存。

(丙申)襄王二十七年 **二年** 晉襄三年。齊昭八年。衛成十年。蔡莊二十一年。鄭穆三年。曹共二十八年。陳共七年。杞桓十二年。宋成十二年。秦穆三十五年。楚穆王商臣元年。

春王二月甲子晉侯及秦師戰于彭衙秦師敗績 彭衙。馮翊郃陽縣西北有彭衙城。

左 二年。春。秦孟明視帥師伐晉。以報殽之役。二月。晉侯禦之。先且居將中軍。趙衰佐之。王官無地御戎。狐鞫居爲右。甲子。及秦師戰于彭衙。秦師敗績。晉人謂秦拜賜之師。戰于殽也。晉梁宏御戎。萊駒爲右。戰之明日。晉襄公縛秦囚。使萊駒以戈斬之。囚呼。萊駒失戈。狼瞫取戈以斬囚。禽之以從公乘。遂以爲右。箕之役。先軫黜之而立續簡伯。狼瞫怒。其友曰。盍死之。瞫曰。吾未獲死所。其友曰。吾與女爲難。瞫曰。周志有之。勇則害上。不登於明堂。死而不義。非勇也。共用之謂勇。吾以勇求右。無勇而黜。亦其所也。謂上不我知。黜而宜。乃知我矣。子姑待之。及彭衙。既陳。以其屬馳秦師。死焉。晉師從之。大敗秦師。君子謂狼瞫於是乎君子。詩曰。君子如怒。亂庶遄沮。又曰。王赫斯怒。爰整其旅。怒不作亂。而以從師。可謂君子矣。秦伯猶用孟明。孟明增修國政。重施於民。趙成子言於諸大夫曰。秦師又至。將必辟之。懼而增德。不可當也。詩曰。毋念爾祖。聿修厥德。孟明念之矣。念德不怠。其可敵乎。

案 胡傳謂敵加於己。己有罪焉。則引咎責躬。己無罪而不義見加。則諭之以辭命。猶不得免焉。亦告之天子方伯。若遽然興師與戰。是謂以桀攻桀。斯言也。可謂闊於事情矣。當時周室衰微。雖告於天子。豈能止侵伐之暴。胡氏固嘗有言。天子能治諸侯。則春秋不復作矣。若謂告於方伯。則晉固霸主也。自襄王彤弓之賜。文固始霸。襄實繼霸。鄰國有相侵伐者。晉猶當起而問之。况敵加於己乎。敵加於己。必待告於天子方伯而後應焉。則敵已造其國都。而宗社墟矣。胡氏之說。今無取焉。

丁丑作僖公主

左 丁丑。作僖公主。書不時也。

公 作僖公主者何。爲僖公作主也。主者曷用。虞主用桑。練主用栗。用栗者。藏主也。作僖公主何以書。譏。何譏爾。不時也。其不時奈何。欲久喪而後不能也。

穀 作。爲也。爲僖公主也。立主。喪主於虞。吉主於練。作僖公主。譏其後也。作主壞廟有時日。於練焉壞廟。壞廟之道。易檐可也。改塗可也。

劉氏敞曰。公羊曰。刺欲久喪而後不能。非也。公自惰緩不作主。何以知其欲久喪。

三月乙巳及晉處父盟 因朝而盟始此。

左 晉人以公不朝來討。公如晉。夏四月。己巳。晉人使陽處父盟公。以恥之。書曰。及晉處父盟。以厭之也。適晉不書。諱之也。

公 此晉陽處父也。何以不氏。諱與大夫盟也。

穀 不言公。處父伉也。爲公諱也。何以知其與公盟。以其日也。何以不言公之如晉。所恥也。出不書。反不致也。

劉氏敞曰。穀梁曰。何以知其與公盟。以其日也。非也。公盟不日者多矣。何以能必之。

夏六月公孫敖會宋公陳侯鄭伯晉士縠盟于垂隴縠。戶木反。穀作縠。垂隴。公穀作垂斂。垂隴。鄭地。

左 公未至。六月。穆伯會諸侯及晉司空士縠盟于垂隴。晉討衛故也。書士縠。堪其事也。陳侯爲衛請成於晉。執孔達以說。

穀 內大夫可以會外諸侯。

王氏錫爵曰。既命之卿。例皆書名。奚堪與不堪之論哉。

自十有二月不雨至于秋七月

公 何以書。記異也。大旱以災書。此亦旱也。曷爲以異書。大旱之日短而云災。故以災書。此不雨之日長而無災。故以異書也。

穀 歷時而言不雨。文不憂雨也。不憂雨者。無志乎民也。

汪氏克寬曰。禮稱至于八月不雨。則君不舉。今文公自十二月不雨至七月。則陰陽之氣不和。而恒暘爲災者。八越月矣。文公漫不之省。雖禪制未終。而屢行朝聘會盟祭祀之事。其無恤民之心若是。豈可以居民上乎。公羊謂不書旱。不雨之日長而無災。范注亦云未爲災。誤矣。蓋旱爲災而不久。則書旱。旱爲災而久。則書某月不雨至某月。綱目於漢獻之世。書四月不雨至七月。而分注人相食。則爲災可知矣。

八月丁卯大事于大廟躋僖公

左 秋。八月。丁卯。大事于大廟。躋僖公。逆祀也。於是夏父弗忌爲宗伯。尊僖公。且明見曰。吾見新鬼大。故鬼小。先大後小。順也。躋聖賢。明也。明順。禮也。君子以爲失禮。禮無不順。祀。國之大事也。而逆之。可謂禮乎。子雖齊聖。不先父食久矣。故禹不先鯀。湯不先契。文武不先不窋。宋祖帝乙。鄭祖厲王。猶上祖也。是以魯頌曰。春秋匪解。享祀不忒。皇皇后帝。皇祖后稷。君子曰。禮。謂其后稷親而先帝也。詩曰。問我諸姑。遂及伯姊。君子曰。禮。謂其姊親而先姑也。仲尼曰。臧文仲其不仁者三。不知者三。下展禽。廢六關。妾織蒲。三不仁也。作虛器。縱逆祀。祀爰居。三不知也。

公 大事者何。大祫也。大祫者何。合祭也。其合祭奈何。毀廟之主陳於大祖。未毀廟之主皆升合食於大祖。五年而再殷祭。躋者何。升也。何言乎升僖公。譏。何譏爾。逆祀也。其逆祀奈何。先禰而後祖也。

穀 大事者何。大是事也。著祫嘗。祫祭者。毀廟之主陳于大祖。未毀廟之主皆升。合祭于大祖。躋。升也。先親而後祖也。逆祀也。逆祀則是無昭穆也。無昭穆則是無祖也。無祖則無天也。故曰文無天。無天者。是無天而行也。君子不以親親害尊尊。此春秋之義也。

家氏鉉翁曰。三傳明逆祀。皆已得之。但謂閔僖昭穆。各自爲世。不可不辨。左氏曰。子雖齊聖。不先父食。此言君臣猶父子。非謂閔爲文祖也。公羊乃云先禰後祖。穀梁云。無昭穆則無祖。

也。杜預曰。閔僖不得爲父子。嘗爲臣。位應下。今居閔上。逆也。孔穎達發明杜意頗詳。若兄弟各爲世。案昭穆之序。斷不可行也。汪氏克寬曰。穀梁謂逆祀是無昭穆。范甯曰。以昭穆父祖爲喻。何休謂惠公與莊公。當同南面西上。隱桓與閔僖。亦當同北面西上。孔穎達正義曰。閔僖不得爲父子。同爲穆爾。今升僖先閔。此二公位次之逆。非昭穆亂也。若兄弟相代。卽異昭穆。設令兄弟四人皆立。則祖父之廟卽已從毀。禮必不然。今考文定此傳。用韋昭說。父爲昭。子爲穆。僖爲閔臣。臣子一例。而以閔僖各爲一世。襄公三年謂哀公以襄公爲皇考。亦以爲昭定各爲一世。則是異昭穆矣。然於仲嬰齊後歸父。則引何休以爲亂昭穆之序。竊疑古者一君各爲一廟。則兄弟同昭穆。共爲一世。祫祭大廟。則魯當以僖公特設位於閔公之下。後世同堂異室。不可以二先君共祭於一室。必至於異昭穆。而仍以兄弟共爲一世數之也。然曾子問云。七廟五廟無虛主。諸侯祫祭。則祝逆四廟之主。是諸侯之昭穆無過四廟。天子之昭穆無過六廟。考之春秋。哀公之世。桓宮猶在。則是祭十君而八世。定公立煬宮。則是祭二十一傳之祖。後世天子之廟。有十餘世。歷十四五君。而其廟皆不毀。說禮者反引春秋以爲譏。而聖王經世之制。不可復見矣。

【案】兄弟昭穆廟制。與五年再殷祭之說。諸家之說紛然不一。皆不可以不辨。祭統曰。昭穆者所以別父子遠近長幼親疎之序而無亂也。周禮小宗伯辨廟祧之昭穆。鄭注曰。自始祖之後。父爲昭。子爲穆。賈疏曰。周以后稷廟爲始祖。不窋父爲昭。鞠子爲穆。從此以後。皆父爲昭。子爲穆。是故。父子異昭穆。兄弟昭穆同。弟必不可爲兄後。子必不可爲父孫也。小宗伯所爲辨之者。恐其父子兄弟之序之有亂而辨之也。如三傳及胡傳。皆以閔僖爲父子。則是以兄爲弟後。以子爲父孫。其亂昭穆之序也甚矣。鄭氏謂商六廟。自契至湯二昭一穆。考之殷本紀。陽甲。盤庚。小辛。小乙。兄弟四王。如果兄弟異昭穆。各爲一代。則武丁之祭。將不能上及祖乎。晉賀循謂禮。兄弟不相爲後。不得以承代爲世。又謂兄弟相代。則共是一代。昭穆位同。不得兼毀二廟。禮之常例也。殷之盤庚。不繼陽甲。而上繼先君。以弟不繼兄故也。華恒謂兄弟旁及。禮之變也。宜爲神主立室。不當以室限神主。又謂廟當以容主爲限。無拘常數。又謂以七爲正。不限之七室。雖有兄弟旁及。不越昭穆。溫嶠謂兄弟同代。於恩既順。於義無否。唐禮官謂兄弟不相爲後。不得爲昭穆。晉武帝時。景文同廟。廟雖六代。其實七主。至元帝明帝。廟皆十室。宋禮官亦謂兄弟繼統。同爲一代。魯隱桓繼及。皆當穆位。殷陽甲至小乙。兄弟四人相承。故不稱嗣子。而稱及王。明不繼兄之統也。唐中睿皆處昭位。敬文武爲昭穆。同爲一世。伏請每大祭。太祖太宗昭穆同位。祝文竝稱孝子。又謂兄弟一體。無父子之道。父爲昭。子爲穆。不刊之典也。據此歷代禮官之議。合之何氏孔氏之言。可以知四傳之爲謬矣。汪氏克寬斟酌情理。可謂盡善。故特錄之。至所謂五年再殷祭者。漢儒每援此爲禘祫相因之說。何氏鄭氏謂三年祫。五年禘。徐邈謂相去各三十月。三十月而祫。三十月而禘。唐自睿宗而後。五年一禘。三年一祫。各自計年。不相通數。開元二十七年。乃至禘祫竝在一歲。宋熙寧八年。亦至既禘又祫。竟無一定之論。善哉乎。楊氏復之說曰。夫殷祭乃大祫之祭也。五年而再殷祭。謂三年一祫。五年再祫也。於禘祭乎何與。可以一掃諸家之紛紛多端矣。

冬。晉人。宋人。陳人。鄭人伐秦。

【左】冬。晉先且居。宋公子成。陳轅選。鄭公子歸生。伐秦。取汪及彭衙而還。以報彭衙之役。卿不書爲穆公故尊秦也。謂之崇德。

劉氏敞曰。晉人宋人陳人鄭人伐秦。左氏曰。卿不書爲穆公故尊秦也。非也。於經何以知其非微者稱人乎。

公子遂如齊納幣

【左】襄仲如齊納幣。禮也。凡君即位。好舅甥。修昏姻。娶元妃以奉粢盛。孝也。孝。禮之始也。

【公】納幣不書。此何以書。譏。何譏爾。譏喪娶也。娶在三年之外。則何譏乎喪娶。三年之內不圖婚。吉禘于莊公。譏。然則曷爲不於祭焉譏。三年之恩疾矣。非虛加之也。以人心爲皆有之。以人心爲皆有之。則曷爲獨於娶焉譏。娶者大吉也。非常大也。其爲吉者主於已。以爲有人心焉者。則宜於此焉變矣。

【案】左傳謂襄仲如齊納幣。禮也。凡君即位。好舅甥。修昏姻。娶元妃以奉粢盛。孝也。孝禮之始也。此不待辨而知謬者也。人君即位。自非始封。皆有三年之服。喪而圖婚。阿禮之有。孔疏以長歷衍之。謂喪服已終。又以納幣之前。尚有納采問名納吉。不能併行於一月之內。因謂公爲太子時。已行昏禮。皆曲附左氏而遷就其說也。

丁酉 **三年** 襄王二十八年。晉襄四年。齊昭九年。衛成十一年。蔡莊二十二年。鄭穆四年。曹共二十九年。陳共八年。杞桓十三年。宋成十三年。秦穆三十六年。楚穆二年。

春王正月叔孫得臣會晉人宋人陳人衛人鄭人伐沈沈潰 霸國大夫。會諸大夫伐國自此始。沈。國名。

【左】三年春。莊叔會諸侯之師伐沈。以其服於楚也。沈潰。凡民逃其上曰潰。在上曰逃。

【附錄左】衛侯如陳。拜晉成也。

【案】伐沈之役。五國皆稱人。先儒之說。以爲威福下移。而政在大夫者。高氏閌。胡氏銓也。以爲諸侯失所伐。而晉襄吝大務細。不足以有爲者。孫氏覺。家氏鉉翁。趙氏鵬飛也。蓋皆以書人爲貶也。胡傳謂雖非義舉而與報復私怨者有間。故其辭無襃貶。恐非經旨。今故不錄。

夏五月王子虎卒

【左】夏四月乙亥。王叔文公卒。來赴弔。如同盟禮也。

【公】王子虎者何。天子之大夫也。外大夫不卒。此何以卒。新使乎我也。

【穀】叔服也。此不卒者也。何以卒之。以其來會葬。我卒之也。或曰。以其嘗執重以守也。

啖氏助曰。穀梁云叔服也。叔服若是王子。則會葬之時。何不書王子乎。　趙氏匡曰。臣無外交之禮。今死而赴。故書以譏。又曰。左氏云。弔如同盟禮也。案天子大夫無與諸侯盟之禮。而曰禮也。豈春秋之意乎。　陳氏傅良曰。公穀以爲叔服。非是。　汪氏克寬曰。或者謂虎與卷皆夾輔天子於艱難危困之中。故春秋賢而卒之。然單穆公旗。與劉文公摯。贊敬王。以安周室。亦不書卒。竊疑王子虎盟諸侯於王庭。劉文公爲王官伯。尹氏世執朝權。皆王室之秉政者。故特赴於諸侯。而魯史記其卒。春秋存而弗削。以示王臣不當赴喪於列國耳。

秦人伐晉

左 秦伯伐晉。濟河焚舟。取王官及郊。晉人不出。遂自茅津濟。封殽尸而還。遂霸西戎。用孟明也。君子是以知秦穆公之為君也。舉人之周也。與人之壹也。孟明之臣也。其不解也。能懼思也。子桑之忠也。其知人也。能舉善也。詩曰。于以采蘩。于沼于沚。于以用之。公侯之事。秦穆有焉。夙夜匪解。以事一人。孟明有焉。詒厥孫謀。以燕翼子。子桑有焉。

王官。郊。俱晉地。茅津。在河東大陽縣西。

秋楚人圍江

左 楚師圍江。晉先僕伐楚以救江。

雨螽于宋

左 秋。雨螽于宋。隊而死也。

公 雨螽者何。死而墜也。何以書。記異也。外異不書。此何以書。為王者之後記異也。

穀 外災不志。此何以志也。曰。災甚也。其甚奈何。茅茨盡矣。著於上。見於下。謂之雨。

趙氏鵬飛曰。螽生於下。今雨於上。異之大者也。此所謂天降之災。外災不書。此何以書。赴於我也。或以為死而墜。安知其為死。吾欲聞之。

王氏樵曰。既為災。則非隊而死也。左氏因雨字而生說耳。徐邈云。禾稼既盡。又食屋之茅茨。驗當有之。

冬公如晉十有二月己巳公及晉侯盟 此書公如晉之始。

左 晉人懼其無禮於公也。請改盟。公如晉。及晉侯盟。晉侯饗公。賦菁菁者莪。莊叔以公降拜。曰。小國受命於大國。敢不慎儀。君貺之以大禮。何樂如之。抑小國之樂。大國之惠也。晉侯降辭登。成拜。公賦嘉樂。

晉陽處父帥師伐楚以救江 公穀無以字。

左 冬。晉以江故告於周。王叔桓公。晉陽處父伐楚以救江。門於方城。遇息公子朱而還。

公 此伐楚也。其言救江何。為諼也。其為諼奈何。伐楚為救江也。

穀 此伐楚。其言救江何也。江遠楚近。伐楚所以救江也。

胡傳曰。以者不以者也。救江善矣。其書以何。楚嘗伐鄭矣。齊桓公遠結江黃。合九國之師於召陵。然後伐鄭之謀罷。又嘗圍宋矣。晉文公許復曹衛。會四國之師於城濮。然後圍宋之役解。今江國小而弱。非能與宋鄭比。楚人圍之。必不待徹四境屯戍守禦之衆。與宿衛盡行也。當是時。楚有覆載不容之罪。晉主夏盟。宜合諸侯聲罪致討。乃獨遣一軍。遠攻強國。豈能濟乎。故書伐楚以救江。言救江雖善。而所以救之者。非其道矣。此春秋紀用兵之法也。

案 楚滅弦滅黃。齊未嘗遣一旅之師。至是圍江而晉人勤之。既遣先僕於前。又請王師於後。命上卿動大衆。聲罪而致討焉。非徒以孤軍塞責也。且傳稱門於方城。遇息公子朱而還。注謂子朱為楚伐江之師。聞晉師起而江兵解。故晉亦還。是處父亦未嘗無功矣。三年秋書圍。四年秋書滅。蓋江近於楚。晉師既還。楚師復出。遂致滅耳。故晉之罪。在於不能存江。而伐楚以救江。則未見其罪也。胡傳行世已久。先儒多從之。今仍其說而附見此義云。

戊戌 襄王二十九年

四年

晉襄五年。齊昭十年。衛成十二年。蔡莊二十三年。鄭穆五年。曹共三十年。陳共九年。杞桓十四年。宋成十四年。秦穆三十七年。楚穆三年。

春公至自晉

[附錄左] 四年。春。晉人歸孔達於衛。以爲衛之良也。故免之。夏。衛侯如晉拜。　曹伯如晉會正。

夏逆婦姜于齊

[左] 逆婦姜于齊。卿不行。非禮也。君子是以知出姜之不允於魯也。曰。貴聘而賤逆之。君而卑之。立而廢之。棄信而壞其主。在國必亂。在家必亡。不允宜哉。詩曰。畏天之威。于時保之。敬主之謂也。

[公] 其謂之逆婦姜于齊何。畧之也。高子曰。娶乎大夫者。畧之也。

[穀] 其曰婦姜。爲其禮成乎齊也。其逆者誰也。親逆而稱婦。或者公與。何其速婦之也。曰公也。其不言公何也。非成禮于齊也。曰婦。有姑之辭也。其不言氏何也。貶之也。何爲貶之也。夫人與有貶也。

[案] 納幣卿行。則逆婦必非微者。蓋文公自行也。聖人惡其成禮於齊。故沒公不書以示貶。穀梁得之。而左氏非也。公羊以爲娶於大夫則失之遠矣。逆婦雖在免喪之後。而納幣則在喪中。先儒譏喪娶。亦可兼用。蓋圖昏於憂服。而成禮於婦家。所謂失禮之中又失禮也。

狄侵齊

王氏葆曰。大國如齊。狄侵者四。則其他邢衛魯鄭。不足怪也。

秋楚人滅江

[左] 楚人滅江。秦伯爲之降服。出次。不舉。過數。大夫諫。公曰。同盟滅。雖不能救。敢不矜乎。吾自懼也。君子曰。詩云。惟彼二國。其政不獲。惟此四國。爰究爰度。其秦穆之謂矣。

晉侯伐秦

[左] 秋。晉侯伐秦。圍邧新城。以報王官之役。邧。新城。俱秦邑。

張氏洽曰。晉襄以王官之役。不報爲恥。未若商臣之得志於江。爲恥之大也。報秦而不誅商臣。使亂臣賊子。得以夷滅小弱。逞其凶毒。晉襄之爲盟主末矣。比事書之。深罪晉侯不以江亡爲恥。而敵秦怨也。

[案] 伐秦之役。經書晉侯。張氏洽以爲深罪襄公者是也。自戰殽以來。晉屢勝秦。及秦伯濟河焚舟。而晉避不出。兩國勝負。亦相當矣。今又伐秦。是日尋干戈以相讎也。況救江則遣大夫。伐秦則君親之。故書晉侯伐秦於滅江之下。以見其急於修怨。而緩於恤患也。趙氏鵬飛以晉報爲是。蓋以秦晉交兵。釁起自秦。故晉無譏爾。其說亦通。胡氏安國謂春秋以常情待晉襄。以王事責秦穆。不責晉侯者。正所以深善秦伯。則朱子亦疑其說矣。今故不錄。

衛侯使甯俞來聘

【左】衛甯武子來聘。公與之宴。爲賦湛露及彤弓。不辭。又不荅賦。使行人私焉。對曰。臣以爲肄業及之也。昔諸侯朝正於王。王宴樂之。於是乎賦湛露。則天子當陽。諸侯用命也。諸侯敵王所愾。而獻其功。王於是乎賜之彤弓一。彤矢百。玈弓矢千。以覺報宴。今陪臣來繼舊好。君辱貺之。其敢干大禮以自取戾。

冬十有一月壬寅夫人風氏薨

【左】冬。成風薨。

蘇氏轍曰。僖公之妾母也。凡魯君之妾母。其生也稱夫人。其沒皆以夫人之禮成之。而天子諸侯。亦以夫人之禮禮之。考之舊典。則非禮也。然春秋書之。不爲異詞者。君臣之禮也。

[乙亥]襄王三十年。五年晉襄六年。齊昭十一年。衛成十三年。蔡莊二十四年。鄭穆六年。曹共三十年。陳共十一年。杞桓十五年。宋成十五年。秦穆三十八年。楚穆四年。

春王正月王使榮叔歸含且賵含戶暗反。

【左】五年。春。王使榮叔來賵且含。

【公】含者何。口實也。其言歸含且賵何。兼之也。兼之。非禮也。

【穀】含。一事也。賵。一事也。兼歸之。非正也。其曰且。志兼也。其不言來。不周事之用也。賵以早。而含已晚。

趙氏匡曰。公穀皆云。兼之非禮也。據禮含賵襚止一人兼行爾。若每事須一人。則嚳王朝之臣。不足以充喪禮之使也。

【案】魯弒君始桓。僭嫡始成風。王不能正而又成之。故錫命。歸含賵會葬。王皆不稱天。以謹其始。僭嫡不謹之於仲子者。仲子不稱夫人。又別立宮。未全乎僭。故於其歸賵也。名宰而已。或疑王不稱天爲闕文。則榮叔歸含賵。偶一闕焉可也。不應召伯會葬又闕。

三月辛亥葬我小君成風

【公】成風者何。僖公之母也。

王使召伯來會葬

【左】召昭公來會葬。禮也。

【穀】會葬之禮於鄙上。

劉氏敞曰。左氏曰。禮也。非也。禮庶子爲君爲其母無服。不敢貳尊者也。妾母稱夫人。王不能正而又使公卿會葬。何禮之有。

夏公孫敖如晉

高氏閌曰。王含且賵。又來會葬矣。捨天王而謹事晉。不待貶而惡見也。

秦人入鄀 鄀音若。

左 初。鄀叛楚即秦。又貳於楚。夏秦人入鄀。

秋楚人滅六 六。六國。廬江六縣。

左 六人叛楚即東夷。秋。楚成大心。仲歸。帥師滅六。冬。楚公子燮滅蓼。臧文仲聞六與蓼滅。曰。皋陶庭堅。不祀。忽諸。德之不建。民之無援。哀哉。 蓼。蓼國。

冬十月甲申許男業卒

附錄左 晉陽處父聘於衞。反過甯。甯嬴從之。及溫而還。其妻問之。嬴曰。以剛。商書曰。沈漸剛克。高明柔克。夫子壹之。其不沒乎。天爲剛德。猶不干時。況在人乎。且華而不實。怨之所聚也。犯而聚怨。不可以定身。余懼不獲其利。而離其難。是以去之。 甯。晉邑。

晉趙成子。欒貞子。霍伯。臼季。皆卒。

（庚子）襄王三十一年。 **六年** 晉襄七年。齊昭十二年。衞成十四年。蔡莊二十五年。鄭穆七年。曹共三十二年。陳共十一年。杞桓十六年。宋成十六年。秦穆三十九年。楚穆五年。

春葬許僖公

附錄左 六年。春。晉蒐於夷。舍二軍。使狐射姑將中軍。趙盾佐之。陽處父至自溫。改蒐於董。易中軍。陽子。成季之屬也。故黨於趙氏。且謂趙盾能。曰使能。國之利也。是以上之。宣子於是乎始爲國政。制事典。正法罪。辟獄刑。董逋逃。由質要。治舊洿。本秩禮。續常職。出滯淹。旣成。以授大傅陽子。與太師賈佗。使行諸晉國。以爲常法。 夷。晉地。董。河東汾陰縣有董亭。

夏季孫行父如陳

左 臧文仲以陳衞之睦也。欲求好於陳。夏。季文子聘於陳。且娶焉。

附錄左 秦伯任好卒。以子車氏之三子。奄息。仲行。鍼虎。爲殉。皆秦之良也。國人哀之。爲之賦黃鳥。君子曰。秦穆之不爲盟主也。宜哉。死而棄民。先王違世。猶詒之法。而況奪之善人乎。詩曰。人之云亡。邦國殄瘁。無善人之謂。若之何奪之。古之王者。知命之不長。是以並建聖哲。樹之風聲。分之采物。著之話言。爲之律度。陳之藝極。引之表儀。予之法制。告之訓典。教之防利。委之常秩。道之以禮則。使毋失其土宜。衆隸賴之。而後卽命。聖王同之。今縱無法以遺後嗣。而又收其良以死。難以在上矣。君子是以知秦之不復東征也。

秋季孫行父如晉

左 秋。季文子將聘於晉。使求遭喪之禮以行。其人曰。將焉用之。文子曰。備豫不虞。古之善教也。求而無之。實難。過求何害。

八月乙亥晉侯驩卒 驩。呼官反。公作讙。

左 八月乙亥，晉襄公卒。靈公少，晉人以難故，欲立長君。趙孟曰：立公子雍。好善而長，先君愛之，且近於秦。秦舊好也。置善則固，事長則順，立愛則孝，結舊則安。爲難故，故欲立長君。有此四德者，難必抒矣。賈季曰：不如立公子樂。辰嬴嬖於二君，立其子，民必安之。趙孟曰：辰嬴賤，班在九人，其子何震之有。且爲二嬖，淫也。爲先君子，不能求大而出在小國，辟也。母淫子辟，無威。陳小而遠，無援。將何安焉。杜祁以君故，讓偪姞而上之；以狄故，讓季隗而已次之，故班在四。先君是以愛其子而仕諸秦，爲亞卿焉。秦大而近，足以爲援。母義子愛，足以威民。立之，不亦可乎。使先蔑、士會如秦逆公子雍。賈季亦使召公子樂於陳。趙孟使殺諸郫。郫，晉地。

冬十月公子遂如晉

葬晉襄公

左 冬十月，襄仲如晉，葬襄公。

晉殺其大夫陽處父晉狐射姑出奔狄 射穀作夜

左 賈季怨陽子之易其班也，而知其無援於晉也。九月，賈季使續鞫居殺陽處父。書曰：晉殺其大夫，侵官也。十一月丙寅，晉殺續簡伯。賈季奔狄。宣子使臾駢送其帑。夷之蒐，賈季戮臾駢，臾駢之人欲盡殺賈氏以報焉。臾駢曰：不可。吾聞前志有之曰：敵惠敵怨，不在後嗣，忠之道也。夫子禮於賈季，我以其寵報私怨，無乃不可乎。介人之寵，非勇也。損怨益仇，非知也。以私害公，非忠也。釋此三者，何以事夫子。盡具其帑與其器用財賄，親帥扞之，送致諸竟。

公 晉殺其大夫陽處父，則狐射姑爲出奔。射姑殺也。射姑殺，則其稱國以殺何。君漏言也。其漏言奈何。君將使射姑將。陽處父諫曰：射姑民衆不說，不可使將。於是廢將。陽處父出，射姑入。君謂射姑曰：陽處父言曰：射姑民衆不說，不可使將。射姑怒，出刺陽處父於朝而走。

穀 稱國以殺，罪累上也。襄公已葬，其以累上之辭言之，何也。君漏言也。上泄則下闇，下闇則上聾。且闇且聾，無以相通。夜姑殺者也。夜姑之殺奈何。曰：晉將與狄戰，使狐夜姑爲將軍，趙盾佐之。陽處父曰：不可。古者君之使臣也，使仁者佐賢者，不使賢者佐仁者。今趙盾賢，夜姑仁，其不可乎。襄公曰：諾。謂夜姑曰：吾始使盾佐女，今女佐盾矣。夜姑曰：敬諾。襄公死，處父主竟上之事，夜姑使人殺之。君漏言也。故士造辟而言，詭辭而出，曰：用我則可，不用我則無亂其德。

劉氏敞曰：左氏曰侵官也。案左氏此事始末，罪處父獨有稱趙宣子爲能耳，改蒐易將，凡出晉侯，何以謂處父侵官邪。人君任賢不稱，必將致敗。苟食祿者舉當諫君，況處父晉國太傅邪。以此爲侵官，是教大臣爲拱默也。如使大臣見賢而舉，謂之侵官，見賢而不舉，乃其職矣，不亦謬乎。孫氏覺曰：春秋殺大夫之例，自下殺之者稱人，自君殺之者稱國。襄公既卒，新君方幼，殺之者決非其君。然書之以君殺之爲文，蓋公穀之說以爲其君漏言，而狐射姑殺之。君漏言而處父見殺焉，則殺之者君耳，非身殺之，而以告言殺之，亦等爾，亦何論君亡乎。三傳之說皆是。

閏月不告月猶朝于廟 告音梏。

【左】閏月不告朔，非禮也。閏以正時，時以作事，事以厚生，生民之道，於是乎在矣。不告閏朔，棄時政也，何以爲民。

【公】不告月者何？不告朔也。曷爲不告朔？天無是月也。閏月矣，何以謂之天無是月？非常月也。猶者何？通可以已也。

【穀】不告月者何也？不告朔也。不告朔則何爲不言朔也？閏月者，附月之餘日也，積分而成于月者也。天子不以告朔，而喪事不數也。猶之爲言，可以已也。

啖氏助曰：公穀言不告月爲是，非也。案經文言不告月，明當告也。劉氏敞曰：諸侯歲受朔於天子，退而藏之祖廟，朔告月於祖廟，退而班之百官，正也。閏不告月，非正也。朝廟，爲告月也，不告月而朝廟，亦非正也。又曰：公羊謂不告朔，禮也，猶朝於廟，非禮也，非也。閏雖無常，而政有常，安得不告。假令閏十二月者，必有立春，立春之政，所當告也。若就前月告之，則先時；若就後月告之，則不及時。夏書曰：先時者殺無赦，不及時者殺無赦。由是觀之，則自當告也。

〔辛丑〕襄王三十二年

七年晉靈公夷皋元年。齊昭十三年。衛成十五年。蔡莊二十六年。鄭穆八年。曹共三十三年。陳共十二年。杞桓十七年。宋成十七年。秦康公瑩元年。楚穆六年。

春，公伐邾

【左】七年春，公伐邾，閒晉難也。

三月甲戌，取須句句，公作拘。

【左】三月甲戌，取須句，寘文公子焉，非禮也。

【公】取邑不日，此何以日？內辭也，使若他人然。

【穀】取邑不日，此其日何也？不正其再取，故謹而日之也。

劉氏敞曰：公羊曰：取邑不日，此何以日？內辭也，使若他人然。非也。僖公時亦嘗伐邾取須朐矣，何不爲內辭哉？穀梁曰：取邑不日，此其日何也？不正其再取，故謹而日之。非也。設不須日，則聽其取乎？諸取邑不日者，皆聽之矣。

遂城郚郚音吾。郚，魯邑。

【穀】遂，繼事也。

夏四月，宋公王臣卒穀作壬臣。

宋人殺其大夫

【左】夏四月，宋成公卒。於是公子成爲右師，公孫友爲左師，樂豫爲司馬，鱗矔爲司徒，公子蕩爲司城，華御事爲司寇。昭公將去羣公子，樂豫曰：不可。公族，公室之枝葉也，若去之，則本根無所庇廕矣。葛藟猶能庇其本根，故君子以爲比，況國君乎？此諺所謂庇焉而縱尋斧焉者也。必不可，君其圖之。親之以德，皆股肱也，誰敢攜貳？若之何去之？不聽。穆襄之族率國人以攻公。殺公孫固。公孫鄭於公宮。六卿和公室。樂豫舍司馬以讓公子卬。昭公卽位而葬。書曰宋人殺大夫。不稱名。衆也。且言非其罪也。

【公】何以不名。宋三世無大夫。三世內娶也。

【穀】稱人以殺。誅有罪也。

杜氏預曰。不稱殺者及死者名。殺者衆。死者無罪。又曰。二子在公宮。爲亂兵所殺。趙氏匡曰。以三世內娶。便云三世無大夫。公羊之說。不近人理。若實殺有罪。何以不書死者之名乎。穀梁之說非也。

戊子。晉人及秦人戰于令狐。晉先蔑奔秦。 令。力呈反。蔑。公作眛。奔上有以師字。

【左】秦康公送公子雍於晉。曰。文公之入也無衛。故有呂郤之難。乃多與之徒衛。穆嬴日抱大子以啼於朝。曰。先君何罪。其嗣亦何罪。舍適嗣不立。而外求君。將焉寘此。出朝。則抱以適趙氏。頓首於宣子。曰。先君奉此子也。而屬諸子曰。此子也才。吾受子之賜。不才。吾唯子之怨。今君雖終。言猶在耳。而棄之。若何。宣子與諸大夫皆患穆嬴。且畏偪。乃背先蔑而立靈公。以禦秦師。箕鄭居守。趙盾將中軍。先克佐之。荀林父佐上軍。先蔑將下軍。先都佐之。步招御戎。戎津爲右。及堇陰。宣子曰。我若受秦。秦則賓也。不受。寇也。旣不受矣。而復緩師。秦將生心。先人有奪人之心。軍之善謀也。逐寇如追逃。軍之善政也。訓卒利兵。秣馬蓐食。潛師夜起。戊子。敗秦師于令狐。至于刳首。己丑。先蔑奔秦。士會從之。先蔑之使也。荀林父止之曰。夫人大子猶在。而外求君。此必不行。子以疾辭。若何。不然。將及。攝卿以往可也。何必子。同官爲寮。吾嘗同寮。敢不盡心乎。弗聽。爲賦板之三章。又弗聽。及亡。荀伯盡送其帑及其器用財賄於秦。曰爲同寮故也。士會在秦三年。不見士伯。其人曰。能亡人於國。不能見於此。焉用之。士季曰。吾與之同罪。非義之也。將何見焉。及歸。遂不見。 堇陰。晉地。刳首。令狐在河東。與刳首相接。

【公】此偏戰也。何以不言師敗績。敵也。此晉先眛也。其稱人何。貶。曷爲貶。外也。其外奈何。以師外也。何以不言出。遂在外也。

【穀】不言出。在外也。輟戰而奔秦。以是爲逃軍也。

【案】公羊。此偏戰也。又云此晉先眛也。其稱人何。貶。曷爲貶。外也。其外奈何。以師外也。以是戰爲偏戰。而以晉人爲指先眛。是不知晉三軍之在行。而將中軍者之爲趙盾也。然先蔑旣將下軍。而又奔秦。卽以爲逃軍亦可。故刪節公羊而存穀梁。

狄侵我西鄙。

【左】狄侵我西鄙。公使告於晉。趙宣子使因賈季問酆舒。且讓之。酆舒問於賈季曰。趙衰趙盾孰賢。對曰。趙衰。冬日之日也。趙盾。夏日之日也。

秋八月。公會諸侯晉大夫盟于扈。 扈。鄭地。滎陽卷縣西北有扈亭。

【左】秋八月。齊侯。宋公。衛侯。陳侯。鄭伯。許男。曹伯。會晉趙盾。盟于扈。晉侯立故也。公後至。故不書所會。凡會諸侯。不書所會。後也。後至不書其國。辟不敏也。

【公】諸侯何以不序。大夫何以不名。公失序也。公失序奈何。諸侯不可使與公盟。眣晉大夫使與公盟也。

【穀】其曰諸侯。畧之也。

趙氏匡曰。諸侯不序。公不得與之盟也。而曰公會諸侯盟者。言公附於載書也。載書不可從附與盟主之大夫敵焉也。責公不早赴。而自取其恥爾。　劉氏敞曰。公羊曰。諸侯不可使與公盟。眹晉大夫使與公盟。非也。在會者皆諸侯也。既與公盟矣。又何云眹晉大夫乎。且諸侯不欲與魯侯盟。乃敢眹晉大夫使之盟乎。皆事之不然者也。　孫氏覺曰。晉襄已薨。靈公尚幼。晉之大夫求盟諸侯。以紹先君之業。而諸侯皆會晉之嗣君。幼不能盟。則大夫權宜而盟諸侯。以大夫伉諸侯。則有罪矣。然不幸而値幼君。則不可不假一時之權。是以不名而曰晉大夫也。春秋之法。外臣而盟我君。皆書名以見其罪。不幸其國無君。若無知之亂。則齊之大夫得免焉。大夫而盟諸侯。亦書其名以見其罪。不幸其君薨而嗣子少。若靈公之在抱。則晉之大夫得免焉。沓是二者。未有不得罪於春秋者矣。　程子曰。文公怠政事多廢。緩既約晉盟而復後至。故書往會而隱其不及不序諸侯。以見其不在故。明年公子遂再往與晉盟也。

【纂】諸侯不序。左氏以為公後至。劉氏敞孫氏覺皆駁之。劉氏又謂諸侯不序。為欲治宋而後不能。與十五年盟扈。十七年會扈。左氏所謂諸侯無能為。諸侯無功者。其意相合。似亦有理。然趙氏匡。胡氏安國皆主左氏。而程子又引遂會衛雍討扈後至為證。故今仍從左氏焉。趙盾不名。胡傳謂盾內專廢置其君。外彊諸侯。為此盟。故畧而不名。非也。盾自新城以後。皆以名書。惟此年盟扈。以主幼而得無取耳。孫氏覺之說得之矣。

冬。徐伐莒。

公孫敖如莒涖盟。

公穀作莅。

【左】穆伯娶於莒。曰戴已。生文伯。其娣聲已。生惠叔。戴已卒。又聘於莒。莒人以聲已辭。則為襄仲聘焉。冬。徐伐莒。莒人來請盟。穆伯如莒涖盟。且為仲逆。及鄢陵。登城見之。美。自為娶之。仲請攻之。公將許之。叔仲惠伯諫曰。臣聞之。兵作於內為亂。於外為寇。寇猶及人。亂自及也。今臣作亂之。而君不禁。以啓寇讎。若之何。公止之。惠伯成之。使仲舍之。公孫敖反之。復為兄弟如初。從之。

【附錄】【左】晉郤缺言於趙宣子曰。日衛不睦。故取其地。今已睦矣。可以歸之。叛而不討。何以示威。服而不柔。何以示懷。非威非懷。何以示德。無德。何以主盟。子為正卿。以主諸侯。而不務德。將若之何。夏書曰。戒之用休。董之用威。勸之以九歌。勿使壞。九功之德皆可歌也。謂之九歌。六府三事。謂之九功。水火金木土穀。謂之六府。正德。利用。厚生。謂之三事。義而行之。謂之德禮。無禮不樂。所由叛也。若吾子之德。莫可歌也。其誰來之。盍使睦者。歌吾子乎。宣子說之。

【穀】莅位也。其曰位何也。前定也。其不日。前定之盟不日也。

【壬寅】襄王三十三年

八年

晉靈二年。齊昭十四年。衛成十六年。蔡莊二十七年。鄭穆九年。曹共三十四年。陳共十三年。杞桓十八年。宋昭公杵臼元年。秦康二年。楚穆七年。

春王正月

【附錄】【左】八年。春。晉侯使解揚歸匡戚之田於衛。且復致公壻池之封。自申至於虎牢之竟。申。鄭地。

夏四月

【附錄】【左】夏。秦人伐晉。取武城。以報令狐之役。

秋八月戊申天王崩

【左】秋。襄王崩。

冬十月壬午公子遂會晉趙盾盟于衡雍 盾走本反。雍於用反。

【左】晉人以扈之盟來討。冬。襄仲會晉趙孟盟于衡雍。報扈之盟也。

乙酉公子遂會雒戎盟于暴 雒。音洛。雒戎。公作伊雒戎。暴鄭地。路史曰暴辛公采地。一曰暴隧。

【左】遂會伊雒之戎。書曰公子遂。珍之也。

劉氏敞曰。左氏曰。珍之也。言遂權與戎盟。得事之宜。故褒稱公子。非也。若爾稱公子為褒者。僖三十年。公子遂如京師。遂如晉。則貶矣。彼不謂貶。何邪。

公孫敖如京師不至而復丙戌奔莒 公無而字。

【左】穆伯如周弔喪。不至。以幣奔莒。從己氏焉。

【公】不至復者何。不至復者。內辭也。不可使往也。不可使往。則其言如京師何。遂公意也。何以不言出。遂在外也。

【穀】不言所至。未如也。未如則未復也。未如而曰如。不廢君命也。未復而曰復。不專君命也。其如非如也。其復非復也。唯奔莒之為信。故謹而日之也。

孫氏復曰。公孫敖如京師。弔喪也。不至而復。丙戌奔莒。文公不能誅。敖得以自恣。文公之惡。亦可見矣。下言所至者。舉京師為重也。

【案】不至而復。經文甚明。孫氏以為中道而返者得之。諸家謂受命不行者。非也。若果不行。聖人何難據實以書之乎。

螽 公螽作蝝。

何氏休曰。先是公如晉。公子遂公孫敖比出。不可使勢奪於大夫。煩擾之應。

杜氏預曰。為災故書。

宋人殺其大夫司馬宋司城來奔

【左】宋襄夫人。襄王之姊也。昭公不禮焉。夫人因戴氏之族。以殺襄公之孫孔叔。公孫鍾離。及大司馬公子卬，皆昭公之黨也。司馬握節以死，故書以官。司城蕩意諸來奔，效節於府人而出。公以其官逆之，皆復之。亦書以官，皆貴之也。

【附錄】【左】夷之蒐，晉侯將登箕鄭父、先都，而使士穀、梁益耳將中軍。先克曰：狐趙之勳不可廢也。從之。先克奪蒯得田於堇陰。故箕鄭父、先都、士穀、梁益耳、蒯得作亂。

【公】司馬者何？司城者何？皆官舉也。曷為皆官舉？宋三世無大夫，三世內娶也。

【穀】司馬，官也。其以官稱，無君之辭也。司城，官也。其以官稱，無君之辭也。來奔者不言出，舉其接我也。

劉氏敞曰：司馬者何？司城者何？皆官舉也。曷為皆官舉？言不能其官也。不能其官者何？君弱政亂，彊臣擅命，然則何以不名？非國討也。非國討則孰討之？華孫殺之，華孫逐之。曰：宋人殺其大夫司馬，宋司城來奔，何？曰：是卿也。不能其官者，非他人之罪也。又曰：左氏云司馬握節以死，司城效節以出，公以其官逆之，故皆書官。非也。討司馬握節，未如仇牧；司城奉身以退，不及荀息。而左氏推彼二人為貶，申此兩人為賢，輕重貿易，莫甚於此。且身居亂兵之中，苟棄節偷生，則為大罪；握節而死，人臣之常耳。既無智力以禦亂，又欲負節而私逃，亦大罪也。效節而出，自求免罪而已，未見可貴之美也。魯公庸人，不識大義，則妄以其官逆之，春秋亦何為珍之耶？又曰：公羊曰宋三世無大夫，非也。僖二十五年宋殺其大夫，不舉名氏，以謂宋無大夫也。今此舉官，亦云無大夫，若實內娶無大夫者，都無所舉，是矣。或官舉，或不舉，何哉？又曰：穀梁曰以其官稱，無君之辭也。鄭康成解云：謂無人君之德。皆非也。既有大夫矣，何謂無君？又晉殺其大夫御錡、御犨，御至竝尸三卿，亦可謂無君德者，則曷為不以官稱之？

【案】大夫者，階也；司馬、司城者，官也。宋殺大夫司馬，宋司城來奔，猶云殺其大夫中之司馬，而大夫中之司城來奔耳。大夫貫下司馬、司城言。攷之周官，卿非一人，有大宰、大司空、大宗伯等；大夫亦非一人，有小宰、小司徒、小宗伯等，可以知矣。

【列癸】頃王元年

九年

晉靈三年，齊昭十五年，衛成十七年，蔡莊二十八年，鄭穆十年，曹共三十五年，陳共十四年，杞桓十九年，宋昭二年，秦康三年，楚穆八年。

春，毛伯來求金。來求止此。

【左】九年春，毛伯衛來求金，非禮也。不書王命，未葬也。

【公】毛伯者何？天子之大夫也。何以不稱使？當喪未君也。踰年矣，何以謂之未君？即位矣，而未稱王也。未稱王，何以知其即位？以諸侯之踰年即位，亦知天子之踰年即位也。以天子三年然後稱王，亦知諸侯於其封內三年稱子也。踰年稱公矣，則曷為於其封內三年稱子？緣民臣之心，不可一日無君；緣終始之義，一年不二君；不可曠年無君；緣孝子之心，則三年不忍當也。毛伯來求金，何以書？譏。何譏爾？王者無求，求金非禮也。然則是王者與？曰：非也。非王者則曷為謂之王者？王者無求。曰：是子也，繼文王之體，守文王之法度，文王之法無求而求，故譏之也。

【穀】求車猶可，求金甚矣。

陸氏淳曰：公羊云何以不稱使，三年然後稱王。案前後例，踰年即成君，言三年，非也。

【案】公羊謂三年諒闇不稱王。陸氏淳引逾年成君例駁之。是已。然公羊以不稱使爲當喪未君。胡傳亦用之。豈諒闇之禮逾年得稱王。猶不關涉政事。覲遣其卿大夫耶。僖九年葵邱之會。襄王賜桓公胙。宰孔之致命也。一則曰天子使孔。再則曰天子使孔。何耶。胡氏謂春秋不稱使者。不欲冢宰託王命以號令天下。今考顧命及康王之誥。其以冢宰命行事者。惟未受册命之時耳。既受册命。則羣臣陳戒。即稱天子。而王亦即自稱予一人。是即位以後。冢宰雖攝政。未有不奉王命而行者也。故刪節公羊而胡氏不錄。

夫人姜氏如齊

趙氏鵬飛曰。父母存。夫人歸寧。常事耳。何以書。蓋於常之中。有其故焉。不可不志也。文公竝如匹嫡。齊女出姜。生惡及視。又嬖於共嬴。生倭。嬴寵而倭將貴。故出姜如齊。謀於父母也。其歸寧。蓋有其故存焉。是以聖人書之。以著十八年歸齊之張本。

二月叔孫得臣如京師

【穀】京。大也。師。衆也。言周。必以衆與大言之也。

辛丑葬襄王

【左】二月。莊叔如周葬襄王。

【公】王者不書葬。此何以書。不及時書。過時書。我有往者則書。

【穀】天子志崩不志葬。舉天下而葬一人。其道不疑也。志葬。危不得葬也。日之。甚矣。其不葬之辭也。

劉氏敞曰。杜云卿共葬事。禮也。非也。使卿共葬。周末之淩替也。非典之正也。又曰。穀梁云。日之甚矣。其不葬之辭也。非也。上云得臣如京師者。即會葬之人矣。何謂不葬乎。

晉人殺其大夫先都

【左】九年春。王正月。己酉。使賊殺先克。乙丑。晉人殺先都。梁益耳。

三月夫人姜氏至自齊

【穀】卑以尊致。病文公也。

趙氏匡曰。穀梁云卑以尊至。病文公也。案反而告廟。是得禮也。何謂病公乎。

晉人殺其大夫士穀及箕鄭父

【左】三月。甲戌。晉人殺箕鄭父。士穀。蒯得。

【穀】稱人以殺。誅有罪也。鄭父累也。

【案】夷之蒐。在襄公末年。而陽處父先克之殺。在靈公初立之際。陽處父舉趙而抑射姑。則射姑殺處父。先克舉狐趙而抑先都等。則先都等殺先克。主少國疑。彊臣專横。未有甚於此時者也。人臣持公論。進賢退不肖。而不肖者輙敢以刃加之。國家之亂。孰大於此。故經於處父。則稱國以殺而蒙以累上之辭。於先都。士縠。箕鄭父。則稱人以殺。而列在討罪之例。書法甚明。而胡傳謂稱人以殺。爲國亂無政而衆人擅殺。則非也。經書他國殺大夫者。皆稱國。而惟此三人稱人。其爲討罪之辭無疑矣。若以爲國亂無政。則見殺者。亦當不書名。如宋之大夫司馬矣。胡氏又以箕鄭父書及。爲罪當末減。此亦不然。蓋及者原其事之本耒。非論其罪之輕重也。今故不錄胡傳。

楚人伐鄭。公子遂會晉人宋人衞人許人救鄭

左 范山言於楚子曰。晉君少。不在諸侯。北方可圖也。楚子師於狼淵以伐鄭。囚公子堅。公子尨及樂耳。鄭及楚平。公子遂會晉趙盾。宋華耦。衞孔達。許大夫救鄭。不及楚師。卿不書。緩也。以懲不恪。狼淵。潁川潁陰縣有狼陂。

夏狄侵齊

附錄左 夏。楚侵陳。克壺邱。以其服於晉也。秋。楚公子朱自東夷伐陳。陳人敗之。獲公子茷。陳懼。乃及楚平。壺邱。陳邑。

秋八月曹伯襄卒

九月癸酉地震

公 地震者何。動地也。何以書。記異也。

穀 震。動也。地不震者也。震。故謹而日之也。

冬楚子使椒來聘 椒。穀作萩。楚君臣始竝見經。

左 冬。楚子越椒來聘。執幣傲。叔仲惠伯曰。是必滅若敖氏之宗。傲其先君。神弗福也。

公 椒者何。楚大夫也。楚無大夫。此何以書。始有大夫也。始有大夫。則何以不氏。許夷狄者不一而足也。

穀 楚無大夫。其曰萩何也。以其來我。褒之也。

陸氏淳曰。公羊云。椒者何。楚大夫也。楚無大夫。此何以書。始有大夫也。案例。凡未命之卿來魯。皆書名。無他義。又曰。穀梁云。楚無大夫。其曰萩何也。以其來我。褒之也。聖人設敎。豈以來我則褒之。

案 楚君書爵。楚臣書名。先儒皆謂春秋予其慕義。而穀梁褒之之說。陸氏淳不以爲然者。蓋楚能以禮交諸侯則進之。乃樂與人爲善之意。非因其來魯而褒之也。故當從陸氏。

秦人來歸僖公成風之襚 襚。音遂。

左 秦人來歸僖公成風之襚。禮也。諸侯相弔賀也。雖不當事。苟有禮焉。書也。以無忘舊好。

公 其言僖公成風何。兼之。兼之非禮也。曷爲不言及成風。成風尊也。

穀 秦人弗夫人也。即外之弗夫人而見正焉。

劉氏敞曰。其言僖公成風何。母以子貴。母以子貴。則何以不稱夫人。不與得稱夫人也。曷爲不與得稱夫人。爲文後者。爲妾母無服。以尊者爲一體。不得遂也。又曰。杜云。追贈僖公并及成風。非也。僖公成風。卽妾母繫子而言耳。諸侯無二嫡。故妾母繫子爲重。所謂母以子貴者也。又曰。公羊曰。兼之非禮也。非也。僖公成風。猶惠公仲子耳。若以謂兩人者。豈可敍母於子下哉。禮曰。婦人三從。是謂婦人無專行耳。如遂令母在子下。不可謂知禮。

葬曹共公

甲辰 項王二年 **十年** 晉靈四年。齊昭十六年。衛成十八年。蔡莊二十九年。鄭穆十一年。曹文公壽元年。陳共十五年。杞桓二十年。宋昭三年。秦康四年。楚穆九年。

春王三月辛卯臧孫辰卒

夏秦伐晉

左 春。晉人伐秦。取少梁。夏。秦伯伐晉。取北徵。少梁。馮翊夏陽縣。北徵。路史北徵。古徵國。漢置徵縣。

案 秦伐晉以號舉。先儒多以爲罪秦者。此不易之定論也。夫秦晉互相侵伐。而經獨罪秦何耶。晉爲盟主。尊周攘楚。天下賴焉。城濮之戰。秦實輔之。旣而背盟以結鄭。又襲鄭而滅滑。是釁起自秦也。殽之役。則方伯之職所不容已者。乃因是相讎。連兵不已。且結楚以爲援。而向之輔晉以攘楚者。今且附楚以謀晉矣。秦晉之釁深。而晉人力疲於西陲。秦楚之交合。而楚人逞志於南服。以致陳蔡鄭許。震懾相從。江蓼庸蕭。滅亡相繼。晉之所以不競。而楚之所以終彊者。秦爲之也。春秋所以獨罪秦也。蘇氏轍家氏鉉翁。王氏樵皆主闕文之說。而黃氏仲炎。尤暢言之。謂此年秦伐晉。成三年鄭伐許。昭十二年晉伐鮮虞。皆脫人字。以夏五闕月爲比。說亦有理。

楚殺其大夫宜申

左 初。范巫矞似。謂成王與子玉。子西曰。三君皆將强死。城濮之役。王思之。故使止子玉。曰。毋死。不及。止子西。子西縊而縣絕。王使適至。遂止之。使爲商公。沿漢泝江。將入郢。王在渚宮。下見之。懼而辭曰。臣免於死。又有讒言。謂臣將逃。臣歸死於司敗也。王使爲工尹。又與子家謀弒穆王。穆王聞之。五月。殺鬭宜申。及仲歸。 商。楚邑。上雒商縣。隋改商州。

自正月不雨至于秋七月

穀 歷時而言不雨。文不閔雨也。不閔雨者。無志乎民也。

及蘇子盟于女栗 女栗。地名闕。

左 秋。七月。及蘇子盟于女栗。頃王立故也。

冬狄侵宋

高氏閌曰。狄侵諸大國。獨宋未爾。自宋亂之後。狄既侵之。楚又厥貉。又將來伐。則國幾亡矣。

楚子蔡侯次于厥貉 厥。公作屈。音同。貉。音麥。厥貉。地闕。

左 陳侯鄭伯會楚子於息。冬。遂及蔡侯次于厥貉。將以伐宋。宋華御事曰。楚欲弱我也。先為之弱乎。何必使誘我。我實不能。民何罪。乃逆楚子。勞。且聽命。遂道以田孟諸。宋公為右孟。鄭伯為左孟。期思公復遂為右司馬。子朱及文之無畏為左司馬。命夙駕載燧。宋公違命。無畏抶其僕以徇。或謂子舟曰。國君不可戮也。子舟曰。當官而行。何彊之有。詩曰。剛亦不吐。柔亦不茹。毋縱詭隨。以謹罔極。是亦非辟彊也。敢愛死以亂官乎。厥貉之會。麇子逃歸。孟諸。宋大藪也。期思。弋陽期思縣也。

乙巳 項王三年

十有一年 晉靈五年。齊昭十七年。衛成十九年。蔡莊三十年。鄭穆十二年。曹文二年。陳共十六年。杞桓二十一年。宋昭四年。秦康五年。楚穆十年。

春楚子伐麇 麇。倶倫反。公作圈。楚始書君將。

左 十一年。春。楚子伐麇。成大心敗麇師於防渚。潘崇復伐麇。至於錫穴。防渚。麇地。錫穴。麇地。錫或作鍚。

夏叔仲彭生會晉郤缺于承筐 公穀無仲字。郤。去逆反。筐。公穀作筐。此大夫特相會之始。承筐。宋地。

左 夏。叔仲惠伯會晉郤缺于承筐。謀諸侯之從於楚者。

秋曹伯來朝

左 秋。曹文公來朝。即位而來見也。

公子遂如宋

左 襄仲聘于宋。且言司城蕩意諸而復之。因賀楚師之不害也。

狄侵齊

冬十月甲午叔孫得臣敗狄于鹹 鹹。魯地。

左 鄋瞞侵齊。遂伐我。公卜使叔孫得臣追之。吉。侯叔夏御莊叔。緜房甥為右。富父終甥駟乘。冬。十月。甲午。敗狄于鹹。獲長狄僑如。富父終甥摏其喉以戈殺之。埋其首於子駒之門。以命宣伯。初。宋武公之世。鄋瞞伐宋。司徒皇父帥師禦之。耏班御皇父充石。公子穀甥為右。司寇牛父駟乘。以敗狄於長丘。獲長狄緣斯。皇父之二子死焉。宋公於是以門賞耏班。使食其征。謂之耏門。晉之滅潞也。獲僑如之弟焚如。齊襄公之二年。鄋瞞伐齊。齊王子成父獲其弟榮如。埋其首於周首之北門。衛人獲其季弟簡如。鄋瞞由是遂亡。長丘。宋地。周首。齊邑。

公 狄者何。長狄也。兄弟三人。一者之齊。一者之魯。一者之晉。其之齊者。王子成父殺之。其之魯者。叔孫得臣殺之。則未知其之晉者也。其言敗何。大之也。其日何。大之也。其地何。大之也。

何以書。記異也。

穀 不言帥師而言敗，何也。直敗一人之辭也。一人而曰敗，何也。以衆焉言之也。傳曰：長狄也，弟兄三人，佚宕中國，瓦石不能害。叔孫得臣，最善射者也，射其目，身横九畝，斷其首而載之，眉見於軾。然則何爲不言獲也。曰：古者不重創，不禽二毛，故不言獲，爲內諱也。其之齊者，王子成父殺之，則未知其之晉者也。

劉氏敞曰：穀梁云：不言帥師而曰敗，何也。直敗一人之辭也。非也。不言帥師者，師少爾，有何可疑哉。又曰：何爲不言其獲。古者不重創，不禽二毛，故不言獲，爲內諱也。云魯既射其目，又斷其首，是以諱之。亦非也。穀梁本意，謂長狄一人，力足敵衆，故變獲言敗者，起長狄之彊也。既變獲言敗，敗即獲矣，又安得不言獲爲魯諱之說乎。

案 左傳先言敗狄于鹹，後言獲長狄僑如，蓋以長狄爲狄中一人，非以長狄爲國號也。胡傳用劉氏敞正名之說駁之，似未得傳意。公穀亦因左氏之意而推衍之耳，其言雖怪，必有所受。今並存三傳之說，而駁者無取焉。

丙午 四年。項王三年。晉靈六年。齊昭十八年。衞成二十年。蔡莊三十一年。鄭穆十三年。曹文四年。陳共十七年。杞桓二十二年。宋昭五年。秦康六年。楚穆十一年。

春王正月，郕伯來奔。 郕公作盛。

左 郕大子朱儒自安於夫鍾，國人弗徇。十二年春，郕伯卒，郕人立君。大子以夫鍾與郕邽來奔。公以諸侯逆之，非禮也。故書曰郕伯來奔，不書地，尊諸侯也。 夫鍾、郕邽，俱郕邑。

公 盛伯者何。失地之君也。何以不名。兄弟辭也。

趙氏匡曰：諸侯嗣位，未踰年稱子，豈有君父病而不覲，死而不喪，身求即位，以邑出奔，而稱郕伯。且鄭忽、曹羈、莒展，皆已即位，及其出奔，猶但稱名，況求嗣位乎。左氏之說非也。失地之君例書名，若以兄弟之國不名，曹伯陽、衛侯衎何以書乎。公羊之說亦非也。

杞伯來朝。

左 杞桓公來朝，始朝公也。且請絕叔姬而無絕昏，公許之。

范氏甯曰：僖二十七年稱子，今稱伯，蓋時王所進。

二月庚子，子叔姬卒。

左 二月，叔姬卒。不言杞，絕也。書叔姬，言非女也。

公 此未適人，何以卒。許嫁矣。婦人許嫁，字而笄之，死則以成人之喪治之。其稱子何。貴也。其貴奈何。母弟也。

穀 其曰子叔姬，貴也，公之母姊妹也。其一傳曰：許嫁以卒之也。男子二十而冠，冠而列丈夫，三十而娶。女子十五而許嫁，二十而嫁。

汪氏克寬曰：二傳以書子爲同母姊妹，然十四年再書子叔姬，苟皆同母，不當同字。

案 莊二十五年，伯姬歸于杞。二十七年，公會杞伯姬于洮。冬，杞伯姬來。僖五年春，杞伯姬來朝其子。九年秋，伯姬卒。蓋別一伯姬。二十三年冬，杞子卒。二十七年春，杞子來朝，則嗣君也。二十八年秋杞伯姬來三十有一年冬杞伯姬來求婦文十二年春王正月杞伯來朝二月庚子子叔姬卒與僖九年所書伯姬同亦似別一叔姬而非伯姬所求之婦自是又二十餘年至成五年春杞叔姬來歸八年冬十月杞叔姬卒九年春杞伯來逆叔姬之喪以歸此三書叔姬疑即伯姬所求之婦也左氏因杞伯來朝與子叔姬卒相連遂以叔姬爲伯姬所求之婦以不繫杞爲出而見絕又因成五年杞叔姬來歸八年杞叔姬卒九年杞伯來逆叔姬之喪遂謂杞伯請絕叔姬而無絕昏而成八年書卒之叔姬即杞桓所請續爲昏者未免牽合然春秋事據左氏且相沿已久今仍存之若啖氏助劉氏敞謂此傳大謨當在成公八年季氏本謂杞伯姬之謨則皆憑虛臆揣罔有確據未可以疑經而廢傳也稱子之義諸家不同或以爲先君之女或以謨爲時君之女皆非也伯姬以莊公二十五年歸杞至僖公時則先君之女也何以五年朝其子三十一年來求婦俱不稱子耶季姬及鄫子遇于防先儒識僖公愛女之過則時君之女也何以書歸書卒俱不稱子耶揆以全經未爲允協故刪而不錄

夏楚人圍巢巢吳楚間小國廬江六縣有居巢城

【左】楚令尹大孫伯卒成嘉爲令尹羣舒叛楚夏子孔執舒子平及宗子遂圍巢羣舒偃姓舒庸舒鳩之屬廬江南有舒城西南有龍舒

秋滕子來朝

【左】秋滕昭公來朝亦始朝公也

秦伯使術來聘術公作遂

【左】秦伯使西乞術來聘且言將伐晉襄仲辭玉曰君不忘先君之好照臨魯國鎮撫其社稷重之以大器寡君敢辭玉對曰不腆敝器不足辭也主人三辭賓荅曰寡君願徼福於周公魯公以事君不腆先君之敝器使下臣致諸執事以爲瑞節要結好命所以藉寡君之命結二國之好是以敢致之襄仲曰不有君子其能國乎國無陋矣厚賄之

【公】遂者何秦大夫也秦無大夫此何以書賢繆公也何賢乎繆公以爲能變也其爲能變奈何惟諓諓善竫言俾君子易怠而況乎我多有之惟一介斷斷焉無他技其心休休能有容是難也

陸氏淳曰公羊曰遂者何秦大夫也秦無大夫此何以書賢繆公也何賢乎繆公以爲能變也案例外大夫來魯未命者皆書名無他義也已前秦未嘗使大夫來故不書爾

冬十有二月戊午晉人秦人戰于河曲河曲在河東蒲坂縣南

【左】秦爲令狐之役故冬秦伯伐晉取羈馬晉人禦之趙盾將中軍荀林父佐之郤缺將上軍臾駢佐之欒盾將下軍胥甲佐之范無恤御戎以從秦師於河曲臾駢曰秦不能久請深壘固軍以待之從之秦人欲戰秦伯謂士會曰若何而戰對曰趙氏新出其屬曰臾駢必實爲此謀將以老我師也趙有側室曰穿晉君之壻也有寵而弱不在軍事好勇而狂且惡臾駢之佐上軍也若使輕者肆焉其可秦伯以璧祈戰於河十二月戊午秦軍掩晉

上軍。趙穿追之。不及。反。怒曰。裹糧坐甲。固敵是求。敵至不擊。將何俟焉。軍吏曰。將有待也。穿曰。我不知謀。將獨出。乃以其屬出。宣子曰。秦獲穿也。獲一卿矣。秦以勝歸。我何以報。乃皆出戰。交綏。秦行人夜戒晉師曰。兩君之士。皆未慭也。明日請相見也。臾駢曰。使者目動而言肆。懼我也。將遁矣。薄諸河。必敗之。胥甲。趙穿當軍門呼曰。死傷未收。而棄之。不惠也。不待期而薄人於險。無勇也。乃止。秦師夜遁。復侵晉。入瑕。 羈馬。晉邑。

【公】此偏戰也。何以不言師敗績。敵也。曷為以水地。河曲疏矣。河千里而一曲也。

【穀】不言及。秦晉之戰已亟。故略之也。

劉氏敞曰。公羊曰。曷為以水地。河千里而一曲也。非也。河曲者亦地名耳。豈謂千里一曲乎。若千里一曲。悉可名之河曲。是三河之間無他地名。直曰河曲而已。不亦妄乎。

【案】殽之役。秦不哀晉喪而伐其同姓。晉未報秦施而伐其師。故彼此有辭。此者秦屢興師。何義乎。使晉疲於西。而楚得乘間以翦小國。病天下。實秦為之也。故春秋於其無名興師。伐晉不已而一以號舉焉。今河曲之戰。秦晉俱稱人。而不書晉及。蓋以連兵搆怨。秦晉皆在所貶。而秦曲為甚也。穀梁以不書及為略之。殊失經旨。

季孫行父帥師城諸及鄆

鄆。公作運。後同。 鄆。城陽姑幕縣南有員亭。員即鄆也。

【左】城諸及鄆。書時也。

【穀】稱帥師。言有難也。

張氏洽曰。鄆。魯之東鄙。莒魯爭鄆始於此。前此莒未嘗與魯有爭。且未嘗有事於鄆。今行父帥師城二邑。以起爭端。魯自此與莒有釁。由鄆始。 呂氏大圭曰。魯有二鄆。成四年城鄆。蓋近晉之邑。故杜曰。以備晉也。此年城鄆。蓋近莒之邑。故杜曰。莒魯之所爭也。 家氏鉉翁曰。城一邑已為勞民。今一朝城二邑。其勞民為甚。書城諸及鄆。貶也。春秋之法。城非其時貶。城非其制貶。興兵以城。尤在所貶。

【丁未】頃王五年 **十有三年** 晉靈七年。齊昭十九年。衛成二十一年。蔡莊三十二年。鄭穆十四年。曹文四年。陳共十八年。杞桓二十三年。宋昭六年。秦康七年。楚穆十二年。

春王正月

【附錄左】十三年。春。晉侯使詹嘉處瑕。以守桃林之塞。 桃林。在宏農華陰縣潼關東。

夏五月壬午陳侯朔卒

【附錄左】晉人患秦之用士會也。夏。六卿相見於諸浮。趙宣子曰。隨會在秦。賈季在狄。難日至矣。若之何。中行桓子曰。請復賈季。能外事。且由舊勳。郤成子曰。賈季亂。且罪大。不如隨會。能賤而有恥。柔而不犯。其知足使也。且無罪。乃使魏壽餘偽以魏叛者。以誘士會。執其帑於晉。使夜逸。請自歸於秦。秦伯許之。履士會之足於朝。秦伯師於河西。魏人在東。壽餘曰。請東人之能與夫二三有司言者。吾與之先。使士會。士會辭曰。晉人。虎狼也。若背其言。臣死。妻子為戮。無益於君。不可悔也。秦伯曰。若背其言。所不歸爾帑者。有如河。乃行。繞朝贈之以策。曰。子無謂秦無人。吾謀適不用也。既濟。魏人譟而還。秦人歸其帑。其處者為劉氏。 諸浮。晉地。

邾子蘧蒢卒　蘧。其俱反。蒢。丈居反。穀作蘧篨。

〔左〕邾文公卜遷於繹。史曰。利於民而不利於君。邾子曰。苟利於民。孤之利也。天生民而樹之君。以利之也。民既利矣。孤必與焉。左右曰。命可長也。君何弗為。邾子曰。命在養民。死之短長。時也。民苟利矣。遷也。吉莫如之。遂遷於繹。五月。邾文公卒。君子曰知命。繹。邾邑。魯國鄒縣北有繹山。

自正月不雨至于秋七月

世室屋壞　世。左穀作大。大音泰。

〔左〕秋七月。大室之屋壞。書不共也。

〔公〕世室者何。魯公之廟也。周公稱大廟。魯公稱世室。羣公稱宮。此魯公之廟也。曷為謂之世室。世室。猶世室也。世世不毀也。周公何以稱大廟於魯。封魯公以為周公也。周公拜乎前。魯公拜乎後。曰。生以養周公。死以為周公主。然則周公之魯乎。曰不之魯也。封魯公以為周公主。然則周公曷為不之魯。欲天下之一乎周也。魯祭周公。何以為牲。周公用白牡。魯公用騂犅。羣公不毛。魯祭周公。何以為盛。周公盛。魯公燾。羣公廩。世室屋壞。何以書。譏。何譏爾。久不修也。

〔穀〕大室屋壞者。有壞道也。譏不修也。大室猶世室也。周公曰大廟。伯禽曰大室。羣公曰宮。禮。宗廟之事。君親割。夫人親舂。敬之至也。為社稷之主。而先君之廟壞。極稱之。志不敬也。

程子曰。觀春秋中。文公事宗廟最為不謹。遂有世室屋壞之變。天人之際。可不畏哉。

〔案〕吳氏澂謂世大二字通用。蓋如世子作大子。世叔作大叔之類。

冬公如晉衛侯會公于沓　會下公無公字。沓。地闕。

吳氏澂曰。公往朝晉。衛侯要之於路。而與公會于沓。欲因公以請平於晉也。

狄侵衛

趙氏鵬飛曰。狄自鹹之敗。銳鋒頻挫。今復侵衛者。衛逼於狄。成公出會。狄乘虛而侵之。狄之窺何。其可忽乎。

十有二月己丑公及晉侯盟公還自晉鄭伯會公于棐　還上公穀無公字。棐。芳尾反。公作斐。棐。鄭地。

〔左〕冬。公如晉朝。且尋盟。衛侯會公于沓。請平于晉。公還。鄭伯會公于棐。亦請平于晉。公皆成之。鄭伯與公宴于棐。子家賦鴻雁。季文子曰。寡君未免於此。文子賦四月。子家賦載馳之四章。文子賦采薇之四章。鄭伯拜。公答拜。

〔公〕還者何。善辭也。何善爾。往黨衛侯會公于沓。至得與晉侯盟。反黨鄭伯會公于棐。故善之也。

〔穀〕還者。事未畢也。自晉事畢也。

趙氏鵬飛曰。晉襄既沒。楚人伐鄭。聘魯。次于厥貉。其為謀深矣。於是伐麇圍巢。無復顧忌。寖寖然兵及衛鄭。故衛因公之如晉而會公于沓。鄭因公之還自晉而會公于棐。蓋謀晉之霸也。然衛鄭不敢直附晉。而問交於魯者。蓋以魯深睦於晉。而知晉之彊弱。從違之計。卜於魯焉。故明年而遂爲新城之盟。此衛鄭所以會公之意也。故三國皆無貶辭。　李氏廉曰。沓棐之會。乃衛鄭不忘晉伯。而介魯以求通。觀鴻雁載馳之賦。其情可見矣。

（戊申）頃王六年　**十有四年**　晉靈八年。齊昭二十年。衛成二十二年。蔡莊三十三年。鄭穆十五年。曹文五年。陳靈公平國元年。杞桓二十四年。宋昭七年。秦康八年。楚莊王旅元年。

春王正月

【附錄左】十四年。春。頃王崩。周公閱與王孫蘇爭政。故不赴。凡崩薨。不赴。則不書。禍福不告。亦不書。懲不敬也。

公至自晉

高氏閌曰。公自去冬。初如晉。則因與衛會。旣盟晉而還。則又因與鄭會。久於道路。而不朝正。書至以見之。

邾人伐我南鄙叔彭生帥師伐邾

【左】邾文公之卒也。公使弔焉不敬。邾人來討。伐我南鄙。故惠伯伐邾。家氏鉉翁曰。魯以七年伐邾。取須句。邾人不能報。至是興南鄙之師。左氏乃謂邾人討魯往弔之不敬。彼小國。安敢責禮於大國。亦修怨耳。春秋聯書所以交致其責。　季氏本曰。此即叔仲彭生也。惠伯仲字耳。

夏五月乙亥齊侯潘卒

【左】子叔姬妃齊昭公生舍。叔姬無寵。舍無威。公子商人驟施於國而多聚士。盡其家貸於公有司以繼之。夏五月。昭公卒。舍即位。

六月公會宋公陳侯衛侯鄭伯許男曹伯晉趙盾癸酉同盟于新城　新城。宋地。

【左】六月。同盟于新城。從於楚者服。且謀邾也。

【附錄左】秋七月乙卯夜。齊商人弒舍而讓元。元曰。爾求之久矣。我能事爾。爾不可使多蓄憾。將免我乎。爾爲之。

【穀】同者。有同也。同外楚也。

胡傳曰。同盟于新城。同外楚也。其日同者。志諸侯同欲。非彊之也。而宋公陳侯鄭伯在焉。則知楚次厥貉。三國雖從。誠有弗獲已者。削而不書。蓋恕之也。蔡不與盟。果有即楚之實矣。夷考晉楚行事。未有以大相遠也。而春秋予奪如此者。荊楚僭王。若與同好。陵蔑諸侯。是將代宗周爲共主。君臣之義滅矣。可不謹乎。

秋七月有星孛入于北斗　孛。音佩。

【左】有星孛入于北斗。周內史叔服曰。不出七年。宋齊晉之君。皆將死亂。

公　穀　孛者何彗星也其言入于北斗何北斗有中也何以書記異也。孛之爲言猶茀也其曰入北斗斗有環域也。

范氏甯曰。據孛於大辰及東方。皆不言入。此言入者。明斗有規郭。入其魁中也。劉向曰。北斗貴星。人君之象也。茀星亂臣之類。言邪亂之臣將弒其君。孔氏穎達曰。釋天云。彗星爲欃槍。郭璞曰。妖星也。亦謂之孛。言其形孛孛似埽彗也。彗星長有尾。入于北斗杓中。黃氏震曰。唐李淳風始算孛行度。謂此星在角。由杓入斗。是月自北而入。晉居北。齊宋居晉之東。故晉齊宋當之。斗數七。故云不及七年。

公至自會

晉人納捷菑于邾弗克納　捷。公作接。菑。側其反。

左　邾文公元妃齊姜生定公。二妃晉姬生捷菑。文公卒。邾人立定公。捷菑奔晉。晉趙盾以諸侯之師八百乘納捷菑于邾。邾人辭曰。齊出貜且長。宣子曰。辭順而弗從。不祥。乃還。

附錄　左　周公將與王孫蘇訟於晉。王叛王孫蘇。而使尹氏與聃啓訟周公於晉。趙宣子平王室而復之。楚莊王立。子孔潘崇將襲羣舒。使公子燮與子儀守。而伐舒蓼。二子作亂。城郢。而使賊殺子孔。不克而還。八月。二子以楚子出。將如商密。廬戢黎及叔麇誘之。遂殺鬬克及公子燮。初。鬬克囚於秦。秦有殽之敗。而使歸求成。成而不得志。公子燮求令尹而不得。故二子作亂。

公　納者何。入辭也。其言弗克納何。大其弗克納也。何大乎其弗克納。晉郤缺帥師革車八百乘以納接菑于邾婁。力沛若有餘而納之。邾婁人言曰。接菑晉出也。貜且齊出也。子以其指則接菑也四。貜且也六。子以大國壓之。則未知齊晉孰有之也。貴則皆貴矣。雖然。貜且也長。郤缺曰。非吾力不能納也。義實不爾克也。引師而去之。故君子大其弗克納也。此晉郤缺也。其稱人何。貶。曷爲貶。不與大夫專廢置君也。曷爲不與。實與而文不與。文曷爲不與。大夫之義。不得專廢置君也。

穀　是郤克也。其曰人何也。微之也。何爲微之也。長轂五百乘。緜地千里。過宋鄭滕薛。敻入千乘之國。欲變人之主。至城下。然後知。何知之晚也。弗克納。未伐而曰弗克。何也。弗克其義也。捷菑晉出也。貜且齊出也。貜且正也。捷菑不正也。

案　經書弗克納者。善之也。書人者。貶之也。大夫興兵以廢置諸侯。奉不正以奪正。雖見義而從。不得無罪。故穀梁責其知之晚。而劉氏敞以爲不免於貶也。公羊雖以爲貶。而實與文不與之說。則不可訓。聖人筆削垂教。將使千載之下習其文以考其實。豈有實與文相悖者乎。胡傳從趙氏匡以書人爲譏。似非經旨。

九月甲申公孫敖卒于齊

左　穆伯之從己氏也。魯人立文伯。穆伯生二子於莒。而求復。文伯以爲請。襄仲使無朝聽命。復而不出。三年而盡室以復適莒。文伯疾而請曰。穀之子弱。請立難也。許之。文伯卒。立惠叔。穆伯請重賂以求復。惠叔以爲請。許之。將來。九月。卒于齊。告喪請葬。弗許。

穀　奔大夫不言卒。而言卒何也。爲受其喪。不可不卒也。其地。於外也。

齊公子商人弒其君舍

左 齊人定懿公。使來告難。故書以九月。齊公子元。不順懿公之為政也。終不曰公。曰夫己氏。

公 此未踰年之君也。其言弒其君舍何。已立之。已殺之。成死者而賤生者也。

穀 舍未踰年。其曰君。何也。成舍之為君。所以重商人之弒也。商人其不以國氏。何也。不以嫌代嫌也。舍之不日。何也。未成為君也。

案 弒逆之賊。或以國氏。或稱公子公孫。當以程子為正。胡傳於州吁。則曰及於上。於商人。則曰誅止於身。皆非篤論也。故刪之。程子說見隱四年。

宋子哀來奔

左 宋高哀為蕭封人。以為卿。不義宋公而出。遂來奔。書曰。宋子哀來奔。貴之也。

公 宋子哀者何。無聞焉耳。

穀 其曰子哀。失之也。

家氏鉉翁曰。杜氏以子哀為字。彊求其可貴。愚竊惑焉。宋公不能君。亂且作矣。子哀若不在其位。潔身而去。猶之可也。既為卿矣。臨難自免。為臣不忠。罪莫大焉。而以為春秋貴而不名。豈聖人垂法之旨哉。

案 左氏以子哀書字為貴之。諸家皆主其說。獨家氏鉉翁謂臨難自免。未有可貴。其持議亦正。故並存之。

冬單伯如齊齊人執單伯

胡傳曰。齊君舍。魯之甥也。商人弒舍。固忌魯矣。魯使單伯如齊。齊人意欲辱魯。故執單伯。

齊人執子叔姬

左 襄仲使告於王。請以王寵求昭姬於齊。曰。殺其子。焉用其母。請受而罪之。冬。單伯如齊。請子叔姬。齊人執之。又執子叔姬。

公 執者曷為或稱行人。或不稱行人。稱行人而執者。以其事執也。不稱行人而執者。以己執也。單伯之罪何。道淫也。惡乎淫。淫乎子叔姬。然則曷為不言齊人執單伯及子叔姬。內辭也。使若異事然。

穀 私罪也。單伯淫於齊。齊人執之。叔姬同罪也。

胡傳曰。子叔姬者。齊君舍之母也。弒其君。執其母。皆商人所為。而以為齊人執之。何也。商人弒君之罪已顯。而齊人黨賊之惡未彰。商人驟施於國而多聚士。是以財誘齊國之人。而濟其惡也。齊人懷商人之私惠。忘君父之大倫。弒其君而不能討。執其母而莫之救。則是舉國之人皆有不赦之罪也。假有人焉。正色而立於朝。誰敢致難其君。與執其母而不顧乎。故聖人書曰。齊人執子叔姬。所以窮逆賊之黨與而治之也。其討罪之旨嚴矣。故曰春秋成而亂臣賊子懼。劉氏敞曰。左氏曰。王使單伯如齊。非也。若單伯為周大夫。何以明年書單伯至自齊乎。公羊曰道淫也。非也。案齊舍未踰年。魯人豈以女子之縱介世褎多居喪而娶者，春秋猶書子叔姬歸于齊。穀梁曰私罪也，非也，何不用陳袁濤塗、鄭祭仲例以解齊人乎。程子曰：商人弒君之惡已顯，而執叔姬之事，聖人不獨罪商人也。齊人不討賊，俱北面事之，又敢執其君母，齊之人均有罪焉，故曰齊人。趙氏鵬飛曰：舍既死矣，單伯如齊啗叔姬也，子弒母何以安於齊，子卒則姜氏歸於齊，舍弒則叔姬歸於魯，亦勢使焉爾，然齊尚何辭以執單伯及叔姬哉？夫盜日穿窬而入，以盜目之，則莫不攫然而怒，舍之死，商人豈直曰吾弒舍哉，必有以文之，商人文之而單伯正之，叔姬質之，此單伯叔姬所以見執也。嗚呼！舍之母是亦商人之母也，弒其子而執其母，是商人自執其母也。聖人再書齊人，其貶爲何如耶？公穀以淫目之，不達經文，不探事實，妄疵人矣。

【案】左氏謂襄仲使告於王，請王寵以求昭姬，蓋因周有單子，遂疑單伯爲王臣也。公羊因單伯不稱行人，疑爲已罪，又因經文執單伯與執子叔姬相連，遂疑爲道淫，穀梁不察，亦謂單伯私罪，子叔姬同罪，二傳之誣罔較左氏爲尤甚矣。行人之職屬左司寇，有專官焉，非若凡奉使卽稱行人。其被執而不稱行人，遂目爲已罪，求之於經，安有當乎？祭仲以誘挾執，本非已罪，而經不稱書。鄭行人樂祁犂以飲酒執，本屬已罪，而經書宋行人，豈非以其官爲行人乃書行人耶？誤以不書行人爲已罪，求其罪而不得，則誣爲道淫，使叔姬蒙不白之冤，何可訓也。今故主劉氏敞之說，而三傳皆無取焉。兩書齊人，趙氏鵬飛以爲貶商人，胡氏安國以爲罪齊國之人，程子兼用之，其義始備。

己酉　匡王元年

十有五年

晉靈九年。齊懿公商人元年。衛成二十三年。蔡莊三十四年。鄭穆十六年。曹文六年。陳靈二年。杞桓二十五年。宋昭八年。秦康九年。楚莊二年。

春，季孫行父如晉。

【左】十五年春，季文子如晉，爲單伯與子叔姬故也。

張氏洽曰：魯不能聞服，明政刑以義討齊，而反因晉以求於齊。行父爲大夫，不能請討弒君之賊；晉爲盟主，不能奉天討於商人，皆罪也。

三月，宋司馬華孫來盟。

華，戶化反。

【左】三月，宋華耦來盟，其官皆從之。書曰宋司馬華孫，貴之也。公與之宴，辭曰：君之先臣督得罪於宋殤公，名在諸侯之策，臣承其祀，其敢辱君？請承命於亞旅。魯人以爲敏。

【纂】司馬，官也。其以官稱，無君之辭也。來盟者何？前定也。不言及者，以國與之也。

劉氏敞曰：左氏云宋華耦來盟，其官皆從，非也。周之禮經，諸侯相聘，其使介有常數矣，不聞其官皆從以爲典也。

【案】春秋來盟不稱使者三，高子、屈完、華孫也。胡傳於屈完、高子不言使，則以爲權在屈完，權在高子，嘉其能服義與定亂；於華孫不稱使，則以爲專行而無君，何耶？無君之說始於穀梁，然穀梁以稱官爲無君之辭，當以不稱使爲無君之辭，蓋謂其君昏庸，不知遣使修好，而華孫能自盡其當官之職，故稱官耳，豈謂華孫有無君之心，故專行無忌而不待使哉？胡傳又謂稱華孫者，自督弒殤公，諸侯受賂，失賊不討，使秉宋政，及其後世繼掌兵權，春秋之所禁者，故傳載其承命亞旅之辭，而經書曰宋司馬華孫來盟，其曰華孫，猶季孫、叔孫、仲孫、臧孫之類，春秋生義蓋欲後世以賢者之類功臣之胄然後委之以政斯言亦非也經於魯臣固未有直稱者季孫叔孫仲孫臧孫而不書其名者立賢以方官人以世亦未必合於聖人之義故凡主胡氏者皆不取焉穀梁以來盟爲前定杜注謂至魯而後定盟二說不同當以左氏爲正

夏曹伯來朝

左 夏曹伯來朝禮也諸侯五年再相朝以修王命古之制也

劉氏敞曰曹伯來朝左氏曰禮也諸侯五年再相朝以修王命古之制也非也案尚書周官六年五服一朝又六年王乃時巡則諸侯於天子五年一朝矣於天子五年一朝不得於諸侯亦五年一朝也且以春秋時事考之曹小國也魯既當朝晉亦當朝宋衛亦當朝楚鄭秦杞陳齊蔡滕又皆當朝朝無已乎其禮安在其制安在周禮大行人之職曰凡諸侯之邦交歲相問也殷相聘也世相朝也此爲得中焉

齊人歸公孫敖之喪

左 齊人或爲孟氏謀曰魯爾親也飾棺置諸堂阜魯必取之從之卞人以告惠叔猶毀以爲請立於朝以待命許之取而殯之齊人送之書曰齊人歸公孫敖之喪爲孟氏且國故也葬視共仲聲己不視帷堂而哭襄仲欲勿哭惠伯曰喪親之終也雖不能始善終可也史佚有言曰兄弟致美救乏賀善弔災祭敬喪哀情雖不同毋絕其愛親之道也子無失道何怨於人襄仲說帥兄弟以哭之他年其二子來孟獻子愛之聞於國或譖之曰將殺子獻子以告季文子二子曰夫子以愛我聞我以將殺子聞不亦遠於禮乎遠禮不如死一人門於句鼆一人門於戾邱皆死句鼆戾邱俱魯邑

公 何以不言來內辭也脅我而歸之筍將而來也

劉氏敞曰公羊曰筍將而來也案敖死殆十月豈可置之編輿以行此理之不然者

六月辛丑朔日有食之鼓用牲于社

左 六月辛丑朔日有食之鼓用牲于社非禮也日有食之天子不舉伐鼓于社諸侯用幣于社伐鼓于朝以昭事神訓民事君示有等威古之道也

案 是年日食與莊二十五年春秋所書同而左氏前後異辭何耶左氏以正陽之月救日則伐鼓周之六月乃夏之四月所謂正陽之月也莊二十五年經書六月而本非六月故曰非常是年實係六月則伐鼓爲宜其所失者不於朝而於社不用幣而用牲耳故曰非禮

單伯至自齊

左 齊人許單伯請而赦之使來致命書曰單伯至自齊貴之也

穀 大夫執則致致則名此其不名何也天子之命大夫也

張氏洽曰若如左氏之說以單伯爲周大夫則是齊執王使春秋既不書其自周來魯又止書其至魯而不復言其歸京師是同之於魯之臣子無復周魯大夫之別且無以明齊

人之執王使，豈春秋辨上下尊王室之義哉。王氏葆曰：內大夫適他國，不以久近，其歸未嘗書。至催被執而得反，則以至書。

晉郤缺帥師伐蔡戊申入蔡

【左】新城之盟，蔡人不與。晉郤缺以上軍、下軍伐蔡，曰：君弱，不可以怠。戊申，入蔡，以城下之盟而還。凡勝國，曰滅之；獲大城焉，曰入之。

【公】入不言伐，此其言伐何？至之日也。其日何？至之日也。

陸氏淳曰：公羊云入不言伐，此言伐何？兵至即入也。趙子曰：若如此，則當書云戊申郤缺帥師伐蔡入之。此既先伐而後言入，則非即入可知也。

【案】蔡背晉即楚，而晉伐之。蔡受伐不服，而晉入之。故趙氏匡以為兼惡蔡也。然晉為盟主，不能攘楚以庇蔡，而加兵於蔡，既伐之，復入之，則未免於暴矣。高氏閌、張氏洽以言伐言入為甚晉，不亦宜乎。李氏廉謂晉人用師有節，而春秋予之，則非也。

秋齊人侵我西鄙

【穀】其曰鄙，遠之也。其遠之何也？不以難介我國也。

高氏閌曰：齊商人篡弒，又執我命大夫，罪不勝誅，而反加兵於我，故貶而人之也。

季孫行父如晉

【左】秋，齊人侵我西鄙，故季文子告于晉。

冬十有一月諸侯盟于扈

【左】冬，十一月，晉侯、宋公、衛侯、蔡侯、陳侯、鄭伯、許男、曹伯盟于扈，尋新城之盟，且謀伐齊也。齊人賂晉侯，故不克而還。於是有齊難，是以公不會。書曰諸侯盟于扈，無能為故也。凡諸侯會，公不與，不書，諱君惡也。與而不書，後也。

趙氏匡曰：左氏云凡諸侯會，公不與則不書。案諸侯會，公不與而列會者非一，則知左氏之說非也。

程子曰：此盟為齊亂也。魯以備齊不在會，故不序。又稱諸侯者，眾辭，見眾國無能為也。

陳氏傅良曰：此國君也，曷為不序？散辭也。新城之盟不可以不序，徒以諸夏之志焉耳。而晉侯不出，於是楚伯成，而頃王崩葬不見於春秋，諸侯無統紀甚矣。故終靈公之篇，凡合諸侯皆散辭。傳曰：無能為也。

十有二月齊人來歸子叔姬

【左】齊人來歸子叔姬，王故也。

【公】其言來何？閔之也。此有罪，何閔爾？父母之於子，雖有罪，猶若其不欲服罪然。

【穀】其曰子叔姬，貴之也。其言來歸何也？父母之於子，雖有罪，猶欲其免也。

劉氏敞曰：其言來歸何？出也。郯伯姬來歸，則何以不稱人？稱人以歸者，歸無罪者也；不稱人以歸者，歸有罪者也。又曰：公羊曰其言來何？閔之也。非也。加來何以為閔？不加來何以不閔此直來歸耳。無強說也。又曰。穀梁曰。父母於子。雖有罪。猶欲其免也。非也。郯伯姬來歸者。此有罪見出者也。齊人來歸子叔姬者。此無罪。齊人强出之者也。

【案】左氏誤以單伯爲周大夫。故單伯之至。則曰來致命。叔姬之歸。則曰王故也。今竝刪之。

齊侯侵我西鄙。遂伐曹入其郛。郛。音孚。

【左】齊侯侵我西鄙。謂諸侯不能也。遂伐曹。入其郛。討其來朝也。季文子曰。齊侯其不免乎。已則無禮。而討於有禮者。曰。女何故行禮。禮以順天。天之道也。已則反天。而又以討人。難以免矣。詩曰。胡不相畏。不畏于天。君子之不虐幼賤。畏于天也。在周頌曰。畏天之威。于時保之。不畏于天。將何能保。以亂取國。奉禮以守。猶懼不終。多行無禮。弗能在矣。

【公】郛者何。恢郭也。入郛書乎。曰。不書。入郛不書。此何以書。動我也。動我者何。內辭也。其實我動焉爾。

劉氏敞曰。公羊曰。入郛不書。非也。入郛殆矣。幾乎入矣。勢不輕於圍。豈得不書乎。高氏閎曰。商人弒君自立。諸侯會于扈。謀伐之。晉取賂而還。是成商人爲君也。故自此遂書齊侯。商人知諸國之無能爲。益無顧忌。肆其威暴。且恚魯仗晉以謀已。故一歲而再侵魯。惡魯而及曹。非理甚矣。凡伐不言人。入其郛者。甚之也。

（庚申）匡王二年**十有六年**晉靈十年。齊懿二年。衞成二十四年。蔡文公中元年。鄭穆十七年。曹文七年。陳靈三年。杞桓二十六年。宋昭九年。秦康十年。楚莊三年。

春季孫行父會齊侯于陽穀齊侯弗及盟

【左】十六年。春王正月。及齊平。公有疾。使季文子會齊侯于陽穀。請盟。齊侯不肯。曰。請俟君間。

【公】其言弗及盟何。不見與盟也。

【穀】弗及者。內辭也。行父失命矣。齊得內辭也。

汪氏克寬曰。齊懿之不與行父盟。非果能以大夫不可伉諸侯之禮責魯而不盟也。特以勢軋魯。而脅文公之親至。及襄仲納賂。則貪於利而不復責文公之不至矣。故直書曰。齊侯弗及盟。不以商人之侮辱爲恥也。然平郈之盟。則書公不與盟。此不日行父弗及盟。而書齊侯。則季孫亦不能無責矣。

夏五月公四不視朔

【左】夏五月。公四不視朔。疾也。

【公】公曷爲四不視朔。公有疾也。何言乎公有疾不視朔。自是公無疾不視朔也。然則曷爲不言公無疾不視朔。有疾猶可言也。無疾不可言也。

【穀】天子告朔于諸侯。諸侯受乎禰廟。禮也。公四不視朔。公不臣也。以公爲厭政以甚矣。

孔氏穎達曰。此後有不告朔者。亦不復書。其譏已明矣。不復譏也。張氏洽曰。春秋微顯志晦之法。無往不寓。以見諱國惡而不沒實之意。文公以疾不視朔。春秋不用昭公有疾以乃復之例。書公有疾。四不視朔。而特書公四不視朔。蓋文公自是因循。不講告朔之禮。以致他公不復舉行。所以定哀之時。聖人有我愛其禮之言。羊存而禮廢。其必始於此歟。

六月戊辰公子遂及齊侯盟于郪丘郪。音西。公作犀丘。穀作師丘。公羊疏作菑丘。郪丘。齊地。

【左】公使襄仲納賂於齊侯。故盟于郪丘。

【穀】復行父之盟也。

高氏閌曰。春秋書公四不視朔。非特譏公之怠。亦以見公子遂得盟之由。則知此盟非齊侯之欲。故明年齊侯復伐西鄙。僅少紓而已。

秋八月辛未夫人姜氏薨

毀泉臺

【左】有蛇自泉宮出。入於國。如先君之數。秋。八月辛未。聲姜薨。毀泉臺。

【公】泉臺者何。郎臺也。郎臺則曷爲謂之泉臺。未成爲郎臺。旣成爲泉臺。毀泉臺。何以書。譏。何譏爾。築之譏。毀之譏。先祖爲之。已毀之。不如勿居而已矣。

【穀】喪不貳事。貳事。緩喪也。以文爲多失道矣。自古爲之。今毀之。不如勿處而已矣。

齊氏履謙曰。毀泉臺。穀梁氏曰。喪不貳事。貳事。緩喪也。昭十一年。大蒐于比蒲。左氏亦曰。君有大喪。國不廢蒐。有三年之喪。而無一日之感。二傳正相發明。

楚人秦人巴人滅庸

【左】楚大饑。戎伐其西南。至於阜山。師於大林。又伐其東南。至於陽邱。以侵訾枝。庸人帥羣蠻以叛楚。麇人率百濮聚於選。將伐楚。於是申息之北門不啓。楚人謀徙於阪高。蔿賈曰。不可。我能往。寇亦能往。不如伐庸。夫麇與百濮。謂我饑不能師。故伐我也。若我出師。必懼而歸。百濮離居。將各走其邑。誰暇謀人。乃出師。旬有五日。百濮乃罷。自廬以往。振廩同食。次於句澨。使廬戢棃侵庸。及庸方城。庸人逐之。囚子揚窻。三宿而逸。曰。庸師衆。羣蠻聚焉。不如復大師。且起王卒。合而後進。師叔曰。不可。姑又與之遇以驕之。彼驕我怒。而後可克。先君蚡冒所以服陘隰也。又與之遇。七遇皆北。唯裨鯈魚人實逐之。庸人曰。楚不足與戰矣。遂不設備。楚子乘馹。會師於臨品。分爲二隊。子越自石溪。子貝自仞。以伐庸。秦人巴人從楚師。羣蠻從楚子盟。遂滅庸。阜山。湖廣鄖陽府房縣南五十里有阜山。大林陽邱訾枝。俱楚邑。選。楚地。阪高。楚險地。句澨。楚西界地。方城。庸地。陘隰。地名。荊州府東多溪山之險。故名。裨鯈魚。庸三邑。臨品。地名。石溪。仞。俱入庸道。

張氏洽曰。庸乘饑饉帥蠻危楚。楚一畏徙。則無以保其國。然御變待敵。亦制服之而已。夷人宗社。豈王法之所容乎。楚子克庸而遂滅之。其罪大矣。是以人楚子而罪其滅也。

【案】胡傳謂庸有取滅之道。而蔿賈善謀國。故列書三國。楚不稱師。蓋滅楚之罪辭。此說非也。啖氏助曰。凡滅國直書滅。罪在滅者。其於見滅者。言力屈而死。故也。今直書滅庸。是罪楚不罪庸矣。又曰。凡書滅。又書其君奔者。則兩罪之。責其不死社稷也。攷莊十年齊滅譚。譚子奔莒。是兩罪之也。而齊反稱師。莊十三年齊滅遂。不書其君奔。是專罪齊也。而齊反稱人。安見稱人不稱師爲滅楚罪乎。若謂左氏稱秦人巴人實從楚師。乃列稱三國。畧無差等。以此證經滅楚罪。是又不善讀傳而敢於疑經矣。楚子在行。乃與秦巴皁將同列稱人。是貶楚也。且庸介於楚秦巴三國之間。安知非三國共分其地。故列而稱之也哉。聖人以興滅繼絕爲心。乃因楚一時之謀許其覆人宗祀而不之罪。遂使利歸彊楚。誘分他國。必不然矣。今主張氏洽說而胡傳無取焉。

冬十有一月。宋人弒其君杵臼。公作處臼。

【左】宋公子鮑禮於國人。宋饑。竭其粟而貸之。年自七十以上。無不饋詒也。時加羞珍異。無日不數於六卿之門。國之材人。無不事也。親自桓以下。無不恤也。公子鮑美而豔。襄夫人欲通之。而不可。乃助之施。昭公無道。國人奉公子鮑以因夫人。於是華元爲右師。公孫友爲左師。華耦爲司馬。鱗矔爲司徒。蕩意諸爲司城。公子朝爲司寇。初司城蕩卒。公孫壽辭司城。請使意諸爲之。既而告人曰。君無道。吾官近。懼及焉。棄官則族無所庇。子。身之貳也。姑紓死焉。雖亡子。猶不亡族。既。夫人將使公田孟諸而殺之。公知之。盡以寶行。蕩意諸曰。盍適諸侯。公曰。不能其大夫至於君祖母以及國人。諸侯誰納我。且既爲人君。而又爲人臣。不如死。盡以其寶賜左右而使行。夫人使謂司城去公。對曰。臣之而逃其難。若後君何。冬十一月甲寅。宋昭公將田孟諸。未至。夫人王姬使帥甸攻殺之。蕩意諸死之。書曰。宋人弒其君杵臼。君無道也。文公卽位。使母弟須爲司城。華耦卒。而使蕩虺爲司馬。

【公】弒君者。曷爲或稱名氏。或不稱名氏。大夫弒君稱名氏。賤者窮諸人。大夫相殺稱人。賤者窮諸盜。

陸氏淳曰。左氏說被殺之由。云夫人使公田孟諸而殺之。公知之。盡以寶行。趙子曰。傳例自云君無道也。凡無道之人。例皆彊暴。爲人所畏。祖母有何威權。而能坐弒之乎。若潛謀搆禍。猶或可疑。今乃云公知之。載寶以行。盡賜左右而端然待死。推之人理。未之有也。

劉氏敞曰。公羊例云。大夫弒君稱名氏。賤者窮諸人。大夫相殺稱人。賤者窮諸盜。非也。大夫弒君。有稱名氏者。有獨稱名者。有稱人者。所謂賤者也。至於盜。則皆盜賊矣。非所謂賤乎賤者也。大夫相殺。正當明其罪。王札子殺召伯毛伯是也。稱人者。其有罪者也。其文意分明。可不講而得。又何紛紛乎。

【案】陸氏淳引趙氏匡謂宋昭公知將見殺。必無端然待死之理。揣情度勢。誠爲有見。然春秋事據左氏。仍錄之以志被弒之由。而陸氏亦竝存焉。再攷十二公之編。稱國人以弒者二。宋人弒杵臼。齊人弒商人。莒人弒密州是也。稱國以弒者四。莒弒庶其。晉弒州蒲。吳弒僚。薛弒比是也。胡氏安國多主君無道之說。而杵臼商人則罪在一國之人。州蒲則欒書有怨辭。吳僚薛比則當國大臣之罪。密州則止辨左氏之誤。庶其則竝不發傳。事同義異。各有所取。況援以全經。如晉楚陳三靈。皆爲無道。何以直書趙盾夏徵舒公子比之名。則亦未能盡合也。然則經意安在耶。曰。聖人因舊史以作春秋。舊史從赴告之文。有所損而不能益也。臣弒其君。子弒其父。其以實赴於友邦者幾何。夫不以實赴。則其罪必有所諉矣。大都微者當之也。聖人參稽國史。以及七十二邦之所聞。欲正其所誅。則赴告異辭。欲從其所諉。則眞兇漏網。與其移辜以蔽獄。不若懸案以徵兇。故書曰某國弒其君。某國人弒其君。雖無所指名。而亂臣賊子之罪。亦有不得而逃者矣。

〔辛亥〕匡王三年**十有七年**晉靈十一年。齊懿三年。衛成二十五年。蔡文二年。鄭穆十八年。曹文八年。陳靈四年。杞桓二十七年。宋文公鮑元年。秦康十一年。楚莊四年。

春晉人衛人陳人鄭人伐宋

〔左〕十七年。春。晉荀林父。衛孔達。陳公孫寧。鄭石楚伐宋。討曰。何故弒君。猶立文公而還。卿不書。失其所也。

陸氏淳曰。左氏云。卿不書。失其所也。啖子曰。案春秋不命之卿例書人。非貶也。若命卿失所。即貶稱人。不命者貶。又如何書之。

〔案〕伐宋之役。先儒多從左氏。以卿不書為失所。獨啖氏助。以為春秋不命之卿例書人。非貶也。攷是時晉之當國者趙盾。而荀林父僅佐中軍。衛之當國者甯俞。而孔達未嘗執政。陳公孫寧抑置衛下。其尤卑可知。鄭石楚亦無聞於時。似啖說未為失也。蓋釋賊之罪。當貶於釋賊不討之日。不當預貶於帥師討賊之時。是故伐宋則列序四國而無譏。不必逆億其釋賊之心。會扈則畧諸侯不序以示貶。然後衆著其釋賊之罪。否則襄二十五年齊崔杼弒其君。諸侯會于夷儀謀伐齊而沮於略。猶是役也。何以列序十二國之君。必俟重邱之盟。既釋齊賊。然後畧諸侯以示貶耶。故啖氏之說。亦竝存之。

夏四月癸亥葬我小君聲姜聲公作聖。

〔左〕夏。四月。癸亥。葬聲姜。有齊難。是以緩。

〔公〕聖姜者何。文公之母也。

劉氏敞曰。葬我小君聲姜。傳云。有齊難。是以緩。今案聲姜薨後乃無齊難。聲姜既葬而有齊師耳。

齊侯伐我西鄙六月癸未公及齊侯盟于穀

〔左〕齊侯伐我北鄙。襄仲請盟。六月。盟于穀。

高氏閌曰。齊猶以公不親盟。復求討。而脅公出盟。於此見郪邱之盟無益矣。家氏鉉翁曰。魯當討齊者也。坐受逆商之侮。盟其臣。復伐之而求盟其君。齊之無道極矣。魯之不振甚矣。齊商傲而日益盈。魯文卑而日益索。皆將死之徵。商惡貫盈。宜及於難。

諸侯會于扈

〔左〕晉侯蒐於黃父。遂復合諸侯于扈。平宋也。公不與會。齊難故也。書曰。諸侯。無功也。於是晉侯不見鄭伯。以為貳於楚也。鄭子家使執訊而與之書。以告趙宣子。曰。寡君即位三年。召蔡侯而與之事君。九月。蔡侯入於敝邑以行。敝邑以侯宣多之難。寡君是以不得與蔡侯偕。十一月。克減侯宣多。而隨蔡侯以朝於執事。十二年六月。歸生佐寡君之嫡夷。以請陳侯於楚而朝諸君。十四年七月。寡君又朝以蕆陳事。十五年五月。陳侯自敝邑往朝於君。往年正月。燭之武往朝夷也。八月。寡君又往朝。以陳蔡之密邇於楚。而不敢貳焉。則敝邑之故也。雖敝邑之事君。何以不免。在位之中。一朝於襄。而再見於君。夷與孤之二三臣。相及於絳。雖我小國則蔑以過之矣。今大國曰。爾未逞吾志。敝邑有亡。無以加焉。古人有言曰。畏首畏尾。身其餘幾。又曰。鹿死不擇音。小國之事大國也。德則其人也。不德。則其鹿也。鋌而走險。急何能擇。命之罔極。亦知亡矣。將悉敝賦以待於鯈。唯執事命之。文公二年六月壬申。朝於齊。四年二月壬戌。爲齊侵蔡。亦獲成於楚。居大國之間。而從於彊令。豈其罪也。大國若弗圖。無所逃命。晉鞏朔行成於鄭。趙穿。公壻池爲質焉。

杜氏預曰。傳不列諸國而言復合。則如上十五年盟扈之諸侯可知也。又曰。昭公雖以無道見弒。而文公猶宜以弒君受討。故林父伐宋。以失所稱人。晉侯平宋。以無功不序。明君雖不君。臣不可以不臣。所以督大教。 劉氏敞曰。諸侯何以不序。不足序也。其不足序奈何。欲治末而後不能也。

秋公至自穀

【附錄】【左】秋。周甘歜敗戎於邥垂。乘其飲酒也。 冬。十月。鄭大子夷。石楚。爲質於晉。 邥垂周地

高氏閌曰。公不與扈之會。而及齊盟穀。苟免齊難。書至自穀。則不會扈可知矣。 趙氏鵬飛曰。六月公及齊侯盟于穀。及秋而後至。則扈之會。公何暇會之哉。公不會。則勿書可也。此何以書。穀之盟。不當盟而盟。扈之會。當會而不會。不當盟而盟之者。忍怨以自辱也。當會而不會者。棄義而從讎也。是以聖人惡之。書公及齊侯盟於穀。而諸侯會于扈。以著公之失所從也。

冬公子遂如齊

【左】襄仲如齊拜穀之盟。復曰。臣聞齊人將食魯之麥。以臣觀之。將不能。齊君之語偷。臧文仲有言曰。民主偷必死。

汪氏克寬曰。自商人之篡。魯連年被兵。上卿納賂請盟。又親與盟。繼又使卿往聘。而怒猶未怠也。卑屈之。不足以紓禍也。如是苟非假手於歜職。則魯其殆哉。

【壬子】匡王四年

十有八年

晉靈十二年。齊懿四年。衛成二十六年。蔡文三年。鄭穆十九年。曹文九年。陳靈五年。杞桓二十八年。宋文二年。秦康十二年。楚莊五年。

春王二月丁丑公薨于臺下

【左】十八年。春。齊侯戒師期。而有疾。醫曰。不及秋。將死。公聞之。卜曰。尚無及期。惠伯令龜。卜楚丘占之。曰。齊侯不及期。非疾也。君亦不聞。令龜有咎。二月。丁丑。公薨。

【穀】臺下。非正也。

趙氏鵬飛曰。魯之權去公室。文公之罪也。三家子孫雖自僖公。而僖之世。固未嘗敢專也。至文之世。孟氏則公孫敖爲戚之會。垂隴之盟。叔孫氏則得臣會晉伐沈。敗狄于鹹。季氏則行父如陳如晉帥師城邑。東門氏則襄仲見於經者凡九。非會則盟。非盟則如。非如則伐。其橫尤甚於三家。故魯之受其禍尤速。然極其源。若非文公怠懦不君。則大夫亦未遽專也。即位之初。霸主之會。鄰國之好。未嘗親之。率以大夫往。閏月不告月。常月不視朔。怠惰昏庸。不出寢門。何以爲國。宜諸大夫互結私援。外事大國。內懷國人。而自封植。公室寖弱而權移於人

也一身未暇。二子爲戮。妃妾不能相保。東門氏。叔氏。季氏。爭結於齊。反戈內攻。戕其家嗣。幸周公之靈未泯。魯之宗社未遽勦絕。然乾剛之權。自是下移。終春秋之世。不能復收。而魯遂以微。則文公之責。不可追也。李氏廉曰。文公在位十有八年。乃怠政之君。魯國之衰自此始。當其初年。承僖公之餘政。國家無事。故即位之書。始得繼體之正。而叔服會葬。毛伯錫命。王室之待魯甚優。矣何得臣如京。公孫敖會晉侯。尊王事伯之禮皆失焉。不一二年。緩於作主。輕於逆祀。以至世室之壞。而宗廟之禮廢矣。婦姜之逆。不能謹始。敬嬴之變。不能正分。而夫婦嫡妾之禮紊矣。故先儒曰。三書不雨。無勤民之心。四不視朔。無自彊之志。處父厭盟。則辱於晉。郪邱賂盟。則辱於齊。誠哉是言也。然自七年會扈以後。十三年新城以前。楚商臣方以伯事召諸侯。宋鄭蔡皆靡然從之。魯於是時。獨能堅事晉室。故衡雍之盟。公子遂之救。承筐之謀。沓棐之會。亦不爲無益於晉靈之伯。數年之間。楚椒秦術之聘。曹伯之兩朝。魯亦若猶能爲諸侯之望者。奈何晉室不振。齊商人之侵暴不已。行父兩告。而援師不出。於是陽穀之盟。穀之盟。魯遂困於齊矣。雖文公之媮。有以致之。亦晉之告也。若夫敬嬴襄仲之事。則又襄成風之餘智者。文公前有譏而不見。後有賊而不知。身死之後。家嗣戕賊。其亦莊公之儔哉。 汪氏克寬曰。或謂因隕而斃。不能順受其正。故以非命而終。今雖莫攷其詳。然經書薨於臺下。則其失正終之道。亦可貶矣。

秦伯罃卒

夏五月戊戌齊人弒其君商人

左 齊懿公之爲公子也。與邴歜之父爭田。弗勝。及即位。乃掘而刖之。而使歜僕。納閻職之妻。而使職驂乘。夏五月。公游於申池。二人浴於池。歜以扑抶職。職怒。歜曰。人奪女妻而不怒。一抶女庸何傷。職曰。與刖其父而弗能病者何如。乃謀弒懿公。納諸竹中。歸。舍爵而行。齊人立公子元。

申池。齊南城西門。名申門。左右有池。

孫氏覺曰。齊人殺商人。自以其私。非討賊也。春秋之義。弒君大惡之人。殺之必正其罪。苟不討其罪。又以其私。則亦曰弒君也。所以原情定罪。而大爲之防也。 張氏洽曰。商人固當討之賊。然齊人不以爲賊。北面稱臣而君之者三年。以爲賊則不當事。以爲君則不可弒。今三年事之。一旦弒之。亂作於大分已定之後。故曰。弒其君也。況商人驟施聚士以成弒舍之謀。則齊人乃同惡之黨。所以歜職殺商人而特書齊人。

六月癸酉葬我君文公

秋公子遂叔孫得臣如齊

左 六月。葬文公。秋。襄仲。莊叔。如齊。惠公立故。且拜葬也。文公二妃。敬嬴生宣公。敬嬴嬖。而私事襄仲。宣公長。而屬諸襄仲。襄仲欲立之。叔仲不可。仲見於齊侯而請之。齊侯新立而欲親魯。許之。

穀 使舉上客而不稱介。不正其同倫而相介。故列而數之也。

劉氏敞曰。春秋之文有常有變。變用於變。常用於常。不相襲也。變之甚微。讀者難知也。則以爲史耳。乃春秋則欲起問者見善惡也。公子遂將弒君。謀之齊。而後決。經書子卒。其實尚隱。故原其禍亂之始。邪謀之發。著之奉使之日。以見非常也。

冬十月子卒

【左】冬十月。仲殺惡及視。而立宣公。書曰。子卒。諱之也。仲以君命召惠伯。其宰公冉務人止之曰。入必死。叔仲曰。死君命可也。公冉務人曰。若君命可死。非君命何聽。弗聽。乃入。殺而埋之馬矢之中。公冉務人奉其帑以奔蔡。旣而復叔仲氏。

【公】子卒者。孰謂。謂子赤也。何以不日。隱之也。何隱爾。弒也。弒則何以不日。不忍言也。

【穀】子卒不日。故也。

陳氏傅良曰。惡位未定。則其稱子卒何。成之爲在喪之君也。凡君在喪恒稱子。未葬稱子某。成之爲在喪之君。以弒罪罪宣公也。

【案】子卒不日。穀梁以爲故。非也。子般亦故也。何以日乎。穀梁謂子般之卒。有所見則日。亦遷就之詞。不可從。

夫人姜氏歸于齊

【左】夫人姜氏歸于齊。大歸也。將行。哭而過市。曰。天乎。仲爲不道。殺適立庶。市人皆哭。魯人謂之哀姜。

【穀】惡宣公也。有不待貶絕而罪惡見者。有待貶絕而惡從之者。姪娣者。不孤子之意也。一人有子。三人緩帶。一曰。就賢也。

胡傳曰。書夫人則知其正。書姜氏則知其非。見絕於先君。書歸于齊則知其無罪。異於孫于邾者。而魯國臣子殺適立庶。敬嬴宣公不能事主君。存適母。其罪不書而並見矣。汪氏克寬曰。以氏係姓。以姓係號。與妾媵不同。又曰。文公已葬而夫人出。則知嗣子之沒於弒而不容於魯也。文姜哀姜。預聞弒君。皆書曰孫。出姜書號書氏書歸。而無貶辭。則知責魯之臣子。而姜氏爲無罪矣。此聖人屬辭之深切著明。欲人有考於是而知子惡之所以弒。與公子接之所以立也。

季孫行父如齊

高氏閌曰。前乎子卒書如齊。後乎子卒書如齊。齊實聞乎故。所以惡齊也。宣十八年。行父云。使我殺適立庶者仲也。夫乃逐仲族。則行父實與謀弒惡而立宣公。故出姜歸齊。而行父遽如齊焉。惡實齊之甥。恐齊人聽夫人之訴而來討。於是議納賂而平焉。行父之罪。固不待貶。而魯國臣子。皆不可勝誅也。

莒弒其君庶其

【左】莒紀公生大子僕。又生季佗。愛季佗而黜僕。且多行無禮於國。僕因國人以弒紀公。以其寶玉來奔。納諸宣公。公命與之邑。曰。今日必授。季文子使司寇出諸竟。曰。今日必達。公問其故季文子使大史克對曰先大夫臧文仲教行父事君之禮行父奉以周旋弗敢失隊曰見有禮於其君者事之如孝子之養父母也見無禮於其君者誅之如鷹鸇之逐鳥雀也先君周公制周禮曰則以觀德德以處事事以度功功以食民作誓命曰毁則爲賊掩賊爲藏竊賄爲盜盜器爲姦主藏之名賴姦之用爲大凶德有常無赦在九刑不忘行父還觀莒僕莫可則也孝敬忠信爲吉德盜賊藏姦爲凶德夫莒僕則其孝敬則弒君父矣則其忠信則竊寶玉矣其人則盜賊也其器則姦兆也保而利之則主藏也以訓則昏民無則焉不度於善而皆在於凶德是以去之昔高陽氏有才子八人蒼舒隤敳檮戭大臨尨降庭堅仲容叔達齊聖廣淵明允篤誠天下之民謂之八愷高辛氏有才子八人伯奮仲堪叔獻季仲伯虎仲熊叔豹季貍忠肅共懿宣慈惠和天下之民謂之八元此十六族也世濟其美不隕其名以至於堯堯不能舉舜臣堯舉八愷使主后土以揆百事莫不時序地平天成舉八元使布五教於四方父義母慈兄友弟共子孝內平外成昔帝鴻氏有不才子掩義隱賊好行凶德醜類惡物頑嚚不友是與比周天下之民謂之渾敦少皞氏有不才子毁信廢忠崇飾惡言靖譖庸回服讒蒐慝以誣盛德天下之民謂之窮奇顓頊氏有不才子不可教訓不知話言告之則頑舍之則嚚傲很明德以亂天常天下之民謂之檮杌此三族也世濟其凶增其惡名以至於堯堯不能去縉雲氏有不才子貪於飲食冒於貨賄侵欲崇侈不可盈厭聚斂積實不知紀極不分孤寡不恤窮匱天下之民以比三凶謂之饕餮舜臣堯賓於四門流四凶族渾敦窮奇檮杌饕餮投諸四裔以禦螭魅是以堯崩而天下如一同心戴舜以爲天子以其舉十六相去四凶也故虞書數舜之功曰慎徽五典五典克從無違教也曰納于百揆百揆時序無廢事也曰賓于四門四門穆穆無凶人也舜有大功二十而爲天子

今行父雖未獲一吉人去一凶矣於舜之功二十之一也庶幾免於戾乎

附錄左 宋武氏之族道昭公子將奉司城須以作亂十二月宋公殺母弟須及昭公子使戴莊桓之族攻武氏於司馬子伯之館遂出武穆之族使公孫師爲司城公子朝卒使樂呂爲司寇以靖國人

公 稱國以弒何稱國以弒者衆弒君之辭

吳氏澂曰如左氏之言則是僕以大子弒父也春秋何以書國弒乎且僕既與國人同弒君則當自立矣文何以奔魯乎疑僕因國人下以字當作之字謂僕因國人之弒君懼并及禍而來奔也

卓氏爾康曰紀公多行無禮僕既因衆以弒便應得國如何來奔國人既惡庶其何復立其所愛若僕實弒春秋何爲沒而不書吳幼清疑之遂有趙匡氏改字之說曰傳文僕因國人以弒紀公如改以字作之字則經文了然僕非行弒而諸疑可解矣不知以巳二字古人通用其文以也其義巳也巳字作解義既可通字不必改矣因有二義蓋因緣之因非因附之因也僕見國人弒君恐巳得禍竊寶以奔苟爲利而已

案 左氏謂莒僕因國人以弒君吳氏澂卓氏爾康皆疑之而卓氏尤勝今並錄焉

春秋卷之八

宣公

孔氏穎達曰。魯世家云。宣公名倭。或作接。文公之子。敬嬴所生。以匡王五年即位。謚法。善問周達曰宣。

【癸卯】匡王五年。**元年**　晉靈十三年。齊惠公元年。衛成二十七年。蔡文四年。鄭穆二十一年。曹文十年。陳靈六年。杞桓二十九年。宋文三年。秦共公稻元年。楚莊六年。

春王正月。公即位。

【公】繼弒君不言即位。此其言即位何。其意也。

【穀】繼故而言即位。與聞乎故也。

張氏洽曰。宣公受弒賊之立。而居其位。其罪同於桓公。而十八年之間皆書王。與桓公不同者。法已舉於前矣。天理不可以常亡。王法不可以久廢。故存王以舉大法。亦所以正宣公之罪也。

公子遂如齊逆女

【左】元年。春。王正月。公子遂如齊逆女。尊君命也。三月。遂以夫人婦姜至自齊。尊夫人也。

杜氏預曰。不譏喪娶者。不待貶責而自明也。

三月。遂以夫人婦姜至自齊

【公】遂何以不稱公子。一事而再見者。卒名也。夫人何以不稱姜氏。貶。曷為貶。譏喪娶也。喪娶者。公也。則曷為貶夫人。內無貶於公之道也。內無貶於公之道。則曷為貶夫人。夫人與公一體也。其稱婦何。有姑之辭也。

【穀】其不言氏。喪未畢。故略之也。其曰婦。緣姑言之之辭也。遂之挈。由上致之也。

服氏虔曰。古者一禮不備。貞女不從。故詩云。雖速我訟。亦不女從。宣公既以喪娶。夫人從亦非禮。故不稱氏。見略賤之也。

夏。季孫行父如齊

【左】夏。季文子如齊。納賂以請會。

胡傳曰。經書行父如齊。而不言其故。謂納賂以請會者。傳也。經有不待傳而著者。此事以觀。斯得矣。下書公會齊侯于平州。則知此會。行父請之也。又書齊人取濟西田。則知其請蓋以賂也。雖微傳。其事著矣。諸侯立卿。為公室輔。猶屋之有楹也。而謀國如此。亦不待貶絕而惡自見者也。不然。以行父之勤勞恭儉。相三君而無私積。必能以其君顯。名與晏箏矣

晉放其大夫胥甲父于衛

【左】晉人討不用命者。放胥甲父于衛。而立胥克。先辛奔齊。

【公】放之者何。猶曰無去是云爾。然則何言爾。近正也。此其為近正奈何。古者大夫已去三年待

放。君放之，非也。大夫待放，正也。古者臣有大喪，則君三年不呼其門，已練，可以弁冕服金革之事。君使之，非也；臣行之，禮也。閔子要絰而服事，既而曰：若此乎古之道，不卽人心。退而致仕，孔子蓋善之也。

【穀】放，猶屏也。稱國以放，放無罪也。

胡傳曰：秦晉戰於河曲，撓臾駢之謀者，趙穿也。若討其不用命，則當以穿為首，止治軍門之呼，僨敗可也。而獨放胥甲父，則以趙盾當國，穿其族子，而盾庇之也。桃園之罪，其志固形於此矣。故稱國以放，見晉政之在私門，而成上侵，為後戒也。

【案】公羊所稱大夫已去三年待放，然後放之，卽孟子所稱去三年不反，然後收其田里也。不及其待而遽放之，卽孟子所謂去之日，遂收其田里也。河曲之戰距今八年，晉始放胥甲父，蓋所謂待而後放者，故公羊以為近正。乃胡傳非之，謂大夫當官，既不請於天子而自命，以為有罪，又不告於司寇而擅刑，遂以為遠於正。夫周初千八百國，放流以下，其獄繫矣，若皆請於王，司寇之官可勝理乎。胥甲父下軍之佐，既非命大夫，罪止於放，又非專殺，乃猶以不告於司寇罪之，徒泥於尊王之義，而不知其事之不可通，是固而已矣。然則其書之柰何？曰：是責其與趙穿同罪，而獨見放也。春秋之法，稱國以殺而不去其官，為罪累上，則稱國以放而不去其官，亦為罪累上。蓋胥甲父誠有罪，而放之者未盡其道，則以累上之辭書，以見義焉耳。今刪節胡傳，而復為辨之如此。

公會齊侯于平州 平州，齊地。

【左】會于平州，以定公位。

汪氏克寬曰：齊惠因歜職之逆，得立乎其位，故魯宣納賂求會，驩然而從，蓋同惡相濟耳。特齊之彊大足以芘魯，故宣公君臣殫意以固結之也。

公子遂如齊

【左】東門襄仲如齊拜成。

汪氏克寬曰：遂得臣同如齊，見公子接而請立之，逆謀之始也。今既定宣公而拜成於齊，逆謀之終也。

六月，齊人取濟西田 濟西，杜注：故曹地。僖三十一年，晉文以分魯。

【左】六月，齊人取濟西之田，為立公故，以賂齊也。

【公】外取邑不書，此何以書？所以賂齊也。曷為賂齊？為弑子赤之賂也。

【穀】內不言取，言取，授之也，以是為賂齊也。

程子曰：宣公不義得國，賂齊以求助，齊受之以助不義，故書取。不義不能保其土，故不云我。非為彊取，故不諱。不能有而失者皆諱。

秋，邾子來朝

胡氏寧曰：凡經於朝聘，皆不徒書，未有書而無義者也。宣公為弑君者所立，邾子來朝而無貶文者。既於朝桓貶矣。公羊曰。其餘從同同。

楚子鄭人侵陳遂侵宋

【左】宋人之弒昭公也。晉荀林父以諸侯之師伐宋。宋及晉平。宋文公受盟于晉。又會諸侯于扈。將為魯討齊。皆取賂而還。鄭穆公曰。晉不足與也。遂受盟于楚。陳共公之卒。楚人不禮焉。陳靈公受盟於晉。秋。楚子侵陳。遂侵宋。

【穀】遂。繼事也。

胡傳曰。楚書爵而人鄭者。貶之也。鄭伯本以宋人弒君。晉不能討。受賂而還。以此罪晉為不足與也。遂受盟於楚。今乃附楚以亟病列國。何義乎。書侵陳遂侵宋者。以見習師掠境肆為侵暴。非能聲宋罪而討之也。

晉趙盾帥師救陳

【左】晉趙盾帥師救陳宋。

【穀】善救陳也。

張氏洽曰。陳無罪而蒙伐。當救之。宋有弒君之罪。不當救。故略之。家氏鉉翁曰。傳言救陳及宋。不書救宋。不與其救宋也。宋負弒君大惡。晉人受賂不能討。而楚伐之。雖楚之存心未必純於為義。然弒逆之賊。夫人得而討之也。楚討之。晉救之。故春秋不與其救。

宋公陳侯衛侯曹伯會晉師于棐林伐鄭

棐林。鄭地。滎陽宛陵縣東南有林鄉。

【左】會于棐林。以伐鄭也。楚蔿賈救鄭。遇於北林。囚晉解揚。晉人乃還。　北林。鄭地。

【公】此晉趙盾之師也。曷為不言趙盾之師。君不會大夫之辭也。

【穀】列數諸侯而會晉趙盾。大趙盾之事也。其曰師何也。以其大之也。于棐林。地而後伐鄭。疑辭也。此其地何。則著其美也。

杜氏預曰。晉師救陳宋。四國君往會之。共伐鄭也。不言會趙盾。取於兵會。非好會也。陸氏淳曰。公羊曰。此晉趙盾之師。曷為不言趙盾之師。君不會大夫之辭也。趙子曰。案春秋諸侯會大夫者非一。何於此獨生義乎。穀梁曰。列數諸侯而會晉趙盾。大趙盾之事也。啖子曰。晉師先已書。今四國會之。自常例爾。有何義乎。又曰。地而後伐鄭。疑辭也。趙子曰。凡衆國共行之理。春秋舉大綱。示邪正。豈有為其聚謀與不謀為例。又曰。此其地何。著其美也。案春秋未有師書地為褒之例。

【案】胡傳謂列數諸侯於帥師之下。而又書大夫之名氏。則臣疑於君。而不可以為訓。其曰會晉師。乃謹禮於微之意。此蓋本公羊君不會大夫之說。而考之春秋。則有所未合也。謂臣不可疑於君。故君不會大夫。則會師既然。會盟亦宜然。乃文十四年盟新城。以晉趙盾列數於諸侯之下。而不嫌其疑於君。何耶。僖二十五年盟洮。則有莒慶。二十六年盟向。則有衞甯速。成十五年盟戚。則有齊國佐。定四年召陵侵楚。則有齊國夏。皆以君會大夫。經文列敘而無異辭。何其不謹於禮耶。然則此書晉師而不書趙盾者。其義安在。蓋師與大夫等耳。好會以同會之人為主。征伐則同行之師並重。義繫之大夫。則必書大夫。義繫之師。則師可書。不必大夫也。杜氏預以爲兵會非好會者是也。穀梁謂冢之役。先地後伐。爲疑辭。此則著其美。胡氏亦從之。趙氏匡所駁甚明。今故不錄公穀及胡氏說。

冬。晉趙穿帥師侵崇崇。公作柳。凡役書大夫。侵書趙穿。而後崇秦之與國。

左 晉欲求成於秦。趙穿曰。我侵崇。秦急崇必救之。吾以求成焉。冬。趙穿侵崇。秦弗與成。

公 柳者何。天子之邑也。曷爲不繫乎周。不與伐天子也。

劉氏敞曰。公羊曰。柳者天子之邑也。不繫乎周者。不與伐天子也。非也。信如公羊之言。柳爲天子之邑。趙穿伐之。晉罪大矣。春秋曾無文貶之乎。

家氏鉉翁曰。晉欲求成於秦。發一介之使。遽先君之好。而秦成合矣。今侵崇以求之。秦愈怒而兵愈不可解矣。蓋穿志於作難。託伐崇以專兵也。

晉人宋人伐鄭

左 晉人伐鄭。以報北林之役。於是晉侯侈。趙宣子爲政。驟諫而不入。故不競於楚。

穀 伐鄭。所以救宋也。

家氏鉉翁曰。秋伐鄭。爵之。今伐鄭人之何哉。曰。鄭即楚討之。公也。晉受宋賂而輔之簒。復偕宋伐鄭。私也。故伐鄭則爵之。爲宋伐鄭則人之。蓋鄭可伐也。爲宋而伐鄭。則不可也。

〔甲寅〕匡王六年 **二年** 晉靈十四年。齊惠二年。衞成二十八年。蔡文五年。鄭穆二十一年。曹文十一年。陳靈七年。杞桓三十年。宋文四年。秦共二年。楚莊七年。

春王二月壬子。宋華元帥師及鄭公子歸生帥師戰于大棘。宋師敗績。獲宋華元戰皆書大夫帥師自此始。大棘。陳留襄邑縣。

左 二年春。鄭公子歸生受命於楚。伐宋。宋華元。樂呂御之。二月。壬子。戰于大棘。宋師敗績。囚華元。獲樂呂。及甲車四百六十乘。俘二百五十人。馘百人。狂狡輅鄭人。鄭人入于井。倒戟而出之。獲狂狡。君子曰。失禮違命。宜其爲禽也。戎昭果毅以聽之之謂禮。殺敵爲果。致果爲毅。易之戮也。將戰。華元殺羊食士。其御羊斟不與。及戰。曰。疇昔之羊子爲政。今日之事我爲政。與入鄭師。故敗。君子謂羊斟非人也。以其私憾。敗國殄民。於是刑孰大焉。詩所謂人之無良者。其羊斟之謂乎。殘民以逞。宋人以兵車百乘。文馬百駟。以贖華元於鄭。半入。華元逃歸。立於門外。告而入。見叔牂。曰。子之馬然也。對曰。非馬也。其人也。既合而來奔。宋城。華元爲植巡功。城者謳曰。睅其目。皤其腹。棄甲而復。于思于思。棄甲復來。使其驂乘謂之曰。牛則有皮。犀兕尚多。棄甲則那。役人曰。從其有皮。丹漆若何。華元曰。去之。夫其口衆我寡。

穀 獲者。不與之辭也。言盡其衆以救其將也。以三軍敵華元。華元雖獲。不病矣。

胡傳曰。兩軍接刃。主將見獲。其負明矣。又書師敗績。辭不贅乎。此明大夫雖貴。與師等也。故將尊師少。稱將不稱師。師衆將卑。稱師不稱將。將尊師衆。並書於東者。示人君不可輕役大衆。又重將帥之選。其義深矣。或曰。元帥。三軍之司命。而輕重若是班乎。自行師而言。則以元帥爲司命。自有國而言。則以得衆爲邦本。鄭使高克將兵禦狄於境。欲遠克也。而不恤其師。楚以六卒實從得臣。恐喪師也。而不恤其將。故經以棄師罪鄭。以殺其大夫責楚。明此義。然後知王者之道。輕重之權衡矣。

案 穀梁以戰于韓。不書師敗績而書獲。爲晉侯失民。此先書師敗績而後書獲。爲華元得衆。趙氏匡駁之。而李氏廉以爲亦有理。今求之全經。凡不書敗其師而書獲其君與將者二。戰韓與襄八年。鄭獲蔡公子燮也。先書敗其師。而後書獲其君與將者五。是役與莊十年。荆敗蔡師以蔡侯獻舞。僖元年。魯敗莒師獲莒挐。昭二十三年。吳敗頓胡沈蔡陳許之師。胡子沈子滅。獲陳夏齧。哀十一年。齊師敗績。獲齊國書也。蔡燮固未聞其所以失民者。獻舞。夏齧。國書。亦未聞其有得衆之實。似當以師將並重之義爲長。今故刪穀梁而主胡傳。

秦師伐晉

左 秦師伐晉。以報崇也。遂圍焦。 焦。晉河外邑。括地志。陝縣有故焦城。

胡傳曰。案左氏以報崇也。遂圍焦。晉用大師於崇。乃趙穿私意而無名也。故書侵。秦人爲是興師而報晉。則問其無名之罪也。故書伐。世豈有欲求成於彊國。而侵其所與。可以得成者乎。穿之情見矣。宣子當國。算無遺策。獨惜於此哉。其從之也。而盾之情亦見矣。春秋書事。筆削因革。必有以也。一侵一伐。而不書圍焦。所以誅晉卿上侵之意。其所由來者漸矣。

夏晉人宋人衛人陳人侵鄭

左 夏。晉趙盾救焦。遂自陰地。及諸侯之師侵鄭。以報大棘之役。楚鬬椒救鄭。曰。能欲諸侯。而惡其難乎。遂次於鄭。以待晉師。趙盾曰。彼宗競於楚。殆將斃矣。姑益其疾。乃去之。 陰地。晉河南山北。有陰地城。

杜氏預曰。鄭爲楚伐宋。獲其大夫。晉趙盾與諸侯之師。將爲宋報恥。畏楚而還。失霸者之義。故貶稱人之。

秋九月乙丑晉趙盾弑其君夷皋

皋公作獋。

左 晉靈公不君。厚斂以彫牆。從臺上彈人。而觀其辟丸也。宰夫胹熊蹯不熟。殺之。寘諸畚。使婦人載以過朝。趙盾士季。見其手。問其故。而患之。將諫。士季曰。諫而不入。則莫之繼也。會請先。不入。則子繼之。三進及溜。而後視之。曰。吾知所過矣。將改之。稽首而對曰。人誰無過。過而能改。善莫大焉。詩曰。靡不有初。鮮克有終。夫如是。則能補過者鮮矣。君能有終。則社稷之固也。豈惟羣臣賴之。又曰。袞職有闕。惟仲山甫補之。能補過也。君能補過。袞不廢矣。猶不改。宣子驟諫。公患之。使鉏麑賊之。晨往。寢門闢矣。盛服將朝。尚早。坐而假寐。麑退。歎而言曰。不忘恭敬。民之主也。賊民之主。不忠。棄君之命。不信。有一於此。不如死也。觸槐而死。秋九月。晉侯飲趙盾酒。伏甲將攻之。其右提彌明知之。趨登。曰。臣侍君宴。過三爵。非禮也。遂扶以下。公嗾夫獒焉。明搏而殺之。盾曰。棄人用犬。雖猛何爲。鬬且出。提彌明死之。初。宣子田於首山。舍於翳桑。見靈輒餓。問其病。曰。不食三日矣。食之。舍其半。問之。曰。宦三年矣。未知母之存否。今近焉。請以遺之。使盡之。而爲之簞食與肉。寘諸橐以與之。既而與爲公介。倒戟以禦公徒而免之。問何故。對曰。翳桑之餓人也。問其名居。不告而退。遂自亡也。乙丑。趙穿攻靈公於桃園。宣子未出山而復。大史書曰。趙盾弑其君。以示於朝。宣子曰。不然。對曰。子爲正卿。亡不越竟。反不討賊。非子而誰。宣子曰。嗚呼。我之懷矣。自詒伊感。其我之謂矣。孔子曰。董狐。古之良史也。書法不隱。趙宣子。古之良大夫也。爲法受惡。惜也。越竟乃免。宣子使趙穿。逆公子黑臀于周。而立之。壬申。朝于武宮。

【附錄】【左】初。驪姬之亂。詛無畜羣公子。自是晉無公族。及成公即位。乃宦卿之適子。而爲之田。以爲公族。又宦其餘子。亦爲餘子。其庶子爲公行。晉於是有公族。餘子公行。趙盾請以括爲公族。曰。君姬氏之愛子也。微君姬氏。則臣狄人也。公許之。冬。趙盾爲旄車之族。使屏季以其故族爲公族大夫。首山在河東蒲坂縣東南。案首山即首陽山。

【穀】穿弑也。盾不弑。而曰盾弑。何也。以罪盾也。其以罪盾何也。曰。靈公朝諸大夫而暴彈之。觀其辟丸也。趙盾入諫。不聽。出亡至於郊。趙穿弑公而後反趙盾。史狐書賊曰。趙盾弑公。盾曰。天乎天乎。予無罪。孰爲盾而忍弑其君者乎。史狐曰。子爲正卿。入諫不聽。出亡不遠。君弑。反不討賊。則志同。志同則書重。非子而誰。故書之曰。晉趙盾弑其君夷皋者。過在下也。曰。於盾也。見忠臣之至。於許世子止。見孝子之至。

趙氏匡曰。左氏云。仲尼曰。惜也。越竟乃免。案董狐云。亡不越竟。言行未遠。而君被弑。反又不討賊。狀涉同謀爾。非謂越竟即無罪也。作傳者不達此意。遂傳會爲此言。若然者。姦臣令人弑君。身越竟而還。即爲無罪乎。朱子曰。左氏見識甚卑。云孔子曰惜哉。越竟乃免。如此則專是回避占便宜者得計。聖人作春秋而亂臣賊子懼。豈反爲之解免耶。

冬十月乙亥。天王崩。

〔乙卯〕定王元年　三年　晉成公黑臀元年。齊惠三年。衛成二十九年。蔡文六年。鄭穆二十二年。曹文十二年。陳靈八年。杞桓三十一年。宋文五年。秦共五年。楚莊八年。

春王正月。郊牛之口傷。改卜牛。牛死。乃不郊。

【公】其言之何。緩也。曷爲不復卜。養牲養二卜。帝牲不吉。則扳稷牲而卜之。帝牲在於滌三月。於稷者。唯具是視。郊則曷爲必祭稷。王者必以其祖配。王者則曷爲必以其祖配。自內出者。無匹不行。自外至者。無主不止。

【穀】之口。緩辭也。傷自牛作也。改卜牛。牛死。乃不郊。事之變也。乃者。亡乎人之辭也。高氏閌曰。魯僭郊禮久矣。隱桓莊閔不書者。聖人不敢無故斥言君父之過。故因變異而書也。汪氏克寬曰。春秋書郊牛災而改卜者四。此年改卜之牛又死。成七年。鼷鼠又傷改卜之牛。故皆廢郊。定十五年。哀元年。鼷鼠傷郊牛。改卜牛。而不復變異。皆行郊禮。故知不郊者。非悔非禮而不郊。實以郊牛之游有災傷。不得已而不郊。特書乃不郊。猶言乃還。乃復。乃克葬。乃者。繼事之辭。所以著不郊之由。繫於郊牛之變異也。經書不郊者四。成十年。襄十一年。皆以卜不吉而廢郊。則魯君之誠意不足以格天。此年成七年。牛災廢郊。而皆猶三望。則天示譴告之意。而不知止也。

猶三望

【左】春。不郊而望。皆非禮也。望。郊之屬也。不郊。亦無望可也。

胡傳曰。三望者。公羊曰。祭泰山河海。夫天子有天下。凡宇宙之內。名山大川。皆其所主也。故得祭天而有方望。無所不通。諸侯有一國。則境外之山川。他人所主者。而可以望乎。季氏旅於泰山。冉求不能救。而夫子責之者。爲泰山魯侯所主也。夫何與焉。季氏不得旅泰山。則河海非魯之封內。其不得祭亦明矣。猶者。可已不當爲之辭。

葬匡王

附錄 左 晉侯伐鄭。及郔。鄭及晉平。士會入盟。郔。鄭地。或云。即廩延。

家氏鉉翁曰。桓王七年而後葬。譏緩也。匡王四月而亟葬。譏速也。

楚子伐陸渾之戎

陸渾。戶門反。公作賁渾戎。後同。穀無之字。

左 楚子伐陸渾之戎。遂至於雒。觀兵於周疆。定王使王孫滿勞楚子。楚子問鼎之大小輕重焉。對曰。在德不在鼎。昔夏之方有德也。遠方圖物。貢金九牧。鑄鼎象物。百物而爲之備。使民知神姦。故民入川澤山林。不逢不若。螭魅罔兩。莫能逢之。用能協於上下。以承天休。桀有昏德。鼎遷於商。載祀六百。商紂暴虐。鼎遷於周。德之休明。雖小重也。其姦回昏亂。雖大輕也。天祚明德。有所底止。成王定鼎於郟鄏。卜世三十。卜年七百。天所命也。周德雖衰。天命未改。鼎之輕重。未可問也。

趙氏鵬飛曰。陸渾在伊洛之間。逼近王城。楚於陸渾無絲髮之憾。莊王之兵。非疾陸渾也。蓋將撼周鼎焉。霸業以尊周爲義。含尊周無以令諸侯。而莊王首犯天下之忌。其不能霸諸侯而徒爲戎首。無足怪者。

夏楚人侵鄭

左 夏。楚人侵鄭。鄭即晉。故也。

家氏鉉翁曰。春秋繼伐陸渾而書楚人侵鄭。惡楚莊圖伯之急也。

秋赤狄侵齊

赤狄始見經。

余氏光曰。赤狄隗姓。別爲一種。在山西潞州以北。而東界黎城。即古黎國也。其種有潞氏。甲氏。留吁。壤地相連者也。赤狄距齊甚遠。今其侵齊。始見於經。

宋師圍曹

左 宋文公即位三年。殺母弟須及昭公子。武氏之謀也。使戴桓之族。攻武氏於司馬子伯之館。盡逐武穆之族。武穆之族。以曹師伐宋。秋。宋師圍曹。報武氏之亂也。

高氏閌曰。武氏之亂。非曹人所致也。宋不能內睦九族。而興兵以圍人之國。不亦左乎。

家氏鉉翁曰。宋鮑大罪未討。以兵伐人。春秋書之。即所以惡之。不待貶斥而見矣。

冬十月丙戌鄭伯蘭卒

左 冬。鄭穆公卒。初。鄭文公有賤妾。曰燕姞。夢天使與已蘭。曰。余爲伯儵。余而祖也。以是爲而子。以蘭有國香。人服媚之如是。旣而文公見之。與之蘭而御之。辭曰。妾不才。幸而有子。將不信。敢徵蘭乎。公曰。諾。生穆公。名之曰蘭。文公報鄭子之妃。曰陳嬀。生子華。子臧。子臧得罪而出。誘子華而殺之南里。使盜殺子臧於陳宋之間。又娶於江。生公子士。朝於楚。楚人酖之。及葉而死。又娶於蘇。生子瑕。子俞彌。俞彌早卒。洩駕惡瑕。文公亦惡之。故不立也。公逐羣公子。公子蘭奔晉。從晉文公伐鄭。石癸曰。吾聞姬姞耦。其子孫必蕃。姞。吉人也。后稷之元妃也。今公子蘭姞甥也。天或啓之。必將爲君。其後必蕃。先納之。可以亢寵。與孔將鉏侯宣多納之盟於大宮而立之。以與晉平。穆公有疾。曰。蘭死。吾其死乎。吾所以生也。刈蘭而卒。南里。鄭地。襄二十六年。楚子伐鄭入南里。疑卽此。葉。楚地。南陽葉縣。

葬鄭穆公 穆。公作繆。

趙氏鵬飛曰。葬不月。闕文也。丙戌卒而丙戌葬。無是理矣。諸侯五月而葬。今十月卒。則葬在三月之間爾。鄭之速葬者。歸生之謀也。歸生將不利於嗣君。故速葬而成其逆焉。

丙辰 定王二年 **四年** 晉成二年。齊惠四年。衞成三十年。蔡文七年。鄭靈公夷元年。曹文十三年。陳靈九年。杞桓三十二年。宋文六年。秦共四年。楚莊九年。

春王正月公及齊侯平莒及郯莒人不肯公伐莒取向 郯。國名。漢置郯縣。地理志。故郯國也。向。莒邑。

左 四年。春。公及齊侯平莒及郯。莒人不肯。公伐莒取向。非禮也。平國以禮。不以亂。伐而不治。亂也。以亂平亂。何治之有。無治。何以行禮。

公 此平莒也。其言不肯何。辭取向也。

穀 及者。內爲志焉爾。平者。成也。不肯者。可以肯也。伐猶可。取向甚矣。莒人辭。不受治也。伐莒。義兵也。取向。非也。乘義而爲利也。

啖氏助曰。公羊云。其言不肯何。辭取向也。聖人設教。豈爲魯欲取向。而妄加莒事乎。趙氏匡曰。穀梁云。弗肯者。可以肯也。案書不肯者。明莒非以他事見伐。且譏公。又曰。伐莒義兵也。案非王命。又非侯伯。安得稱義乎。劉氏敞曰。何言乎莒人不肯。公伐莒取向。譏。何譏爾。平莒及郯。義也。莒人不肯。吾有不義焉。伐莒。彊也。取向。利也。非君子之道也。王氏葆曰。及有二義。及齊。公之志也。及郯。以大及小也。家氏鉉翁曰。魯之與莒。積不相下。徒挾齊人之威力。而要莒以必從。其不肯也宜哉。宣公遽以兵加莒而取其一邑。無道甚矣。以濟西賂齊。而責償於莒。春秋首書公及。而終之以取向。深責之也。

秦伯稻卒

夏六月乙酉鄭公子歸生弒其君夷

左 楚人獻黿於鄭靈公。公子宋與子家將見。子公之食指動。以示子家曰。他日我如此。必嘗異味。及入。宰夫將解黿。相視而笑。公問之。子家以告。及食大夫黿。召子公而弗與也。子公怒。染指於鼎。嘗之而出。公怒。欲殺子公。子公與子家謀先。子家曰。畜老猶憚殺之。而況君乎。反譖子家。子家懼而從之。夏。弑靈公。書曰。鄭公子歸生弒其君夷。權不足也。君子曰。仁而不武。

無能達也。凡弑君稱君，君無道也；稱臣，臣之罪也。鄭人立子良，子良辭曰：以賢則去疾不足，以順則公子堅長。乃立襄公。襄公將去穆氏，而舍子良。子良不可，曰：穆氏宜存，則固願也。若將亡之，則亦皆亡，去疾何為？乃舍之，皆為大夫。

陸氏淳曰：子公弑君之賊也，其惡易知；子家縱其為逆，罪莫大焉。書之以為首惡，所以敎天下之為人臣者也。春秋之作，聖人本以明微，蓋謂此也，與書趙盾之弑義同。吳氏澂曰：歸生貴戚之卿，秉國重權，嗣君新立，必有所不獲於其君者，因宋之有邪謀，陽為畜老憚殺之言，陰實假乎於宋，以除其君。此亂臣之首，而宋特其從也。

案 左氏謂弑君稱君，君無道也；非也。君雖不君，臣安可以不臣乎？又以歸生為權不足而譏其仁而不武，亦非也。歸生位上卿，握兵柄，何得以為權不足乎？亂臣賊子，豈可以仁稱之者乎？故刪而不錄。

赤狄侵齊

高氏閌曰：以齊之彊，而連年為狄所侵，則惠公之無政可知矣。

秋公如齊。公至自齊

附錄左 初，楚司馬子良生子越椒。子文曰：必殺之。是子也，熊虎之狀而豺狼之聲，弗殺，必滅若敖氏矣。諺曰：狼子野心。是乃狼也，其可畜乎？子良不可。子文以為大慼，及將死，聚其族，曰：椒也知政，乃速行矣，無及於難。且泣曰：鬼猶求食，若敖氏之鬼不其餒而？及令尹子文卒，鬭般為令尹，子越為司馬。蔿賈為工正，譖子揚而殺之，子越為令尹，已為司馬。子越又惡之，乃以若敖氏之族圄伯嬴於轑陽而殺之，遂處烝野，將攻王。王以三王之子為質焉，弗受，師於漳澨。秋七月戊戌，楚子與若敖氏戰於皋滸。伯棼射王，汰輈，及鼓跗，著於丁寧。又射汰輈，以貫笠轂。師懼，退。王使巡師曰：吾先君文王克息，獲三矢焉，伯棼竊其二，盡於是矣。鼓而進之，遂滅若敖氏。初，若敖娶於䢵，生鬭伯比。若敖卒，從其母畜於䢵，淫於䢵子之女，生子文焉。䢵夫人使棄諸夢中。虎乳之。䢵子田，見之，懼而歸。夫人以告，遂使收之。楚人謂乳穀，謂虎於菟，故命之曰鬭穀於菟。以其女妻伯比，實為令尹子文。其孫箴尹克黃使於齊，還及宋，聞亂。其人曰：不可以入矣。箴尹曰：棄君之命，獨誰受之？君，天也，天可逃乎？遂歸復命，而自拘於司敗。王思子文之治楚國也，曰：子文無後，何以勸善？使復其所，改命曰生。 轑陽、烝野，楚邑。漳澨，漳水邊。漳水出新城沶鄉縣，至當陽縣東南五十里，與沮水合，名合溶渡。皋滸，楚地。路史：英、六、貳、軫，皆皋地，皋陶之所封也，後皆屬楚。䢵，國名，通典䢵或作鄖。夢中，澤名，江夏安陸縣東南有雲夢城。

冬楚子伐鄭

左 冬，楚子伐鄭，鄭未服也。

趙氏鵬飛曰：鄭弑其君，諸侯不問，而楚伐為有辭。雖楚兵之興，志於得鄭，非為討罪而來也。然其兵之壓境，未必不以是為辭，聖人亦因其辭而權與之，非予楚也，責晉重矣。

丁巳定王三年 **五年** 晉成四年。陳靈十年。杞桓三十三年。宋文七年。秦桓公榮元年。楚莊十年。齊惠五年。衛成三十一年。蔡文八年。鄭襄公堅元年。曹文十

春公如齊

【左】五年。春。公如齊。高固使齊侯止公。請叔姬焉。

夏公至自齊

【左】夏。公至自齊書過也。

汪氏克寬曰。宣公五如齊。惟此年踰時始返。經雖諱止公之跡。而比事觀之。其實亦不可揜矣。然則宣公之朝齊。皆有危殆之憂。而此行尤甚也。

秋九月齊高固來逆子叔姬左無子字。

【左】秋。九月。齊高固來逆女。自為也。故書曰。逆叔姬。卿自逆也。

【穀】諸侯之嫁子於大夫。主大夫以與之。來者接內也。不正其接內。故不與夫婦之稱也。

杜氏預曰。適諸侯稱女。適大夫稱字。所以別尊卑也。高固齊大夫。不書女歸。降於諸侯。

家氏鉉翁曰。齊而求昏。已為不可。而又以大夫伉禮於國君。所以陵暴魯國者甚矣。春秋書之。責魯也。責齊也。正高固陵犯之罪也。

叔孫得臣卒

黃氏震曰。其卒不書日。諸家皆生義例。未必其然。或云闕文者。恐近之也。

【案】得臣卒不書日。闕也。胡傳據何氏休說。以為得臣不能止仲遂逆謀。故削去其日。非也。仲遂身為逆者。其卒也。且書其日。而況得臣乎。又季孫行父。亦奔走齊國助成逆謀者。其左右仲遂尤力。而卒亦書日。何獨誅於得臣。今故取黃氏震說。而刪胡傳。

冬齊高固及子叔姬來

【左】冬。來。反馬也。

【公】何言乎高固之來。言叔姬之來。而不言高固之來。則不可。子公羊子曰。其諸為其雙雙而俱至者與。

【穀】及者。及吾子叔姬也。為使來者。不使得歸之意也。

孔氏穎達曰。天子諸侯嫁女。留其乘車。高固反馬。則大夫亦當留其車。留車妻之道也。反馬壻之義也。婦至質明見於舅姑。若舅姑既沒。則婦入三月乃祭。因以三月為反馬之節。舅姑存者。亦當以三月反馬也。法當遣使。不合親行。故經傳具見其事以示譏。

楚人伐鄭

【左】楚子伐鄭。陳及楚平。晉荀林父救鄭。伐陳。

高氏閌曰。去冬之伐稱楚子。所以譏鄭也。今稱人。罪楚也。

家氏鉉翁曰。經書楚伐而不

書晉救者。歸生弑君。晉當出師討賊。今既更歲。因楚師之來。而以兵救鄭。是當討而不當救也。晉人苟能爲鄭討賊。即所以存鄭。楚師將不禦而自去。何勞救乎。

戊午 定王四年 **六年** 晉成四年。齊惠六年。衛成三十二年。蔡文九年。鄭襄二年。曹文十五年。陳靈十一年。杞桓三十四年。宋文八年。秦桓二年。楚莊十一年。

春。晉趙盾衛孫免侵陳。

【左】六年。春。晉衛侵陳。陳即楚故也。

【公】趙盾弑君。此其復見何。親弑君者。趙穿也。親弑君者趙穿。則曷爲加之趙盾。不討賊也。何以謂之不討賊。晉史書賊曰。晉趙盾弑其君夷獋。趙盾曰。天乎無辜。吾不弑君。誰謂吾弑君者乎。史曰。爾爲仁爲義。人弑爾君。而復國不討賊。此非弑君而何。趙盾之復國柰何。靈公爲無道。使諸大夫皆內朝。然後處乎臺上。引彈而彈之。已趨而辟丸。是樂而已矣。趙盾已朝而出。與諸大夫立於朝。有人荷畚自閨而出者。趙盾曰。彼何也。夫畚曷爲出乎閨。呼之不至。曰。子大夫也。欲視之。則就而視之。趙盾就而視之。則赫然死人也。趙盾曰。是何也。曰。膳宰也。熊蹯不熟。公怒以斗摮而殺之。支解。將使我棄之。趙盾曰。嘻。趨而入。靈公望見趙盾。愬而再拜。趙盾逡巡北面再拜稽首。趨而出。靈公心怍焉。欲殺之。於是使勇士某者往殺之。勇士入其大門。則無人門焉者。入其閨。則無人閨焉者。上其堂。則無人焉。俯而闚其戶。方食魚飧。勇士曰。嘻。子誠仁人也。吾入子之大門。則無人焉。入子之閨。則無人焉。上子之堂。則無人焉。是子之易也。子爲晉國重卿而食魚飧。是子之儉也。君將使我殺子。吾不忍殺子也。雖然。吾亦不可復見吾君矣。遂刎頸而死。靈公聞之怒。滋欲殺之甚。衆莫可使往者。於是伏甲於宮中。召趙盾而食之。趙盾之車右祁彌明者。國之力士也。仡然從乎趙盾而入。放乎堂下而立。趙盾已食。靈公謂盾曰。吾聞子之劍蓋利劍也。子以示我。吾將觀焉。趙盾起將進劍。祁彌明自下呼之曰。盾食飽則出。何故拔劍於君所。趙盾知之。躇階而走。靈公有周狗。謂之獒。呼獒而屬之。獒亦躇階而從之。祁彌明逆而跤之。絕其頷。趙盾顧曰。君之獒不若臣之獒也。然而宮中甲鼓而起。有起於甲中者。抱趙盾而乘之。趙盾顧曰。吾何以得此於子。曰。子某時所食活我於暴桑下者也。趙盾曰。子名爲誰。曰。吾君孰爲介。子之乘矣。何問吾名。趙盾驅而出。衆無留之者。趙穿緣民衆不說。起弑靈公。然後迎趙盾而入。與之立於朝。而立成公黑臀。

【穀】此帥師也。其不言帥師何也。不正其敗前事。故不與帥師也。

劉氏敞曰。公羊曰。趙盾弑君。何以復見。此問之迂者。意欲發盾非弑君也。不知例不可通也。凡弑君復見者。寧止盾乎。以謂盾復見則非弑君。宋萬復見。亦非弑君乎。又曰。穀梁曰。其不言帥師何也。不正其敗前事。非也。將尊師少稱將。此通例也。爲穀梁者皆用之矣。何忽昏妄乎。

【案】公羊敘趙盾之事。與左氏略同。而責盾以不討賊意。亦與左相近。惟以趙盾復見。爲盾非弑君。則於義未安。宜劉氏敞引弑君之復見以駁之也。今故仍存公羊。而刪其首二句。

夏四月。

【附錄】【左】夏。定王使子服求后於齊。　秋。赤狄伐晉。圍懷。及邢丘。晉侯欲伐之。中行桓子曰。使疾其民。以盈其貫。將可殪也。周書曰。殪戎殷。此類之謂也。 邢邱。河內平皋縣。

秋八月螽

冬十月

附錄 左 冬。召桓公逆王后於齊。 楚人伐鄭。取成而還。 鄭公子曼滿。與王子伯廖語。欲爲卿。伯廖告人曰。無德而貪。其在周易豐之離。弗過之矣。間一歲。鄭人殺之。

〔己未〕定王五年 **七年** 晉成五年。齊惠七年。衛成三十三年。蔡文十年。鄭襄三年。曹文十六年。陳靈十二年。杞桓三十五年。宋文九年。秦桓三年。楚莊十二年。

春衛侯使孫良夫來盟

左 七年。春。衛孫桓子來盟。始通。且謀會晉也。

穀 來盟。前定也。不言及者。以國與之。不言其人。亦以國與之。不日。前定之盟不日。

趙氏鵬飛曰。良夫之來。爲晉求魯也。魯宣以援立之賜。事齊而外晉。晉成立。將求諸侯以與霸業。惟衛久睦於晉。伐宋鄭。侵鄭侵陳。衛無不從。役魯宣未嘗與晉人之會盟征伐也。故晉將爲黑壤之會。而俾衛求之。文十三年。晉爲新城之役。於時魯睦於晉。而爲晉求衛。衛成求之。遂同新城之盟。今衛成睦於晉。而爲晉求魯。魯何辭而不從哉。故冬。遂同黑壤之會。交相求以尊盟主。所以外楚而爲自安之計也。故聖人與之。無貶辭焉。然衛使良夫來聘足矣。安事乎盟。蓋晉之責衛也篤。而魯之比齊也深。使魯陽許衛而陰外晉。則衛必得罪於晉。故盟之以固其會晉之心也。至黑壤之會。則公親會之。蓋重夫渝盟於衛歟。

案 穀梁謂前定之盟不日。非也。良夫奉命之時。未必即有盟期。故不書日。

夏公會齊侯伐萊 萊國。東萊黃縣。

左 夏。公會齊侯伐萊。不與謀也。凡師出。與謀曰及。不與謀曰會。

劉氏敞曰。左氏曰。凡師出。與謀曰及。不與謀曰會。非也。古者行師。非無奇術祕策以給人者也。諸侯相率而討罪伐畔。則是與謀已焉。有連兵合衆。人君親將。而曰不與謀者哉。且用左氏考之。凡先謀而後伐者。曰會多矣。不必云及也。

案 左氏所謂與謀者。彼此同欲伐是國也。故曰及。所謂不與謀者。他國欲伐之。而我特以兵從之也。故曰會。萊在齊之東。魯在齊之西。魯於萊中隔一齊。素無嫌隙。特以齊欲伐之。而魯往助之耳。故書曰會。若曰齊侯往伐。而公以師往會也。劉氏敞駁之。謂安有連兵合衆。人君親將。而不與謀者。誠爲有理。然左氏所謂謀者。始事之謀。劉氏所謂謀者。臨事之謀。故二說可以並存。

秋公至自伐萊

汪氏克寬曰。春秋以來。相致伐。鄭莊致伐衛伐戎。僖致伐楚伐鄭圍許。他侵伐皆不致。今而伐萊。萊微國也。特書至者。竭志從人。而不思力之不足。聲罪伐人。而不察己之有玷。兵出踰時。煩民毒衆。爲宣公危之也。前此伐莒。後此伐杞。皆不致。聖人蓋有深意矣。

大旱

附錄左赤狄侵晉取向陰之禾。

冬公會晉侯宋公衛侯鄭伯曹伯于黑壤黑壤澤州沁水縣西北四十里黑嶺寰宇記云即春秋晉黑壤也。

左鄭及晉平公子宋之謀也故相鄭伯以會冬盟于黑壤王叔桓公臨之以謀不睦晉侯之立也公不朝焉又不使大夫聘晉人止公於會盟于黃父公不與盟以賂免故黑壤之盟不書諱之也。黃父即黑壤。

汪氏克寬曰文公以不朝晉而見討處父之盟書其事而不書公以諸侯之立當朝王而不當朝晉也其罪未可深責也宣公亦不朝晉而見討黑壤之盟書公而不書其事以連歲朝齊則亦當朝晉其罪實不可逭也是文公之辱其責在晉而宣公之辱宜自責也雖然忽盟主而不事缺於朝聘之禮特小過耳宣公篡立得罪於君父兄大惡也晉人略大惡而問小過蓋當時霸者逞其私欲惟利之求故罪其慢已以取賂而已矣使晉成之討如晉厲之執曹成而歸諸京師則殘正之刑復何逃耶春秋爲尊者諱冬會而春書至考其故而義自見矣。

庚申定王六年。八年晉成六年。齊惠八年。衛成三十四年。蔡文十一年。鄭襄四年。曹文十七年。陳靈十三年。杞桓三十六年。宋文十年。秦桓四年。楚莊十三年。

春公至自會

高氏閌曰古者國有凶荒則殺禮而不舉公夏會伐萊而秋至冬會黑壤而此年春至其間大旱之不恤而區區以侵伐朝會爲急汪氏克寬曰前此會平州不至納賂於齊則無危殆之患此特書至以公見止於晉踰年始返也盟會常事不致桓文之盟會皆不致也牡邱于淮則桓公之衰新城則晉伯在大夫他未有書至者也宣公致黑壤與斷道前則見討於晉後則與晉謀討齊皆危殆之事也。

夏六月公子遂如齊至黃乃復

公其言至黃乃復何有疾也何言乎有疾乃復譏何譏爾大夫以君命出聞喪徐行而不反穀乃者亡乎人之辭也復者事畢也不事公命也。

胡傳曰至黃乃復壅君命也有疾亦不復可乎大夫以君命出聞喪徐行而不返未致事而死以尸將事楚伐吳陳侯使公孫貞子往弔及良而卒將以尸入吳人辭焉上介芋尹蓋曰寡君使蓋備使弔君之下吏無祿使人逢天之戚大命隕墜絕世於良廢日共積一日遷次今君命逆使人曰無以尸造於門是我寡君之命委於草莽也無乃不可乎吳人不敢辭君子以爲知禮乃者無其上之辭其曰復事未畢也汪氏克寬曰乃者繼事之辭而有專意士匄之乃還專而合於義者也仲遂之乃復專而不合於義者也又曰故言不至則實未嘗如京師遂言至黃而下書卒則知有疾而返是赦之罪視遂尤重也

案穀梁以復爲事畢胡傳以爲事未畢二說不同胡氏爲長蓋至黃乃復則中道而返事未畢也乃字之義穀梁以爲亡乎人之辭謂其知有已不知有人雖國君之命鄰邦之好俱不復顧。

而惟直行己意也。與胡傳所謂無其上者。辭異而意同。汪氏克寬以爲繼事之辭。而有專意。則語意更爲圓足。而實無所異也。

辛巳有事于大廟仲遂卒于垂（大音泰。垂，齊地。左合下句。）

【公】仲遂者何。公子遂也。何以不稱公子。貶。曷爲貶。爲弒子赤貶。然則曷爲不於其弒焉貶。於文則無罪。於子則無年。

【穀】爲若反命而後卒也。此公子也。其曰仲何也。疏之也。何爲疏之也。是不卒者也。不疏則無用見其不卒也。則其卒之何也。以譏乎宣也。其譏乎宣何也。聞大夫之喪則去樂卒事。

杜氏預曰。仲遂卒不言公子。因上行還閒無異事。省文從可知也。劉氏敞曰。大夫卒稱名。仲者字也。其曰仲遂何。譏。何譏爾。譏世卿。世卿非禮也。言自是世仲氏也。世卿多矣。曷爲獨譏乎此。因其可譏而譏之。此其爲可譏奈何。言是乃弒子赤者也。其諸則宜於此焉正之矣。又曰。穀梁曰。其曰仲。疏之也。非也。即春秋欲疏之。何不但書遂卒。若無駭與挾乎。且春秋欲疏其君之臣。不書其氏。反書其字。何爲哉。

【案】仲遂不書公子。杜氏預謂蒙上文。固亦近理。然其實弒君之賊。春秋所誅。故於其死而書名以絕之也。

壬午猶繹萬入去籥

【左】有事於大廟。襄仲卒而繹。非禮也。

【公】繹者何。祭之明日也。萬者何。干舞也。籥者何。籥舞也。其言萬入去籥何。去其有聲者。廢其無聲者。存其心焉爾。存其心焉爾者何。知其不可而爲之也。猶者何。通可以已也。

【穀】猶者。可以已之辭也。繹者。祭之旦日之享賓也。萬入去籥。以其爲之變。譏之也。

呂氏祖謙曰。萬舞。文武二舞之總名。籥舞。文舞之別名。文武又謂之羽舞。蓋文舞吹籥秉翟羽也。萬入去籥者。文武二舞俱入。於二舞中。去羽舞吹籥者。朱子曰。猶繹。是不必繹而猶繹也。

【案】遂誠有罪。宣公既以大臣任之。則宜待以大臣之禮。戴記謂卿卒不繹。乃遂卒而猶繹。故聖人書以譏之也。杜氏預以萬爲舞名。無干舞籥舞之別。公羊以萬爲干舞。籥爲籥舞。則文武分焉。二說不同。孔氏穎達詩疏從鄭箋。以萬舞爲干舞。而此條則依違其閒。未有定解。今觀隱五年考仲子之宮。將萬焉。公問羽數。則萬兼文武舞明矣。婦人之廟。豈得專用武舞乎。毛氏詩傳以干羽爲萬舞。呂氏祖謙以萬爲文武二舞之總名。朱子亦用其說。則公羊非也。今故刪之。

戊子夫人嬴氏薨（公穀作熊氏。）

汪氏克寬曰。春秋既書夫人姜氏薨于夷。又書夫人風氏薨。則知哀姜爲莊公夫人。而成風乃妾也。既書夫人姜氏歸于齊。又書夫人嬴氏薨。則知出姜爲文公夫人。而敬嬴乃妾也。直書於策。讀者比事以考之。雖微傳。而嫡妾之分明矣。

晉師白狄伐秦（白狄始見經。）

【左】春。白狄及晉平。夏。會晉伐秦。晉人獲秦諜。殺諸絳市。六日而蘇。

【案】秦晉爭伐不已。而荆楚彊盛之勢成矣。此下即書楚人滅舒蓼。比事以觀。其意自見。

楚人滅舒蓼公作舒鄝。舒蓼。二國名。孔疏云。二國。傳寫之誤。當云一國。

【左】楚爲衆舒叛。故伐舒蓼。滅之。楚子疆之。及滑汭。盟吳越而還　滑。水名。孔氏穎達曰。譜云。吳姬姓。周大王之子大伯仲雍之後。越姒姓。其先夏后少康之庶子也。封於會稽。自號於越。

秋七月甲子。日有食之。既。

【附錄左】晉胥克有蠱疾。郤缺爲政。秋。廢胥克。使趙朔佐下軍。

陸氏九淵曰。春秋日食三十六。而食之既者三。日之食與食之深淺。皆歷家所能知。是蓋有數。疑若不爲變也。然天人之際。實相感通。雖有其數。亦有其道。日者陽也。陽爲君。爲父。苟有食之。斯爲變矣。食至於既。變又大矣。言日不言朔。食不在朔也。日之食必在朔。食不在朔。歷差也。

冬十月己丑。葬我小君敬嬴敬嬴。公穀作頃熊。

【左】冬。葬敬嬴。旱。無麻。始用葛茀。雨。不克葬。禮也。禮。卜葬先遠日。辟不懷也。

陸氏九淵曰。襄仲殺大子惡。敬嬴爲之也。敬嬴非嫡而薨以夫人。葬以小君。魯君臣之責深矣。春秋作而亂臣賊子懼。蓋爲是也。

雨不克葬。庚寅日中而克葬。

【公】頃熊者何。宣公之母也。而者何。難也。乃者何。難也。曷爲或言而。或言乃。乃難乎而也。

【穀】葬既有日。不爲雨止。禮也。雨不克葬。喪不以制也。而。緩辭也。足乎日之辭也。

【案】雨不克葬。當從穀梁喪不以制之說。左氏以爲禮。又謂禮卜葬先遠日。辟不懷也。非也。卜葬當先遠日。以見懷親之情。既卜而葬矣。乃以喪制不備。而失其所卜之吉。不懷莫大焉。何禮之有。

城平陽。平陽。泰山有平陽縣。

【左】城平陽。書時也。

趙氏鵬飛曰。左氏曰。書時也。且左氏例水昏正而栽。水昏正。夏之十月。非周之十月也。今見書十月。遂謂之時。是不識夏周正朔之異也。

楚師伐陳。

【左】陳及晉平。楚師伐陳。取成而還。

汪氏克寬曰。書師。書伐。所以著楚之彊。而傷晉伯之不振也。

【辛酉】定王七年。**九年**晉成七年。齊惠九年。衛成三十五年。蔡文十二年。鄭襄五年。曹文十八年。陳靈十四年。杞桓三十七年。宋文十一年。秦桓五年。楚莊十四年。

春王正月公如齊

范氏甯曰。有母之喪。而行朝會。非禮。

公至自齊

夏仲孫蔑如京師

左 春。王使來徵聘。夏孟獻子聘於周。王以爲有禮。厚賄之。胡傳曰。以淺言之。屬辭比事。春秋敎也。當歲首月。公朝於齊。夏使大夫聘於京師。此皆比事可攷。不待貶絕。而惡自見者也。宣公享國九年。於周纔一往聘。其在齊則又再朝矣。經於如齊。每行必致深罪之也。陸氏九淵曰。宣公即位九年。兩朝於齊。乃一使其大夫聘於周室。王迹既熄。綱常淪斁。逆施倒置。恬不爲異。春秋之作。其得已哉。直書於策。比而讀之。而無懼心者。吾不知矣。

齊侯伐萊

戴氏溪曰。萊於齊爲近。故齊必欲服之。觀夾谷之會。萊人以兵劫魯侯。則萊之屬齊。有自來矣。

秋取根牟　根牟。東夷國也。瑯琊陽都縣東有牟鄉。

左 言易也。

公 根牟者何。邾婁之邑也。曷爲不繫乎邾婁。諱亟也。楊氏士勛曰。公羊謂母喪未期而取邑。故諱不繫邾婁也。若言諱不繫邾婁。居母之喪。縱非邾邑。豈容無諱。或當如左傳以根牟爲國名也。劉氏敞曰。左氏曰。言易也。非也。根牟雖小。不以兵革。不能取也。能取其國。何謂易乎。不分別國邑取滅之名。而苟記其難易而已。豈春秋意哉。

八月滕子卒

左 滕昭公卒。

案 滕昭卒不日。或小國禮不備。赴不以日。或史闕也。

九月晉侯宋公衛侯鄭伯曹伯會于扈晉荀林父帥師伐陳

趙氏鵬飛曰。晉合諸侯于扈。而以荀林父伐陳。蓋會以求陳。陳不至。於是兵之。則兵爲有詞。陳靈叛晉即楚。楚滅舒蓼。陳懼而歸晉。既而楚師伐陳。則陳復爲楚。陳之從違晉楚之間。雖非得已。然亦失所歸矣。扈之會。諸侯皆在。而陳不與。則林父之兵。宜其不免哉。聖人列序諸侯。而繼書伐陳。則責陳也深矣。

辛酉晉侯黑臀卒于扈

【左】會于扈討不睦也陳侯不會晉荀林父以諸侯之師伐陳晉侯卒于扈乃還

【公】扈者何晉之邑也諸侯卒其封內不地此何以地卒於會故地也未出其地故不言會也

【穀】其地於外也其日未踰竟也

【案】杜氏預以扈爲鄭地故有卒於境外之說公羊以扈爲晉地與鄭伯卒鄵宋公卒曲棘皆以爲封內不地而各自立義似較杜氏爲長考竹書紀年晉出公二十二年河流絕于扈意者扈本鄭地而後入於晉乎今故從公羊而刪杜氏焉穀梁所謂於外者范氏甯以爲國都之外是也但以其日爲未逾境是以日月爲例也不可從

冬十月癸酉衛侯鄭卒

宋人圍滕

【左】冬宋人圍滕因其喪也

杜氏諤曰諸侯擅兵圍人之國況又因其喪故從書人之貶匪惟乘滕之喪亦乘晉之喪晉政不競諸侯擅相侵伐貶宋亦

楚子伐鄭晉郤缺帥師救鄭

自是晉楚交伐鄭

【左】楚子爲厲之役故伐鄭晉郤缺救鄭鄭伯敗楚師於柳棼國人皆喜唯子良憂曰是國之災也吾死無日矣柳棼鄭地

汪氏克寬曰五年晉荀林父救鄭經不書者以是時鄭方有弒君之亂所當討而不當救故不書救今此書郤缺之救據明年傳載鄭討歸生之罪斲其棺而逐其族蓋此時歸生已斃矣故書救以與晉也

陳殺其大夫洩冶

洩公穀作泄治音也

【左】陳靈公與孔寧儀行父通於夏姬皆衷其衵服以戲於朝洩冶諫曰公卿宣淫民無效焉且聞不令君其納之公曰吾能改矣公告二子二子請殺之公弗禁遂殺洩冶孔子曰詩云民之多辟無自立辟其洩冶之謂乎

【穀】稱國以殺其大夫殺無罪也泄冶之無罪如何陳靈公通於夏徵舒之家公孫寧儀行父亦通其家或衣其衣或衷其襦以相戲於朝泄冶聞之入諫曰使國人聞之則猶可使仁人聞之則不可君愧於泄冶不能用其言而殺之

黃氏仲炎曰左氏載孔子曰詩云民之多辟無自立辟其洩冶之謂乎此非孔子之言也昔者紂爲不道微子去之箕子爲之奴比干諫而死孔子曰殷有三仁焉以比干爲仁則必不以洩冶爲非矣邦無道危行言孫此世之明哲見幾不仕而高尚者之爲也若夫有位於朝食君之祿則既以身許國矣豈可緘默苟容與俗俱靡以自立辟爲戒以善保身爲得哉此非所以爲人臣之訓也春秋書陳殺其大夫洩冶所以見君殺諫臣未有不喪

亡者也。是故桀殺龍逢而夏亡。紂殺比干而殷亡。觀洩冶見殺。其明年靈公弒。又明年楚莊縣陳。可為後世明戒矣。

【案】洩冶諫君而死。忠莫大焉。乃先儒多為不滿之說。蓋皆不明於稱名之義者也。禮。諸侯不生名。死則名之。諸侯死猶名。則大夫死而名之宜矣。大夫既死。孔父仇牧荀息皆書其名。宋殺其大夫而不名。蓋義繫之大夫。故不書其名也。且司馬司城皆以不能其官而書官。非以為可貴而不名也。子哀之奔。未嘗死也。季友仲遂叔肸之卒。雖賢姦不同。而生而賜氏。故以字書。不可以為例也。朱子釋危邦不入之義。謂君子見危授命。仕危邦者無可去之義。在外則不入可耳。為陳之臣。食陳之祿。國亂無政。君臣宣淫。此正君子致命遂志之日。以死生爭之而不悔者。乃經生無識。不明於大夫死必書名之義。傅會牽彊。鍛鍊周內。或罪其直諫以取死。或規其潔身以去亂。將使鄙夫藉口。非鍼默以取容。卽見危而避害。墮犯顏敢諫之氣。長頑鈍無恥之風。安可以垂訓於後世哉。左氏載孔子引詩以譏洩冶。黃氏仲炎以為非孔子之言。其見卓矣。今故以穀梁殺無罪之說為主。而凡以書名為責洩冶者。皆無取焉。

【壬戌】定王八年。

十年

晉景公獳元年。齊惠十年。衛穆公速元年。蔡文十二年。鄭襄六年。曹文十九年。陳靈十五年。杞桓三十八年。宋文十二年。秦桓六年。楚莊十五年。

春公如齊公至自齊

汪氏克寬曰。公至是四朝齊矣。

齊人歸我濟西田

【左】十年。春。公如齊。齊侯以我服故。歸濟西之田。

【公】齊已取之矣。其言我何。言我者。未絕於我也。曷為未絕於我。齊已言取之矣。其實未之齊也。

【穀】公娶齊。齊繇以為兄弟。反之。不言來。公如齊受之也。

趙氏匡曰。公羊云齊已取之矣。其言我何。言我者。未絕於我也。已取之。又言未絕。何迂誕之甚。穀梁曰。不言來。公如齊受之也。哀八年。歸讙及闡。豈是公受乎。程子曰。齊魯修好。故歸魯田。田。魯有也。齊非義取之。故云歸我。不足為善也。　汪氏克寬曰。齊人歸地者三。鄆讙龜陰之田。孔子以禮化彊暴。齊景心服而歸之。書曰來歸。來歸者。美辭也。讙及闡。以哀公悔過遷善。歸邾子益于邾。故齊悼歸其二邑。故書曰歸。歸者。順辭也。惟此濟西之田。宣公踰禮以悅齊。齊惠喜於媚已。而歸其田於魯。一出於相與之私。故書歸我。我者。私已之謂也。不惟異於聖人之行王道。其比哀公之改過。亦不可同日語矣。

夏四月丙辰日有食之

己巳齊侯元卒

齊崔氏出奔衛

【左】夏。齊惠公卒。崔杼有寵於惠公。高國畏其偪也。公卒。而逐之奔衛。書曰崔氏。非其罪也。且告以族不以名。凡諸侯之大夫違，告於諸侯曰：某氏之守臣某失守宗廟，敢告。所有玉帛之使者則告，不然則否。

【公】崔氏者何？齊大夫也。其稱崔氏何？貶。曷為貶？譏世卿。世卿，非禮也。

【穀】氏者，舉族而出之之辭也。

胡傳曰：書曰崔氏，以族奔也。許翰以謂崔杼出而能反，反而能弒者，以其宗彊。於此舉氏，辨之早也。其說得矣。趙氏鵬飛曰：世而賢，是世濟其美也。世而專，是世濟其惡也。春秋之書崔氏、尹氏、武氏，固非所謂賢也，皆專也。左氏見襄二十五年有崔杼之事，因以為崔杼出奔。吾又疑其附會。且自是至崔杼之逆，凡五十有一年。以七十言之，則今日之奔，直未冠耳。未冠遽能專齊乎？古者四十而仕，五十而爵，則至崔杼之弒，蓋百歲矣。

【案】崔氏出奔，左氏以為高國畏其偪，公羊以為譏世卿，穀梁以為舉族而出之。胡氏安國則用許氏翰說，以為其宗彊。治經者各守一說，其實皆可通也。惟世卿，故其族彊；惟族彊，故高國畏其偪；惟畏其偪，故舉族而出之，無異義也。經書崔氏，公穀無所指名，左氏則以為崔杼。攻崔杼弒君，去此踰五十年，似趙氏鵬飛所駁為是。然左氏去聖未遠，必有所受，今竝存之。

公如齊

【左】公如齊奔喪。

高氏閌曰：齊侯卒而奔其喪，是以事天子之禮事齊也。

五月公至自齊（公如齊止此。）

趙氏鵬飛曰：春，公如齊受田而歸，不勝其驩如也。故元卒而公復如齊奔喪，以報元之賜也。公即位於今十年，未嘗一朝京師，蓋以周之弱不足依，而吾之位實定於齊，齊為重矣。彼其五朝於齊，蓋得國於齊焉。魯，天子之封乎？抑齊之壤也？厚於齊而薄於周，魯有罪矣。而齊之視魯，不啻附庸，不既橫哉。聖人書如齊，非苟責魯，抑亦誅齊也。

癸巳陳夏徵舒弒其君平國

【左】陳靈公與孔寧、儀行父飲酒於夏氏。公謂行父曰：徵舒似女。對曰：亦似君。徵舒病之。公出，自其廄射而殺之。二子奔楚。

胡傳曰：陳靈公之無道也，而稱大夫之名氏以弒，何也？禍莫大於拒諫而殺直臣，忠莫顯於身見殺而其言驗。洩冶所為不憚斧鉞盡言於其君者，正謂靈公君臣通於夏徵舒之家，恐其及禍，不忍坐觀，故昧死言之。靈公不能納，又從而殺之，卒以見弒而亡其國。此萬世之大戒也。特書徵舒之名氏，以見洩冶忠言之驗、靈公見弒之由，使有國者必以遠色修身、包容狂直、開納諫諍為心也。以為罪不及民，故稱大夫以弒者，非經意矣。

【案】徵舒弒君，春秋書其名氏，以正亂賊之罪，所謂據事直書而義自見也。杜氏預謂稱大夫者，罪不及民。高氏閌謂徵舒之罪，國人弗懟。趙氏鵬飛謂徵舒彰毋惡，故書之以懲子道。皆謬矣。胡傳以為見忠言之驗、破弒之由，亦非要旨。然謂有國者必以修身遠色、開納諫諍為心，則持議甚正，故存之。

六月宋師伐滕

左 滕人恃晉而不事宋。六月。宋師伐滕。

陸氏九淵曰。宋。大國也。滕。小國也。滕安能害宋。宋之伐滕。陵蔑小弱。以逞所欲爾。左氏謂滕人恃晉而不事宋。然晉之伯業方不競。滕固微國。何恃之有。或者事晉之故。而有闕於宋歟。宋亦何義而責滕之事己。大當字小。恤其不及焉可也。去年因其喪而圍之。今年又與師而伐之。其爲陵蔑小弱。以逞所欲明矣。

公孫歸父如齊葬齊惠公

張氏洽曰。春秋書此。深著亂臣賊子不復明送終之正禮。故缺於天子。而厚於彊國。豈非九伐之威不行。專征之討不加。以至此歟。

晉人宋人衛人曹人伐鄭

左 鄭及楚平。諸侯之師伐鄭。取成而還。

張氏洽曰。稱人者。貶其捨亂臣賊子之大惡。而輕動干戈。以討廹於彊令無所適從之小國。

趙氏與權曰。前此楚伐鄭。晉救之。使晉能庇鄭。鄭何至與楚平哉。兵不足以制楚。德不足以服鄭。彼此交戰。鄭何罪焉。晉於是不可以伯矣。

秋天王使王季子來聘 王聘止此。

左 秋。劉康公來報聘。

公 王季子者何。天子之大夫也。其稱王季子何。貴也。其貴奈何。母弟也。

穀 其曰王季。王子也。其曰子。尊之也。聘。問也。

許氏翰曰。自是王靈益亡。王聘益輕。春秋不復錄矣。

公孫歸父帥師伐邾取繹 繹。公作蘱。繹。邾邑。魯國鄒縣北有繹山。

左 師伐邾取繹。

高氏閌曰。自文公時。邾魯有隙。宣公簒立。而邾子首朝之。自是絕迹魯庭者又十年。故歸父伐之。

陸氏九淵曰。魯之伐邾。無異於宋之伐滕。特書取繹。罪益著矣。

案 文十三年。傳稱邾遷于繹。爲邾之國都。距今僅十數年。未必更遷。取繹是滅邾矣。孔疏謂別有繹邑。亦因繹山爲名。則邾國小邑少。不應更有同名之邑也。疑公羊作蘱爲是。然穀梁亦與左同。故依大全作繹。而附論之如此。

大水

季孫行父如齊冬公孫歸父如齊 宣公聘齊止此。

左 季文子初聘於齊。冬。子家如齊。伐邾故也。

陸氏九淵曰。宣公是年。身如齊者二。使其臣如齊者三。聞天王使王季來聘矣。未聞身其京師。與使其臣如京師也。不待詳考其事。而罪已著矣。家氏鉉翁曰。行父以頃公立而往。常也。歸父則使私暱布腹心。非禮之常也。歸父之父。弒齊甥而立宣公。齊惠爲外主。頃公立。懼有討焉。故如齊致卑屈。以逭篡弒之討。此書二使。誅姦也。

齊侯使國佐來聘

左 國武子來報聘。

案 諸侯在喪。而有會盟征伐之事。以喪禮行者書子。以吉禮行者書爵。居喪而聘鄰國。考之於禮。雖無厲禁。然將命之際。必準大臣居攝之辭。如王聘及求金不稱王使是也。今書齊侯使。是惡其即吉之速矣。

饑

公 何以書。以重書也。

張氏洽曰。王政以民食爲重。故積貯。天下之大命也。前此百有餘年。水旱蠡螟之災多矣。不以饑書。今大水之後。特書饑者。著宣公煩於事外。國用無節。上下用竭。故一遇水旱。遂致乏食耳。趙氏鵬飛曰。春秋書饑者二。大饑者一。而宣公獨居其二。宣公即位。至是十年。蠡。大旱。大水。各一。宣公立。不允於天。天變之作宜矣。而貢齊無虛歲。用兵無已期。倉廩罄。府庫空。而又加以水旱之變。則其民至於流離凍餒。固無足怪。宣公亦何以立哉。

楚子伐鄭

左 楚子伐鄭。晉士會救鄭。逐楚師於潁北。諸侯之師戍鄭。潁北。潁水出河南陽城至下蔡入淮。案水經云。潁水出潁川陽城縣西北少室山。又東南過陽翟縣北。酈氏注云。潁水又逕上棘城西。左傳楚師伐鄭。城上棘以涉潁者也。潁水又逕陽翟縣故城北。陽翟今禹州。潁北當在禹州之北。

附錄 左 鄭子家卒。鄭人討幽公之亂。斲子家之棺。而逐其族。改葬幽公。諡之曰靈。

胡傳曰。經有辭同而意異者。此事以觀斯得之矣。九年楚子伐鄭。稱爵者。貶辭也。若曰。國君自將。恃彊歷弱。憑陵諸侯之稱也。知然者。以下書晉郤缺帥師救鄭。則貶楚可知矣。此年楚子伐鄭。稱爵者。直辭也。若曰。以實屬辭。書其重者。而意不以楚爲罪也。知然者。以傳書晉士會救鄭。逐楚師於潁北。而經削之。則責晉可知矣。此類兼以傳爲案者也。

癸亥 定王九年。**十有一年** 晉景二年。齊頃公無野元年。衛穆二年。蔡文十四年。鄭襄七年。曹文二十年。陳成公午元年。杞桓三十九年。宋文十三年。秦桓七年。楚莊十六年。

春王正月

夏楚子陳侯鄭伯盟于辰陵 穀作夷陵。辰陵。陳地。潁川長平縣東南有辰亭。

左 春。楚子伐鄭。及櫟。子良曰。晉楚不務德。而兵爭。與其來者可也。晉楚無信。我焉得有信。乃從楚。夏，楚盟于辰陵，陳鄭服也。

附錄左　楚左尹子重侵宋，王待諸郔。令尹蔿艾獵城沂，使封人慮事，以授司徒。量功命日，分財用，平板榦，稱畚築，程土物，議遠邇，略基趾，具餱糧，度有司，事三旬而成，不愆於素。郔，楚地。沂，楚邑。

胡傳曰：晉楚爭此二國爲日久矣。今陳鄭背晉從楚，盟于辰陵，而春秋書之無貶辭者，經之大法，在誅亂臣討賊子。今魯與齊方用兵伐莒，晉與狄方會于欑函，而不謀少西氏之逆也，而楚人能謀之，辰陵之盟，所以得書於經而無貶乎。聖人討賊之意，可謂深切著明之矣。汪氏克寬曰：楚自會盂之後，未嘗稱爵與於會盟。今書子，序陳侯鄭伯之上，楚初主盟也。會盂稱爵，貶之也。不稱爵，則疑於楚大夫，而執宋公之罪不著也。盟辰陵書爵，予之也。予其謀討陳之賊也。後此盟于蜀，楚公子嬰齊序諸國大夫之上，貶而稱人，不予嬰齊之主諸侯。宋號之盟，屈建公子圍先歃，而經首晉，不予楚之狎主盟。由是知辰陵之盟，楚子先序而無貶辭，蓋予之也。

公孫歸父會齊人伐莒

杜氏諤曰：稱齊人以示貶。人齊亦以人魯也。必書公孫歸父，亦以志大夫之專也。汪氏克寬曰：伐邾伐莒，皆以歸父將重兵，而後此會齊侯、會楚子，皆歸父特會國君，以見宣公之德仲遂而寵其子，使專權於魯也。至笙之逐，得非肇端於此與。

秋，晉侯會狄于欑函　欑，才端反。欑函，狄地。

左　晉郤成子求成於衆狄。衆狄疾赤狄之役，遂服於晉。秋，會于欑函，衆狄服也。是行也，諸大夫欲召狄。郤成子曰：吾聞之，非德莫如勤，非勤何以求人？能勤有繼，其從之也。詩曰：文王既勤止。文王猶勤，況寡德乎。

穀　不言及外狄也。

高氏閌曰：諸侯所恃者晉爾。齊方伐莒，晉方會狄，而使楚人爲伯者之事。此反道也。家氏鉉翁曰：楚盟陳鄭，晉不能輯和諸侯而會狄。比事而觀，晉之卑甚矣。汪氏克寬曰：晉景就狄地爲會，與僖三十二年衛人及狄盟義同。

冬十月，楚人殺陳夏徵舒　左見下句。

公　此楚子也。其稱人何？貶。曷爲貶？不與外討也。不與外討者，因其討乎外而不與也。雖內討亦不與也。曷爲不與？實與而文不與。文曷爲不與？諸侯之義，不得專討也。諸侯之義，不得專討，則其曰實與之何？上無天子，下無方伯，天下諸侯有爲無道者，臣弑君，子弑父，力能討之，則討之可也。

穀　此入而殺也。其不言入何也？外徵舒于陳也。其外徵舒于陳何也？明楚之討有罪也。

范氏甯曰：變楚子言人者，弑君之賊，若曰人人所得殺也。劉氏敞曰：公羊曰：此楚子也。其稱人何？貶也。非也。此譬猶蔡人殺陳佗耳，何以異哉？且外討弑君之賊，何不得乎？又曰：穀梁曰：此入而殺，其不言入，何也？外徵舒於陳也。非也。言楚人殺者，乃明徵舒有罪爾。且先言入，後言殺，可謂內徵舒於陳乎？夫春秋，記事之書也。先殺而後入，皆其實錄矣，豈紛紛然更易古事以便私意哉。

丁亥楚子入陳

[案]入者內弗受也。日入惡入者也。何用弗受也。不使夷狄為中國也。胡傳曰。案左氏傳楚子為夏氏亂故。謂陳人無動。將討於少西氏。遂入陳。殺徵舒。轘諸栗門。而經先書殺後書入者。與楚子之能討賊。故先之也。討其賊為義。取其國為貪。舜跖之相去遠矣。其分乃在於善與利耳。楚莊以義討賊。勇於為善。舜之徒也。以貪取國。急於為利。跖之徒矣。為善與惡。特在一念須臾之間。而書法如此。故春秋傳心之要典。不可以不察者也。或曰。聖人大改過。楚雖縣陳。能聽申叔時之說。而復封陳。可謂能改過矣。猶書入陳以貶之何也。曰。楚莊意在滅陳。雖復封之。然鄉取一人焉以歸。謂之夏州。而又納其亂臣。是制人之上下。使不得其君臣之道也。晉人以幣如鄭。問駟乞之立故。子產對曰。若寡君之二三臣。而晉大夫專制其位。是晉之縣鄙也。何國之為。辭客幣而報其使。晉人舍之。他國非所當與也。而必欲納其亂臣。存亡興滅。其若是乎。仲尼美其有討賊之功。故特從末減。不稱取陳而書入。雖曰與之可也。[案]入陳之役。傳載於討賊之先。經書於討賊之後。胡傳謂聖人與楚子以討賊。張氏洽亦主其說。洵為有理。穀梁以為外徵舒於陳。則非也。劉氏敞駁之甚明。

納公孫寧儀行父于陳 寧公作甯。

[左]冬。楚子為陳夏氏亂故。伐陳。謂陳人無動。將討於少西氏。遂入陳。殺夏徵舒。轘諸栗門。因縣陳。陳侯在晉。申叔時使於齊。反。復命而退。王使讓之曰。夏徵舒為不道。弒其君。寡人以諸侯討而戮之。諸侯縣公皆慶寡人。女獨不慶寡人。何故。對曰。猶可辭乎。王曰。可哉。曰。夏徵舒弒其君。其罪大矣。討而戮之。君之義也。抑人亦有言曰。牽牛以蹊人之田。而奪之牛。牽牛以蹊者。信有罪矣。而奪之牛。罰已重矣。諸侯之從也。曰討有罪也。今縣陳。貪其富也。以討召諸侯。而以貪歸之。無乃不可乎。王曰。善哉。吾未之聞也。反之可乎。對曰。可哉。吾儕小人所謂取諸其懷而與之也。乃復封陳。鄉取一人焉以歸。謂之夏州。故書曰楚子入陳。納公孫寧儀行父于陳。書有禮也。夏州。杜注。州鄉屬。示討夏氏所獲也。史記楚考烈王元年。秦取夏州。即此。地理通釋云。大江中州也。

[附錄][左]厲之役。鄭伯逃歸。自是楚未得志焉。鄭既受盟于辰陵。又徼事於晉。

[公]此皆大夫也。其言納何。納公黨與也。

[穀]納者。內弗受也。輔人之不能民而討猶可。入人之國。制人之上下。使不得其君臣之道。不可。

啖氏助曰。左氏曰書有禮也。若以納亂臣為有禮。孰為非禮。

陸氏淳曰。淳聞於師曰。楚子之討徵舒。正也。故書曰人。許其行義也。入人之國。又納淫亂之臣。邪也。故明書其爵。以示非正。春秋之義。彰善癉惡。纖介無遺。指事原情。瑕瑜不掩。斯之謂也。

劉氏敞曰。公羊曰納公黨與也。案公羊例。立納入皆為篡。此公孫甯儀行父稱納者。篡大夫乎。其謂之公黨何哉。

甲子定王十年 **十有二年** 晉景三年。齊頃二年。衛穆三年。蔡文十五年。鄭襄八年。曹文二十一年。陳成二年。杞桓四十年。宋文十四年。秦桓八年。楚莊十七年。

春葬陳靈公

【公】討此賊者。非臣子也。何以書葬。君子辭也。楚已討之矣。臣子雖欲討之。而無所討也。

【纂】討賊之義。無間於內外。故徵舒雖爲楚殺。而陳靈亦得書葬。公羊是也。賀氏仲軾謂見弑之君有能如禮赴告。則書其葬。亦是一說。然於通經義例不符。未可從也。若趙氏鵬飛家氏鉉翁黃氏震以爲靈公爲淫黨所葬。非國人葬之。則尤謬矣。

楚子圍鄭

【左】春。楚子圍鄭。旬有七日。鄭人卜行成。不吉。卜臨于大宮。且巷出車。吉。國人大臨。守陴者皆哭。楚子退師。鄭人修城。進復圍之。三月克之。入自皇門。至於逵路。鄭伯肉袒牽羊以逆。曰。孤不天。不能事君。使君懷怒以及敝邑。孤之罪也。敢不唯命是聽。其俘諸江南。以實海濱。亦唯命。其翦以賜諸侯。使臣妾之。亦惟命。若惠顧前好。徼福於厲宣桓武。不泯其社稷。使改事君。夷於九縣。君之惠也。孤之願也。非所敢望也。敢布腹心。君實圖之。左右曰。不可許也。得國無赦。王曰。其君能下人。必能信用其民矣。庸可幾乎。退三十里而許之平。潘尫入盟。子良出質。

高氏閌曰。封陳侯者。非楚本謀也。不善而能改也。故書入。與鄭平者。楚本謀也。不爲利謀所誘。故書圍。李氏廉曰。鄭自此從楚。直至成五年蟲牢之盟。方向晉。

夏六月乙卯晉荀林父帥師及楚子戰于邲晉師敗績 邲音弼。邲。鄭地。

【左】夏六月。晉師救鄭。荀林父將中軍。先縠佐之。士會將上軍。郤克佐之。趙朔將下軍。欒書佐之。趙括。趙嬰齊爲中軍大夫。鞏朔。韓穿爲上軍大夫。荀首。趙同爲下軍大夫。韓厥爲司馬。及河。聞鄭既及楚平。桓子欲還。曰。無及於鄭而勦民。焉用之。楚歸而動。不後。隨武子曰。善。會聞用師。觀釁而動。德刑政事典禮不易。不可敵也。不爲是征。楚軍討鄭。怒其貳而哀其卑。叛而伐之。服而舍之。德刑成矣。伐叛刑也。柔服德也。二者立矣。昔歲入陳。今茲入鄭。民不罷勞。君無怨讟。政有經矣。荆尸而舉。商農工賈不敗其業。而卒乘輯睦。事不奸矣。蔿敖爲宰。擇楚國之令典。軍行右轅。左追蓐。前茅慮無。中權後勁。百官象物而動。軍政不戒而備。能用典矣。其君之舉也。內姓選於親。外姓選於舊。舉不失德。賞不失勞。老有加惠。旅有施舍。君子小人物有服章。貴有常尊。賤有等威。禮不逆矣。德立刑行。政成事時。典從禮順。若之何敵之。見可而進。知難而退。軍之善政也。兼弱攻昧。武之善經也。子姑整軍而經武乎。猶有弱而昧者。何必楚。仲虺有言曰。取亂侮亡。兼弱也。汋曰。於鑠王師。遵養時晦。耆昧也。武曰。無競惟烈。撫弱耆昧以務烈所可也。彘子曰。不可。晉所以霸。師武臣力也。今失諸侯。不可謂力。有敵而不從。不可謂武。由我失霸。不如死。且成師以出。聞敵彊而退。非夫也。命爲軍帥。而卒以非夫。唯羣子能我弗爲也。以中軍佐濟。知莊子曰。此師殆哉。周易有之。在師之臨曰。師出以律。否臧凶。執事順成爲臧。逆爲否。衆散爲弱。川壅爲澤。有律以如己也。故曰律否臧。且律竭也。盈而以竭。夭且不整。所以凶也。不行之謂臨。有帥而不從。臨孰甚焉。此之謂矣。果遇必敗。彘子尸之。雖免而歸必有大咎韓獻子謂桓子曰彘子以偏師陷子罪大矣子爲元帥師不用命誰之罪也失屬亡師爲罪已重不如進也事之不捷惡有所分與其專罪六人同之不猶愈乎師遂濟楚子北師次於郔沈尹將中軍子重將左子反將右將飲馬於河而歸聞晉師既濟王欲還嬖人伍參欲戰令尹孫叔敖弗欲曰昔歲入陳今茲入鄭不無事矣戰而不捷參之肉其足食乎參曰若事之捷孫叔爲無謀矣不捷參之肉將在晉軍可得食乎令尹南轅返旆伍參言於王曰晉之從政者新未能行令其佐先穀剛愎不仁未肯用命其三帥者專行不獲聽而無上衆誰適從此行也晉師必敗且君而逃臣若社稷何王病之告令尹改乘轅而北之次於管以待之晉師在敖鄗之間鄭皇戌使如晉師曰鄭之從楚社稷之故也未有貳心楚師驟勝而驕其師老矣而不設備子擊之鄭師爲承楚師必敗彘子曰敗楚服鄭於此在矣必許之欒武子曰楚自克庸以來其君無日不討國人而訓之于民生之不易禍至之無日戒懼之不可以怠在軍無日不討軍實而申儆之于勝之不可保紂之百克而卒無後訓之以若敖蚡冒篳路藍縷以啓山林箴之曰民生在勤勤則不匱不可謂驕先大夫子犯有言曰師直爲壯曲爲老我則不德而徼怨于楚我曲楚直不可謂老其君之戎分爲二廣廣有一卒卒偏之兩右廣初駕數及日中左則受之以至於昏內官序當其夜以待不虞不可謂無備子良鄭之良也師叔楚之崇也師叔入盟子良在楚楚鄭親矣來勸我戰我克則來不克遂往以我卜也鄭不可從趙括趙同曰率師以來惟敵是求克敵得屬又何俟必從彘子知季曰原屏咎之徒也趙莊子曰欒伯善哉實其言必長晉國楚少宰如晉師曰寡君少遭閔凶不能文聞二先君之出入此行也將鄭是訓定豈敢求罪於晉二三子無淹久隨季對曰昔平王命我先君文侯曰與鄭夾輔周室毋廢王命今鄭不率寡君使羣臣問諸鄭豈敢辱候人敢拜君命之辱彘子以爲諂使趙括從而更之曰行人失辭寡君使羣臣遷大國之迹於鄭曰無辟敵羣臣無所逃命楚子又使求成於晉晉人許之盟有日矣楚許伯御樂伯攝叔爲右以致晉師許伯曰吾聞致師者御靡旌摩壘而還樂伯曰吾聞致師者左射以菆代御執轡御下兩馬掉鞅而還攝叔曰吾聞致師者右入壘折馘執俘而還皆行其所聞而復晉人逐之左右角之樂伯左射馬而右射人角不能進矢一而已麋興於前射麋麗龜晉鮑癸當其後使攝叔奉麋獻焉曰以歲之非時獻禽之未至敢膳諸從者鮑癸止之曰其左善射其右有辭君子也既免晉魏錡求公族未得而怒欲敗晉師請致師弗許請使許之遂往請戰而還楚潘黨逐之及滎澤見六麋射一麋以顧獻曰子有軍事獸人無乃不給於鮮敢獻於從者叔黨命去之趙旃求卿未得且怒於失楚之致師者請挑戰弗許請召盟許之與魏錡皆命而往郤獻子曰二憾往矣弗備必敗彘子曰鄭人勸戰弗敢從也楚人求成弗能好也師無成命多備何爲士季曰備之善若二子怒楚楚人乘我喪師無日矣不如備之楚之無惡除備而盟何損於好若以惡來有備不敗且雖諸侯相見軍衛不徹警也彘子不可士季使鞏朔韓穿帥七覆於敖前故上軍不敗趙嬰齊使其徒先具舟於河故敗而先濟潘黨既逐魏錡趙旃夜至於楚軍席於軍門之外使其徒入之楚子爲乘廣三十乘分爲左右右廣鷄鳴而駕日中而說左則受之日入而說許偃御右廣養由基爲右彭名御左廣屈蕩爲右乙卯王乘左廣以逐趙旃趙旃棄車而走林屈蕩搏之得其甲裳晉人懼二子之怒楚師也使軘車逆之潘黨望其塵使騁而告曰晉師至矣楚人亦懼王之入晉軍也遂出

陳孫叔曰進之寧我薄人無人薄我詩云元戎十乘以先啓行先人也軍志曰先人有奪人之心薄之也遂疾進師車馳卒奔乘晉軍桓子不知所爲鼓於軍中曰先濟者有賞中軍下軍爭舟舟中之指可掬也晉師右移上軍未動工尹齊將右拒卒以逐下軍楚子使唐狡與蔡鳩居告唐惠侯曰不穀不德而貪以遇大敵不穀之罪也然楚不克君之羞也敢藉君靈以濟楚師使潘黨率游闕四十乘從唐侯以爲左拒以從上軍駒伯曰待諸乎隨季曰楚師方壯若萃於我吾師必盡不如收而去之分謗生民不亦可乎殿其卒而退不敗王見右廣將從之乘屈蕩尸之曰君以此始亦必以終自是楚之乘廣先左晉人或以廣隊不能進楚人惎之脫扃少進馬還又惎之拔旆投衡乃出顧曰吾不如大國之數奔也趙旃以其良馬二濟其兄與叔父以他馬反遇敵不能去棄車而走林逢大夫與其二子乘謂其二子無顧顧曰趙傁在後怒之使下指木曰尸女於是授趙旃綏以免明日以表尸之皆重獲在木下楚熊負羈囚知罃知莊子以其族反之廚武子御下軍之士多從之每射抽矢菆納諸廚子之房廚子怒曰非子之求而蒲之愛董澤之蒲可勝既乎知季曰不以人子吾子其可得乎吾不可以苟射故也射連尹襄老獲之遂載其尸射公子穀臣囚之以二者還及昏楚師軍於邲晉之餘師不能軍宵濟亦終夜有聲丙辰楚重至於邲遂次於衡雍潘黨曰君盍築武軍而收晉尸以爲京觀臣聞克敵必示子孫以無忘武功楚子曰非爾所知也夫文止戈爲武武王克商作頌曰載戢干戈載櫜弓矢我求懿德肆于時夏允王保之又作武其卒章曰耆定爾功其三曰鋪時繹思我徂惟求定其六曰綏萬邦屢豐年夫武禁暴戢兵保大定功安民和衆豐財者也故使子孫無忘其章今我使二國暴骨暴矣觀兵以威諸侯兵不戢矣暴而不戢安能保大猶有晉在焉得定功所違民欲猶多民何安焉無德而彊爭諸侯何以和衆利人之幾而安人之亂以爲己榮何以豐財武有七德我無一焉何以示子孫其爲先君宮告成事而已武非吾功也古者明王伐不敬取其鯨鯢而封之以爲大戮於是乎有京觀以懲淫慝今罪無所而民皆盡忠以死君命又何以爲京觀乎祀於河作先君宮告成事而還是役也鄭石制實入楚師將以分鄭而立公子魚臣辛未鄭殺僕叔及子服君子曰史佚所謂毋怙亂者謂是類也詩曰亂離瘼矣爰其適歸歸於怙亂者也夫。管滎陽縣東北有管城敖鄗二山在滎陽縣西北董澤澤名河東聞喜縣東北有董池陂。

公 大夫不敵君此其稱名氏以敵楚子何不與晉而與楚子爲禮也曷爲不與晉而與楚子爲禮也莊王伐鄭勝乎皇門放乎路衢鄭伯肉袒左執茅旌右執鸞刀以逆莊王曰寡人無良邊垂之臣以干天禍是以使君王沛焉辱到敝邑君如矜此喪人錫之不毛之地使帥一二耋老而綏焉請唯君王之命莊王曰君之不令臣交易爲言是以使寡人得見君之玉面而微至乎此莊王親自手旌左右撝軍退舍七里將軍子重諫曰南郢之與鄭相去數千里諸大夫死者數人廝役扈養死者數百人今君勝鄭而不有無乃失民臣之力乎莊王曰古者杅不穿皮不蠹則不出於四方是以君子篤於禮而薄於利要其人而不要其土告從不赦不詳吾以不詳道民災及吾身何日之有既則晉師之救鄭者至曰請戰莊王許諾將軍子重諫曰晉大國也王師淹病矣君請勿許也莊王曰弱者吾威之彊者吾辟之是以使寡人無以立乎天下令之還師而逆晉寇莊王鼓之晉師大敗晉衆之走者舟中之指可掬矣莊王曰嘻吾兩君不相好百姓何罪令之還師而佚晉寇。

【穀】續功也。功事也。日其事敗也。
劉氏敞曰。戰而言及之者。主之者也。猶曰晉荀林父爲志乎爲此戰也云爾。又曰公羊曰大夫不敵君。此其稱名氏以敵君何。不與晉而與楚子爲禮也。非也。大夫不敵君。而荀林父獨得稱名氏以敵楚子。此可謂與晉而不與楚子爲禮而非不與晉而與楚子爲禮也。城濮之戰。子玉得臣不見名氏。公羊以謂大夫不敵君也。彼子玉以不見名氏爲不敵君。二者孰能知之乎。朱子曰。左傳分謗事。近世士大夫多是如此。只要徇人情。如荀林父邲之役。先穀違命而濟。乃謂與其專罪。六人同之。是何等見識。當時爲林父者。只合按兵不動。召先穀而誅之。 趙氏鵬飛曰。晉本救鄭。而聖人不書救。無其實。不可假其名也。凡師。被伐者爲主。楚伐鄭而以晉主之。內晉於鄭也。晉雖妄舉無功。而聖人以內辭書之。所以抑彊楚而存大義也。若曰貶晉與楚。則非經意也。 家氏鉉翁曰。論者謂邲之敗。與楚以霸。不然也。晉救鄭不書。緩也。責晉。非與楚也。林父逗撓不前。春秋正失律之誅。責林父。非與楚也。豈以晉一敗之故。而僭王之楚。可使之霸乎。 黃氏正憲曰。案楚莊彊暴。蔑視諸國。入陳圍鄭。莫敢誰何。其威勢猖獗。十倍楚成矣。且齊桓召陵之師。尚約六國爲援。晉文城濮之戰。亦以三大國爲助。今景公初立。伯業已衰。睽文公時。威力人心。消索幾盡。乃欲林父以偏師。當虎狼之楚乎。藉令諸將同心。三軍用命。勝負之勢。猶未可知。況林父節制不嚴。計謀不一。始惑於韓厥分惡專罪之言。旣壞於錡旃致師召盟之請。故楚師一乘。倉卒無措。然則致此敗者。豈可專歸咎於先穀哉。自邲一敗。而楚滅蕭圍宋。勢益橫行矣。

秋七月

【附錄】【左】鄭伯許男如楚。 秋。晉師歸。桓子請死。晉侯欲許之。士貞子諫曰。不可。城濮之役。晉師三日穀。文公猶有憂色。左右曰。有喜而憂。如有憂而喜乎。公曰。得臣猶在。憂未歇也。困獸猶鬬。況國相乎。及楚殺子玉。公喜而後可知也。曰。莫余毒也已。是晉再克。而楚再敗也。楚是以再世不競。今天或者大警晉也。而又殺林父以重楚勝。其無乃久不競乎。林父之事君也。進思盡忠。退思補過。社稷之衛也。若之何殺之。夫其敗也。如日月之食焉。何損於明。晉侯使復其位。

冬十有二月戊寅楚子滅蕭

【左】冬。楚子伐蕭。宋華椒以蔡人救蕭。蕭人囚熊相宜僚及公子丙。王曰。勿殺。吾退。蕭人殺之。王怒。遂圍蕭。蕭潰。申公巫臣曰。師人多寒。王巡三軍。拊而勉之。三軍之士。皆如挾纊。遂傅於蕭。還無社與司馬卯言。號申叔展。叔展曰。有麥麴乎。曰。無。有山鞠窮乎。曰。無。河魚腹疾奈何。曰。目於眢井而拯之。若爲茅絰。哭井則已。明日蕭潰。申叔視其井。則茅絰存焉。號而出之。
高氏閌曰。楚旣得陳鄭。又敗晉師。遂深入內地。憑陵小弱。滅人之國。書以著其暴也。 家氏鉉翁曰。蕭。宋之附庸也。楚莊窮兵以威上國。自是宋始多事。易子析骸之禍。權輿於此

晉人宋人衛人曹人同盟于清丘

此大夫同盟之始。清丘。衛地。在濮陽縣東南。

【左】晉原穀。宋華椒。衛孔達。曹人。同盟于清丘。曰。恤病討貳。於是卿不書。不實其言也。

劉氏敞曰。左氏曰。卿不書。不實其言也。予謂春秋之世。不實其言者衆矣。奚獨此耶。家氏鉉翁曰。幽之同盟。內外小大。翕然來同。齊伯之方盛也。新城之同盟。諸侯散者復合。晉伯之漸衰也。清邱之同盟。異者衆而同者鮮。晉不復可言伯矣。卓氏爾康曰。楚服陳鄭。敗晉師于邲。滅蕭以威宋。其志不小。於是爲清邱之盟。雖有懼難聯交之心。而勢實不競。謀之無成。故稱人以畧之。

宋師伐陳。衞人救陳。

左宋爲盟故。伐陳。衞人救之。孔達曰。先君有約言焉。若大國討。我則死之。趙氏鵬飛曰。楚方鴟張。雄視列國。諸侯所宜戮力一心。比小事大。以抗其鋒。今晉爲清邱之盟。陳人不與。宋師伐陳。問陳故也。而衞叛晉附陳。以鬭宋兵。卒之陳卒不至。而宋受楚圍。皆衞之故。聖人於宋書師。予其問罪之舉。於衞書人。責其交亂之罪也。家氏鉉翁曰。胡氏謂宋師非義。陳爲可恤。愚以爲未然。楚用詐入陳。幾亡人國。春秋不與也。宋伐楚之與國。爲人所難。謂之非義不可。衞甯受清邱之盟。乃救陳以媚楚。謂其救之爲義。亦不可也。

乙丑定王十一年。

十有三年晉景四年。齊頃三年。衞穆四年。蔡文十六年。鄭襄九年。曹文二十二年。陳成三年。杞桓四十一年。宋文十五年。秦桓九年。楚莊十八年。

春。齊師伐莒。公作伐衞。

左十三年。春。齊師伐莒。莒恃晉而不事齊。故也。吳氏澂曰。齊以彊凌弱而伐莒。十一年之伐稱齊人。此稱齊師者。甚其動大衆而伐小國也。汪氏克寬曰。公羊作伐衞。證之經文。前後皆無齊衞交怨之事。而於莒則四年平之不肯。而魯伐之。十一年齊又伐之。則此爲伐莒無疑矣。

夏。楚子伐宋。

左夏。楚子伐宋。以其救蕭也。君子曰。清邱之盟。惟宋可以免焉。張氏洽曰。天下無道。小役大。弱役彊。宋不知屈伸消長之道。而欲以區區之力彊侯國。由此致伐。趙氏鵬飛曰。楚伐宋。以宋師伐陳之故也。陳叛晉國而從楚。清邱之盟不與焉。陳不與盟。晉所當問。而不能問。宋代伐之。是宋犯楚之怒也。爲晉伐陳而犯楚怒。則今日宋被楚兵。晉所當救而不救。諸侯何恃哉。陳當伐而不伐。宋當救而不救。晉景於此。尚欲嗣文襄之業。吾知其無能爲矣。

案宋伐陳以召楚兵。故胡傳譏其非策。然必謂楚人書爵爲有辭於伐。則謬矣。去年滅蕭。明年圍宋。兇暴已甚。而具書楚子。亦得謂之有辭乎。蓋是時盟會征伐。諸侯皆不自行。而政在大夫。是以宋不競於楚。聖人屢書楚子。以見其親涖行間也。與辰陵之盟不同。

秋。螽。公作蝝。

冬。晉殺其大夫先縠。

左 秋。赤狄伐晉。及清。先縠召之也。冬。晉人討邲之敗與清之師。歸罪於先縠而殺之。盡滅其族。君子曰。惡之來也。己則取之。其先縠之謂乎。 清。一名清原。

附錄 左 清邱之盟。晉以衛之救陳也。討焉。使人弗去。曰。罪無所歸。將加而師。孔達曰。苟利社稷。請以我說。罪我之由。我則爲政。而亢大國之討。將以誰任。我則死之。

胡傳曰。先縠違命。大敗晉師。元帥不能用鉞。已失刑矣。今又重有罪焉。晉人治其罪而戮之義也。曷爲稱國以殺。而不去其官。夫兵者。安危所繫。有國之大事也。將非其人則敗。雖得其人。使親信問之則敗。以剛愎不亡者參焉。而莫肯用命則敗。凡此三敗。君之過也。河曲之戰。趙穿獨出。而臾駢之諜不用。濟涇而次。欒黶欲東。而荀偃之令不行。今林父初將中軍。乃以先縠佐之。使敵國諜臣。知其從政者新。未能行令。誰之過歟。故稱國以殺。不去其官。罪累上也。 高氏閌曰。邲之役。二師皆欲還。先縠固請戰。遂及於敗。至是以爲討。然釋趙旃魏錡不討。而獨誅先縠。爲政不平。殺者不受治矣。又族滅之。惡之甚也。 季氏本曰。自戰邲至此。已一年有半。何爲始討其罪乎。意者先縠好剛任直。多爲同列所挑。適當楚又伐宋。則歸咎前敗。以中先縠耳。故不去其大夫。以爲非正刑也。、張氏溥曰。晉殺先縠。討邲敗也。縠佐中軍。僨師當誅。然邲敗師歸。林父請死。士貞子以楚殺得臣諫。晉侯復其位。舍將而殺佐。縠不服也。又加以召狄之罪。族而後快。豈先軫之勳。獨不可使有後於晉乎。晉文公敗楚於城濮。其能刑也。役顛頡。祁瞞。舟之僑。三罪而民服。今邲戰踰年而族先縠。縠之死。不以軍政。而以君大夫之喜怒。春秋又何忍復去其官乎。

丙寅 定王十二年。

十有四年

晉景五年。齊頃四年。衛穆五年。蔡文十七年。鄭襄十年。曹文二十三年。陳成四年。杞桓四十二年。宋文十六年。秦桓十年。楚莊十九年。

春。衛殺其大夫孔達

左 十四年。春。孔達縊而死。衛人以說於晉而免。遂告於諸侯曰。寡君有不令之臣達。構我敝邑於大國。既伏其罪矣。敢告。衛人以爲成勞。復室其子。使復其位。

胡傳曰。孔達棄信以危社稷。衛人按其罪而誅之可也。何以稱國而不去其官。用人謀國干犯盟主。至於見討。誰之過歟。稱國以殺。不去其官。罪累上也。春秋端本清源。故書法如此。 胡氏寧曰。孔達之死。謀之不臧者也。先君雖有約言。若其有罪。而大國見討。亦可踐言。不自省乎。而況同盟口血未乾。卽亢大國之討。以危其社稷。乃以身死之。求說於晉與自經於溝瀆而莫之知者。奚遠哉。是時陳貳於楚。爲孔達計者。若顧約言。告之以不當貳可也。 陳氏傅良曰。孔達自殺而稱國以殺。其君意也。 趙氏鵬飛曰。衛穆叛清邱之盟背晉而與楚。今將貳楚而復歸於晉。無以爲辭。則殺孔達以說之。曰。前日之謀。孔達之罪也。既除之。利則爲己功。害則爲臣罪。立其朝者亦難矣。此與剌公子買之事無異。故以國殺爲文。

夏五月壬申。曹伯壽卒

晉侯伐鄭

左 夏，晉侯伐鄭，爲邲故也。告於諸侯，蒐焉而還。中行桓子之謀也。曰：示之以整，使謀而來。鄭人懼，使子張代子良於楚。鄭伯如楚，謀晉故也。鄭以子良爲有禮，故召之。

趙氏鵬飛曰：十二年，楚子圍鄭，晉救不及，鄭卒歸楚。清邱之盟，鄭不在也。故晉侯伐鄭。然清邱之盟，晉景不能親之，而以大夫用同盟之禮，聖人惡之。沒大夫之盟，一貶稱人。今景公能一出而躬擐甲冑，天下之幸也。尚何貶哉。故舉而爵之。聖人樂人之勇於爲善，而幸列國之有霸主也。如此，而諸儒更以爲貶，何邪。豈楚不可犯，而鄭不當伐邪。任鄭叛而縱楚彊，反爲春秋所予邪。雖伐鄭未必得鄭，而興復之志，有足多者，是以予之。

案 鄭以晉敗於邲，遂叛晉即楚。宜晉景自將以伐之也。故書晉侯。胡傳以爲報怨之兵，直書而義自見者，非也。

秋九月，楚子圍宋

左 楚子使申舟聘於齊，曰：無假道於宋。亦使公子馮聘於晉，不假道於鄭。申舟以孟諸之役惡宋，曰：鄭昭宋聾，晉使不害，我則必死。王曰：殺女，我伐之。見犀而行。及宋，宋人止之。華元曰：過我而不假道，鄙我也。鄙我，亡也。殺其使者，必伐我。伐我，亦亡也。亡一也。乃殺之。楚子聞之，投袂而起，屨及於窒皇，劍及於寢門之外，車及於蒲胥之市。秋九月，楚子圍宋。

趙氏鵬飛曰：伐宋而宋不屈，繼之以圍，其必宋之服也審矣。楚將橫行列國，許蔡已從，陳鄭已服，則次及於宋。宋，列國之門戶也。得宋，則齊魯以之。此楚所以必於服宋也。歷三時而圍不解，卒得宋平而後已，毒哉楚之爲謀也。晉固畏楚，不敢救宋矣。而宋其能獨抗楚乎。則及楚人平，非得已也。

案 去年伐宋，今年圍宋，必待其平而後已焉。春秋屢書於冊，罪楚之暴，而責晉之不能救也。胡傳於衞人救陳，以爲著宋之罪，而伐宋圍宋，皆以爲宋所自取，而責宋爲深，似非經旨。

葬曹文公

冬，公孫歸父會齊侯于穀

左 冬，公孫歸父會齊侯于穀，見晏桓子，與之言魯，樂。桓子告高宣子，曰：子家其亡乎。懷於魯矣。懷必貪，貪必謀人。謀人，人亦謀己。一國謀之，何以不亡。晏濟南齊河縣西北有晏城。寰宇記謂之晏嬰城。

附錄 左 孟獻子言於公曰：臣聞小國之免於大國也，聘而獻物，於是有庭實旅百；朝而獻功，於是有容貌采章嘉淑，而有加貨。謀其不免也。誅而薦賄，則無及也。今楚在宋，君其圖之。公說。

趙氏鵬飛曰：歸父父子事齊，偷齊以專魯。其爲謀深矣。而齊亦樂其諂事於己，屈君之尊而下同之。不以爲抗。頃公之立，歸父兩如齊以奉其權。故十一年同之伐莒，今又同穀之會。甘其諂而忍其抗，悅其利而忘其專也。於時楚疾於宋，危矣。宋入楚，則齊魯以楚爲鄙。穀之會，謀楚也。故明年歸父會楚子于宋。魯會之而齊不會，非不畏楚也。魯安，則齊安矣。此歸父會齊侯之故也。家氏鉉翁曰：歸父之父，外交彊齊，弒君專國。而孽子世濟其姦，會齊侯，會楚子。比事而書，著履霜之戒也。

丁卯 定王十三年。

十有五年

晉景六年。齊頃五年。衛穆六年。蔡文十八年。鄭襄十一年。曹宣公盧元年。陳成五年。杞桓四十三年。宋文十七年。秦桓十一年。楚莊二十年。

春公孫歸父會楚子于宋

【左】十五年。春。公孫歸父會楚子于宋。

杜氏預曰。從前年孟獻子之言也。

趙氏鵬飛曰。歸父會楚子于宋。謀自安之計耳。而說者徒見繼書宋及楚平之事。遂以爲歸父平二國之憾。蓋附會而不稽其實也。歸父春會楚子。而夏五月宋楚始平。豈緩頰數月而後能平之。非人情也。魯之所以會楚者自謀而已。宋與魯爲鄰。宋去則楚兵至魯矣。魯見宋之危。而諸侯畏楚無敢救也。故懼而求服焉所以逆楚子之意而弭其兵也。自謀猶恐不濟。況能爲宋計乎。謂魯平楚宋者。妄說也。

夏五月宋人及楚人平

【左】宋人使樂嬰齊告急於晉。晉侯欲救之。伯宗曰。不可。古人有言曰。雖鞭之長。不及馬腹。天方授楚。未可與爭。雖晉之彊。能違天乎。諺曰。高下在心。川澤納汙。山藪藏疾。瑾瑜匿瑕。國君含垢。天之道也。君其待之。乃止。使解揚如宋。使無降楚。曰。晉師悉起。將至矣。鄭人囚而獻諸楚。楚子厚賂之。使反其言。不許。三而許之。登諸樓車。使呼宋人而告之。遂致其君命。楚子將殺之。使與之言曰。爾既許不穀而反之。何故。非我無信。女則棄之。速即爾刑。對曰。臣聞之。君能制命爲義。臣能承命爲信。信載義而行之爲利。謀不失利。以衛社稷。民之主也。義無二信。信無二命。君之賂臣。不知命也。受命以出。有死無霣。又可賂乎。臣之許君。以成命也。死而成命。臣之祿也。寡君有信臣。下臣獲考。死又何求。楚子舍之以歸。夏五月。楚師將去宋。申犀稽首於王之馬前曰。無畏知死而不敢廢王命。王棄言焉。王不能答。申叔時僕。曰。築室反耕者。宋必聽命。從之。宋人懼。使華元夜入楚師。登子反之牀。起之曰。寡君使元以病告。曰。敝邑易子而食。析骸以爨。雖然。城下之盟。有以國斃。不能從也。去我三十里。惟命是聽。子反懼。與之盟。而告王。退三十里。宋及楚平。華元爲質。盟曰。我無爾詐。爾無我虞。

【公】外平不書。此何以書。大其平乎己也。何大乎其平乎己。莊王圍宋。軍有七日之糧爾。盡此不勝。將去而歸爾。於是使司馬子反乘堙而闚宋城。宋華元亦乘堙而出見之。司馬子反曰。子之國何如。華元曰。憊矣。曰何如。曰。易子而食之。析骸而炊之。司馬子反曰。嘻。甚矣憊。雖然吾聞之也。圍者。柑馬而秣之。使肥者應客。是何子之情也。華元曰。吾聞之。君子見人之厄則矜之。小人見人之厄則幸之。吾見子之君子也。是以告情於子也。司馬子反曰。諾。勉之矣。吾軍亦有七日之糧爾。盡此不勝。將去而歸爾。揖而去之。反於莊王。莊王曰。何如。司馬子反曰。憊矣。曰何如。曰。易子而食之。析骸而炊之。莊王曰。嘻。甚矣憊。雖然。吾今取此。然後而歸爾。司馬子反曰。不可。臣已告之矣。軍有七日之糧爾。莊王怒曰。吾使子往視之。子曷爲告之。司馬子反曰。以區區之宋。猶有不欺人之臣。可以楚而無乎。是以告之也。莊王曰。諾。舍而止。雖然。吾猶取此。然後歸爾。司馬子反曰。然則君請處於此。臣請歸爾。莊王曰。子去我而歸。吾孰與處於此。吾亦從子而歸爾。引師而去之。此皆大夫也。其稱人何。貶。曷爲貶。平者在下也。

【穀】平者成也。善其量力而反義也。人者衆辭也。平稱衆。上下欲之也。外平不道。以吾人之存焉。道之也。董氏仲舒曰。子反與華元平。是專內政而外擅名也。啖氏助曰。和而不盟曰平。劉氏敞曰。公羊曰。大其平乎己也。非也。臣無專美。古今之通誼也。且莊王非不賢者。子反不退與其君謀而遂擅與宋平。可謂義乎。又曰。穀梁曰。平稱衆。上下欲之也。非也。暨齊平。何以不日暨齊人平乎。又曰。外平不道。以吾人之存焉道之也。非也。楚人圍宋。經歷三時。幸而得平。以告諸侯。故魯史有其事耳。且外盟會常書。外平何以不可書。

六月癸卯。晉師滅赤狄潞氏。以潞子嬰兒歸。潞氏。赤狄之別種。

【左】潞子嬰兒之夫人。晉景公之姊也。酆舒爲政而殺之。又傷潞子之目。晉侯將伐之。諸大夫皆曰。不可。酆舒有三雋才。不如待後之人。伯宗曰。必伐之。狄有五罪。雋才雖多。何補焉。不祀。一也。耆酒。二也。棄仲章而奪黎氏地。三也。虐我伯姬。四也。傷其君目。五也。怙其雋才。而不以茂德。茲益罪也。後之人。或者將敬奉德義以事神人。而申固其命。若之何待之。不討有罪。曰將待後。後有辭而討焉。毋乃不可乎。夫恃才與衆。亡之道也。商紂由之。故滅。天反時爲災。地反物爲妖。民反德爲亂。亂則妖災生。故文反正爲乏。盡在狄矣。晉侯從之。六月癸卯。晉荀林父敗赤狄於曲梁。辛亥。滅潞。酆舒奔衛。衛人歸諸晉。晉人殺之。黎氏。黎侯國。上黨壺關縣有黎城。曲梁。廣平曲梁縣也。

【公】潞何以稱子。潞子之爲善也。躬足以亡爾。雖然。君子不可不記也。離于夷狄。而未能合于中國。晉師伐之。中國不救。狄人不有。是以亡也。

【穀】滅國有三術。中國謹日。卑國月。夷狄不日。其日。潞子嬰兒賢也。

杜氏預曰。潞。氏。子。爵也。孔氏穎達曰。狄有赤狄白狄。就其赤白之間。各自別有種類。此潞氏國名。赤狄之內別種。劉氏敞曰。公羊曰。潞何以稱子。潞子之爲善也。躬足以亡爾。非也。潞子稱子。周禮也。非爲善而亡也。蓋述於有爵爾。又曰。穀梁曰。滅國有三術。非也。項遂譚溫梁繒蔡虢皆不日。潞子甲氏舒鳩陸渾皆不時。又曰。其日。潞子賢也。亦非也。其意以謂稱子則是褒矣。不知爵自當子。非以賢故進之也。豈有國滅身虜。而得爲賢者哉。汪氏克寬曰。晉景公會狄於攢函。而不討陳。滅赤狄潞氏。而不救宋。不可以言伯矣。

秦人伐晉

【左】秋七月。秦桓公伐晉。次於輔氏。壬午。晉侯治兵於稷。以畧狄土。立黎侯而還。及雒。魏顆敗秦師於輔氏。獲杜回。秦之力人也。初。魏武子有嬖妾。無子。武子疾。命顆曰。必嫁是。疾病則曰。必以爲殉。及卒。顆嫁之。曰。疾病則亂。吾從其治也。及輔氏之役。顆見老人結草以亢杜回。杜可躓而顛。故獲之。夜夢之曰。余。而所嫁婦人之父也。爾用先人之治命。余是以報。輔氏。晉地。西安朝邑有輔氏城。稷。晉地。河東聞喜縣西有稷山。山下有稷亭。即晉侯治兵處也。高氏閌曰。自二年。秦師伐晉。晉不報秦。今十四年矣。此復來伐者。乘晉兵畧狄土。而闚其虛也。故貶而人之。

王札子殺召伯毛伯

左 王孫蘇與召氏毛氏爭政。使王子捷殺召戴公及毛伯衛。卒立召襄。

附錄左 晉侯賞桓子狄臣千室。亦賞士伯以瓜衍之縣。曰：吾獲狄土，子之功也。微子，吾喪伯氏矣。羊舌職說是賞也，曰：周書所謂庸庸祗祗者，謂此物也夫。士伯庸中行伯，君信之，亦庸士伯。此之謂明德矣。文王所以造周，不是過也。故詩曰：陳錫載周，能施也。率是道也，其何不濟。 晉侯使趙同獻狄俘於周，不敬。劉康公曰：不及十年，原叔必有大咎。天奪之魄矣。

瓜衍，孝義縣北十里有瓜城。

公 王札子者何？長庶之號也。

穀 王札子者，當上之辭也。殺召伯毛伯，不言其何也？兩下相殺也。兩下相殺，不志乎春秋。此其志何也？矯王命以殺之，非忿怒相殺也。故曰以王命殺也。以王命殺，則何志焉？為天下生者天也，繼天者君也，君之所存者命也。為人臣而侵其君之命而用之，是不臣也，為人君而失其命，是不君也。君不君，臣不臣，此天下所以傾也。

孫氏復曰：生殺之柄，天子所持也。是故春秋非天子不得專殺。王札子人臣也，王札子人臣，殺召伯毛伯於朝，定王不能禁，專孰甚焉。故曰王札子殺召伯毛伯，以誅其惡。 劉氏敞曰：穀梁云：不言其何也，兩下相殺也，非也。凡殺大夫稱其者，皆君也，豈可曰王札子殺其大夫召伯毛伯乎。

秋，螽。

仲孫蔑會齊高固于無婁。公作牟婁。無婁，杞邑。案公羊作牟婁，蓋即隱四年莒人伐杞所取之邑，此時已為莒邑矣，疑有誤。

高氏閌曰：齊侯在穀，則公孫歸父會之。齊卿在無婁，則仲孫蔑會之。蓋公主齊久矣。幸晉楚之爭而不我及也，忽焉而平。楚宋，俾歸父請於齊侯。齊侯則疑我之從楚也。蔑於是復會以修舊好焉。

初稅畝。

左 初稅畝，非禮也。穀出不過藉，以豐財也。

公 初者何？始也。稅畝者何？履畝而稅也。初稅畝何以書？譏。何譏爾？譏始履畝而稅也。何譏乎始履畝而稅？古者什一而藉。古者曷為什一？什一者天下之中正也。多乎什一，大桀小桀；寡乎什一，大貉小貉。什一者，天下之中正也。什一行而頌聲作矣。

穀 初者，始也。古者什一，藉而不稅。初稅畝，非正也。古者三百步為里，名曰井田。井田者，九百畝，公田居一。私田稼不善則非吏，公田稼不善則非民。初稅畝者，非公之去公田而履畝十取一也。以公之與民為已悉矣。古者公田為居，井竈葱韭盡取焉。

胡傳曰：孟子曰：耕者助而不稅，則天下之農皆悅而願耕於其野矣。書初稅畝者，譏宣公廢助法而用稅也。殷制：公田為助，助者藉也。周因其法為徹，徹者通也。其實皆什一也。古者上下相親，上之於下，則曰駿發爾私，終三十里。惟恐民食之不給也。下之於上，則曰雨我公田，遂及我私。惟恐公田之不善也。故助法行而頌聲作矣。世衰道微，上下交惡。民惟私家之利，而不竭力以奉公。上惟邦賦之入，而不恤以利下。水旱凶災相繼而起。公田之入薄矣。所以廢助法而稅畝乎。初者。志變法之始也。其後作邱甲。用田賦。至於二猶不足。則皆宣公啟之也。故曰作法於涼。其弊猶貪。作法於貪。弊將若何。有國家者必欲克守成法而不變。其必先務本乎。杜氏預曰。公田之法。十取其一。今又履其餘畝。復十收其一。故哀公曰。二吾猶不足。遂以爲常。故曰初。朱子曰。商人以六百三十畝之地。畫爲九區。區七十畝。中爲公田。其外八家各授一區。但藉其力以耕公田。而不復稅其私田。周制。一夫受田百畝。而與同溝共井之人。通力合作。計畝均分。大率民得其九。公取其一。故謂之徹。魯自宣公稅畝。又逐畝什取其一。則爲十而取二矣。

【案】稅畝之說。公穀二傳。皆以爲稅而取一。但廢古之助法爾。杜氏預以爲旣取其公田。又稅其私田十之一。則爲十而取二矣。胡傳主公穀。而朱子從杜氏。姑並存之以俟考。

冬。蝝生。蝝。悅全反。

饑。

【左】冬蝝生饑。幸之也。

【公】未有言蝝生者。此其言蝝生何。蝝生不書。此何以書。幸之也。幸之者何。猶曰受之云爾。受之云爾者何。上變古易常。應是而有天災。其諸則宜於此焉變矣。

【穀】蝝非災也。其曰蝝。非稅畝之災也。

孫氏復曰。秋中之螽未息。冬又生子。重爲災。　孫氏覺曰。蝝者。螽之子。春秋之秋。夏時之夏也。春秋之冬。夏時之秋也。螽爲災於夏。而蝝生於秋。一歲而再爲災。故謹志之爾。案左氏公羊皆曰幸之。以蝝生於冬。物皆已收。而不爲災也。案秋乃五穀大成之時。安得曰不爲災乎。但生而不爲災。亦何用書之乎。穀梁以爲稅畝之災。亦牽合之論也。王氏葆曰。蝝。螽之子。爾雅謂蝮蜪。說者以爲螽之有子。不因牝牡。腹中陶冶而自生。故蝝曰蝮蜪。皆蝗類。故春秋記爲災。　黃氏仲炎曰。螽始生者爲蝝。螽蜚蔽天。或來自他處。不必見其生也。故不曰螽生。蝝生於境內。見其生也。故曰蝝生。

張氏洽曰。宣兩書饑。一在大水之後。一在螽蝝之後。甚言國無蓄積。而民無以生也。　家氏鉉翁曰。蝝生。自一時而言也。饑。自一歲而言也。

【戊辰】定王十四年。

十有六年晉景七年。齊頃六年。衛穆七年。蔡文十九年。鄭襄十二年。曹宣二年。陳成六年。杞桓四十四年。宋文十八年。秦桓十二年。楚莊二十一年。

春。王正月。晉人滅赤狄甲氏及留吁。甲氏。留吁。赤狄別種。案胡氏注。留吁。赤狄之殘邑。晉滅赤狄甲氏。留吁。遂爲晉邑。謂之純留。水經注云。絳水經屯留故城。即故留吁國也。

【左】十六年春。晉士會帥師滅赤狄甲氏及留吁鐸辰。三月。獻狄俘。晉侯請於王。戊申。以黻冕命士會將中軍。且爲大傅。於是晉國之盜逃奔於秦。羊舌職曰。吾聞之。禹稱善人。不善人遠。此之謂也夫。詩曰。戰戰兢兢。如臨深淵。如履薄冰。善人在上也。善人在上。則國無幸民。諺曰。民之多幸。國之不幸也。是無善人之謂也。　鐸辰。留吁之屬。

杜氏預曰。甲氏留吁。赤狄別種。晉旣滅潞氏。今又幷盡其餘黨。　高氏閌曰。書及者。所以別二族。家氏鉉翁曰：晉滅路氏，則曰討有罪也。既滅之矣，而復用師不已，是必欲窮極其黨類盡滅之而後已。夫豈仁人之所忍爲？故書人以貶之。楚人圍宋，坐視不救，諺曰：鞭長不及馬腹。又滅潞氏，又滅甲氏、留吁，可已而不已，志存乎逐利，而不能赴人之急，謂諸侯何。

夏，成周宣榭火。榭，公作謝。火，公穀作災。

【左】夏，成周宣榭火，人火之也。凡火，人火曰火，天火曰災。

【公】成周者何？東周也。宣謝者何？宣宮之謝也。何言乎成周宣謝災？樂器藏焉爾。成周宣謝災，何以書？記災也。外災不書，此何以書？新周也。

【穀】周災不志也。其曰宣榭何也？以樂器之所藏目之也。

杜氏預曰：傳例曰人火之也。成周洛陽宣榭，講武屋，別在洛陽者。孔氏穎達曰：楚語云：先王之爲臺榭也，榭不過講軍實，臺不過望氛祥。知榭是講武屋也。成周周之下都，此榭別在洛陽，講習武事，則往就之。爾雅釋宮云：無室曰榭。又云：闍謂之臺，有木者謂之榭。李巡曰：臺積土爲之，所以觀望。臺上有屋謂之榭。則榭是臺上之屋，居臺而臨觀講武，故無室而歇前。歇前者，無壁也，如今廳是也。劉氏敞曰：公羊曰外災不書，此何以書？新周也。非也。穀梁曰周災不志，亦非也。宋災猶志，況周災乎？來告則書耳。孫氏覺曰：公、穀皆云樂器之所藏。榭藏樂器，則何猶名宣乎。

【案】公羊以宣榭爲宣宮之榭，何氏休謂宣王中興，其廟不毀，非也。宣廟宜毀久矣，即或未毀，何不在京師而在成周乎？胡傳以廟制似榭，故謂之榭，亦非也。爾雅所紀廟、寢、臺、榭，規模判然不同，何得混而一之乎？杜氏預釋榭爲講武屋，而孔氏穎達引楚語以證之，此不易之論也。雖宣字之義有所未及，而成周爲周之東都，吉日、車攻詠宣王講武之盛，則宣榭之爲宣王無疑矣。

秋，郯伯姬來歸。

【左】秋，郯伯姬來歸，出也。

【附錄左】爲毛召之難故，王室復亂，王孫蘇奔晉，晉人復之。冬，晉侯使士會平王室，定王享之，原襄公相禮，殽烝。武子私問其故，王聞之，召武子曰：季氏，而弗聞乎？王享有體薦，宴有折俎。公當享，卿當宴，王室之禮也。武子歸而講求典禮，以修晉國之法。

冬，大有年。

【穀】五穀大熟爲大有年。孫氏覺曰：大者，非常之辭；有者，不宜有也。春秋書有年，皆在桓、宣之時，聖人之意可知矣。

〔己巳〕定王十五年。

十有七年　晉景八年，齊頃七年，衛穆八年，蔡文二十年，鄭襄十三年，曹宣三年，陳成七年，杞桓四十五年，宋文十九年，秦桓十三年，楚莊二十二年。

春，王正月庚子，許男錫我卒。

丁未，蔡侯申卒。

夏。葬許昭公。葬蔡文公。

季氏本曰。是時許蔡從楚。皆來訃喪。而魯往弔焉。見魯亦與楚通矣。

六月。癸卯。日有食之。

己未。公會晉侯衞侯曹伯邾子。同盟于斷道。斷。斷音短。斷道。晉地。

【左】春。晉侯使郤克徵會于齊。齊頃公帷婦人使觀之。郤子登。婦人笑於房。獻子怒。出而誓曰。所不此報。無能涉河。獻子先歸。使欒京廬待命於齊。曰不得齊事。無復命矣。郤子至。請伐齊。晉侯弗許。請以其私屬。又弗許。齊侯使高固。晏弱。蔡朝。南郭偃會。及斂盂。高固逃歸。夏。會于斷道。討貳也。盟于卷楚。辭齊人。晉人執晏弱於野王。執蔡朝於原。執南郭偃於溫。苗賁皇使。見晏桓子。歸言於晉侯曰。夫晏子何罪。昔者諸侯事吾先君。皆如不逮。舉言羣臣不信。諸侯皆有貳志。齊君恐不得禮。故不出。而使四子來。左右或沮之。曰。君不出。必執吾使。故高子及斂盂而逃。夫三子者曰。若絕君好。寧歸死焉。爲是犯難而來。吾若善逆彼。以懷來者。吾又執之。以信齊沮。吾不既過矣乎。過而不改。而又久之。以成其悔。何利之有焉。使反者得辭。而害來者。以懼諸侯。將焉用之。晉人緩之。逸。卷楚。即斷道。野王。野王縣屬河內。

【附錄左】秋。八月。晉師還。范武子將老。召文子曰。燮乎。吾聞之。喜怒以類者鮮。易者實多。詩曰。君子如怒。亂庶遄沮。君子如祉。亂庶遄已。君子之喜怒以已亂也。弗已者必益之。郤子其或者欲已亂於齊乎。不然。余懼其益之也。余將老。使郤子逞其志。庶有豸乎。爾從二三子唯敬。乃請老。郤獻子爲政。

【穀】同者有同也。同外楚也。

李氏廉曰。此盟。諸傳皆以爲謀齊。而穀梁獨以爲外楚。蓋拘於同尊同外之例。恐非事實。然此舉出於宋及楚平之後。而徵會於齊。則初意爲盟。誠因懼楚。但郤克既怒齊。遂就起伐齊之謀耳。穀說亦不爲無據。

【案】斷道之盟。諸傳以爲謀齊。穀梁以爲外楚。考其情事。二說竝可用也。宋楚既平。南風方競。曹衞適當其衝。晉爲盟主。合諸侯以籌之。則外楚者其本謀也。郤克徵會。而齊侯不至。僅使四大夫如會。晉人怒而執之。則伐齊之舉。亦即於此盟定其謀也。故李氏廉兼取二說。

秋。公至自會。

冬。十有一月。壬午。公弟叔肹卒。肹。許乙反。

【左】冬。公弟叔肹卒。公母弟也。凡大子之母弟。公在曰公子。不在曰弟。凡稱弟。皆母弟也。

【穀】其曰公弟叔肹。賢之也。其賢之何也。宣弑而非之也。非之則胡爲不去也。曰兄弟也。何去而之。與之財。則曰我足矣。織屨而食。終身不食宣公之食。君子以是爲通恩也。以取貴乎春秋。

【案】季友叔肹皆內兄弟之賢者也。友有定亂之勳。肹有通恩之美。春秋於其卒也。書名書字以褒之。未可以仲遂爲比也。友稱公子。而肹稱公弟者。友卒於僖公之時。不得以弟稱也。胡傳於仲遂季友。皆以爲生而賜氏。俾世爲卿。於叔肸。則極辨其非。今考叔肸卒後。未逾三年。而其子嬰齊帥師。厥後世爲大夫。蓋肸不受祿。而宣公加恩於子孫。則賜氏之說。亦未可斷以爲必無也。胡傳相沿已久。姑存之以俟考。

庚申 定王十六年。

十有八年。

晉景九年。齊頃八年。衛穆九年。蔡景公固元年。鄭襄十四年。曹宣四年。陳成八年。杞桓四十六年。宋文二十年。秦桓十四年。楚莊二十三年。

春晉侯衛世子臧伐齊

左 十八年。春。晉侯衛大子臧伐齊。至於陽穀。齊侯會晉侯盟於繒。以公子彊爲質於晉。晉師還。蔡朝南郭偃逃歸。

案 晉爲盟主。徵會於齊。而齊不至。晉侯伐之宜矣。胡傳謂上卿執國命。取必於君以行其私。春秋書之。以見伐者之罪。今考左氏所載郤獻子請伐齊。晉侯弗許。請以其私屬。又弗許。則陽穀之役。豈肯親帥大衆。而爲郤克報怨乎。若四國戰鞌。則郤克之逞志於齊也。

公伐杞

徐氏彥曰。公伐莒萊邾杞。皆近魯小國無不被伐。公之惡也悉矣。

夏四月

附錄左 夏。公使如楚乞師。欲以伐齊。

秋七月邾人戕鄫子于鄫

戕音牆。鄫。穀作繒。

左 秋。邾人戕鄫子于鄫。凡自虐其君曰弒。自外曰戕。

公 戕鄫子于鄫者何。殘賊而殺之也。

穀 戕。猶殘也。捝殺也。

汪氏克寬曰。邾稱人。蓋邾子而貶之也。使果微者。則當書曰。盜殺鄫子某。今曰邾人。則爲邾子明矣。邾文公用鄫子。邾定公戕鄫子。皆黜稱人。惡其奕世兇虐。滅人理而悖天常也。蔡靈蔡昭見殺。則錄其名。而鄫之二君不名。蓋無罪而受禍爾。

甲戌楚子旅卒

旅。穀作呂。楚始書卒。

左 楚莊王卒。楚師不出。旣而用晉師。楚於是乎有蜀之役。 蜀。魯地。泰山博縣西北有蜀亭。

公 何以不書葬。吳楚之君不書葬。辟其號也。

穀 夷狄不卒。卒。少進也。卒而不日。日。少進也。日而不言正。不正。簡之也。

胡傳曰。楚僭稱王。不書葬者。恐民之惑而避其號。是仲尼削之也。

案 楚不書葬。胡傳從公羊。以爲避其號者是也。謂楚吳徐皆降稱子。與滕侯杞伯之稱子同例。則義有未安。蓋滕杞爵本侯伯。爲時王所黜。故皆書子。非聖人降之也。楚吳徐僭號稱王。乃持王之所不能禁者。於是從其始封之爵而書子。以正其僭逆之罪。亦非聖人降之也。必謂春秋進退諸侯。則先已自蹈於僭。何以正人之僭乎。今故刪節胡傳。

公孫歸父如晉

左 公孫歸父以襄仲之立公也有寵欲去三桓以張公室與公謀而聘於晉欲以晉人去之
胡傳曰宣公因齊得國故刻意事之雖易世猶未怠也及頃公不能謹禮怒晉魯上卿而
郤克當國決策討之晉方彊盛齊少懦矣於是背齊而事晉其於邦交以利為向背無忠
信誠愨之心者也案左氏歸父欲去三桓以張公室與公謀而聘於晉欲以晉人去之夫
輕於背與國易於謀大家而不知其本未有能成而無悔也然則公室不可張乎務引其
君當道正心以正朝廷禮樂刑政自己出也其庶幾乎必
欲倚外援以去之是去疥瘍而得腹心之疾也庸愈哉

冬十月壬戌公薨于路寢

穀 正寢也
王氏元杰曰宣公在位十有八年大義已虧於國何有嫡母無可絕之理致使哭而歸齊
天倫之恩實與聞其弒逆賂田援齊而定位居喪逆女而圖婚七年五朝於齊甚以彊臣
配女十載一修聘禮至使王臣下徵卑屈為媚齊之謀怠傲無事晉之志放利而取向取
繹還兵於伐莒伐邾見辱於黑壤之盟掩惡為平州之會迨至螽蝝繼起饑饉荐臻方且
履畝而稅之民力於是竭矣會晉斷道之盟乃欲去三桓以張
公室宣公肉未及寒東門氏已不血食矣獲終正寢蓋亦幸焉
公 穀作檉
笙魯境也

歸父還自晉至笙遂奔齊

左 冬公薨季文子言於朝曰使我殺適立庶以失大援者仲也夫臧宣叔怒曰當其時不能
治也後之人何罪子欲去之許請去之遂逐東門氏子家還及笙壇帷復命於介既復命袒
括髮即位哭三踊而出遂奔齊書曰歸父還自晉善之也
公 還者何善辭也何善爾歸父使於晉還自晉至檉
聞君薨家遣墠帷哭君成踊反命乎介自是走之齊
穀 還者事未畢也自晉事畢也與人之子守其父之殯捐殯而奔其父之使者是以奔父也
至檉遂奔齊遂繼事也
胡傳曰仲尼稱孟莊子之孝其不改父之臣與父之政是難能也又曰三年無改於父之
道可謂孝矣夫仁人孝子於其父之臣非有大不可如晉悼公於夷羊五之屬必存始終
進退之禮而不遽也歸父以君命出使未反而君薨在聘禮有執圭復命于殯之文升自
西階子臣皆哭情亦戚矣今宣公猶未殯而東門氏逐忍乎哉書曰歸父還自晉者已畢
事之辭也至笙遂奔齊者罪成公君臣死君而志父逐之亟也穀梁子曰捐殯而奔其父
之使者是亦奔父也得經意矣君薨家遣方寸宜亦亂而造次顛沛不失禮焉非志於仁
者弗能也辭繁而不殺歸父之善自著矣比事以觀則見當國者有無君之心此春秋所
以作不可不察也

案 歸父奔齊高氏閌謂當致命於殯黃氏仲炎汪氏克寬引箴尹克黃以律之其說非也克黃
使還之時君尚在也君在則殺之者君也安可逃乎歸父則君已薨矣君薨則殺之者用事之
臣也何必輕身以死乎左氏及胡傳皆以為善之允為定論

春秋卷之九

成公

范氏甯曰。魯世家。成公名黑肱。宣公之子。以周定王十七年即位。謚法安民立政曰成。

【釋天】定王十七年

元年

晉景十年。齊頃九年。衛穆十年。蔡景二年。鄭襄十五年。曹宣五年。陳成九年。杞桓四十七年。宋文二十一年。秦桓十五年。楚共王審元年。

春王正月公即位

二月辛酉葬我君宣公

無冰

【附錄左】春。晉侯使瑕嘉平戎於王。單襄公如晉拜成。劉康公徼戎。將遂伐之。叔服曰。背盟而欺大國。此必敗。背盟不祥。欺大國不義。神人弗助。將何以勝。不聽。遂伐茅戎。三月。癸未。敗績於徐吾氏。　茅戎。戎別種也。水經注。大陽縣有茅亭。故茅戎邑也。括地志。茅戎在河北縣西二十里。徐吾氏。茅戎別種。

【穀】終時無冰則志。此未終時而言無冰。何也。終無冰矣。加之寒之辭也。

啖氏助曰。二月。今之十二月。舉此無冰。則一時無冰可見矣。若待終時乃書。則今之正月。豈可更言無冰乎。穀梁之說非也。

三月作丘甲

【左】為齊難。故作邱甲。

【公】何以書。譏。何譏爾。譏始邱使也。

【穀】作。為也。邱為甲也。邱甲。國之事也。邱作甲。非正也。邱作甲之為非正何也。古者立國家。百官具。農工皆有職以事上。古者有四民。有士民。有商民。有農民。有工民。夫甲。非人人之所能為也。邱作甲。非正也。

劉氏敞曰。元年作邱甲。魯不務廣德而務廣力。不務益義而務益兵。以王者之制論之。則作邱甲之罪大矣。王者之制。諸侯不得擅賦其民。擅稅其民。稅為足食也。賦為足兵也。足食足兵民信之矣。然而不得擅者。先王之稅既足以食矣。先王之賦既足以用矣。今不循先王而以意為準。必亂之道也。是以聖人禁之。杜云。長轂一乘。戎馬四匹。牛十二頭。甲士三人。步卒七十二人。此甸所賦。而魯今使邱出之。予謂邱者十六井。兩甸乃六十四井。使邱供甸賦。是加四倍之斂。魯亦必不為也。公羊云。譏始邱使也。非也。若如此。經自當言邱作甲。非作邱甲也。穀梁曰。邱為甲也。非也。審為使民作甲者。春秋何不云井作甲。邑作甲。農作甲。而必云邱作甲乎。　家氏鉉翁曰。邱甲之說。三傳不同。公穀謂課邱民自為甲。似未得經意。杜氏謂古者四邱為甸。甸出甲士三人。今使一邱出一甸之甲。一邱之入。豈能出一甸之甲。雖求多於民。亦未若是之甚也。案周禮及司馬法。四邱為甸。五百七十六夫。

共出甲士三人。步卒七十二人。今作邱甲云者。每邱出一甲。一甸出四甲。而古兵制始壞於此矣。

夏臧孫許及晉侯盟于赤棘赤棘。晉地。

左 聞齊將出楚師。夏。盟于赤棘。

趙氏鵬飛曰。魯固齊之與也。宣之末年。怠於事齊。公孫歸父如晉。叛齊也。未反而宣公即世。歸父奔齊。魯固篤於親晉矣。晉蓋疑歸父在齊。魯必有二心於齊。而魯亦疑晉之不已信也。故爲赤棘之盟。魯蓋果於絕齊。志於求晉焉。明年齊伐我北鄙。而四卿會晉師爲鞌之戰。其謀蓋定於赤棘也。

秋王師敗績于茅戎公穀作貿戎。

左 秋。王人來告敗。

公 孰敗之。蓋晉敗之。或曰。貿戎敗之。然則曷爲不言晉敗之。王者無敵。莫敢當也。

穀 不言戰。莫之敢敵也。爲尊者諱敵不諱敗。爲親者諱敗不諱敵。尊尊親親之義也。然則孰敗之。晉也。

杜氏預曰。不言戰。王者至尊。天下莫之得校。故以自敗爲文。不書敗地。而書茅戎。明爲茅戎所敗。書秋。從告。　啖氏助曰。公羊曰。孰敗之。蓋晉敗之。或曰貿戎敗之。曷爲不言晉敗之。王者無敵。莫敢當也。若晉敗王師。而改曰貿戎。是掩惡也。如何懲勸乎。　家氏鉉翁曰。穀梁爲尊者諱敵不諱敗。此義正矣。但公穀皆以爲晉敗王師。則無是也。

冬十月

附錄左 冬。臧宣叔令修賦繕完。具守備。曰。齊楚結好。我新與晉盟。晉楚爭盟。齊師必至。雖晉人伐齊。楚必救之。是齊楚同我也。知難而有備。乃可以逞。

穀 季孫行父禿。晉郤克眇。衛孫良夫跛。曹公子手僂。同時而聘於齊。齊使禿者御禿者。使眇者御眇者。使跛者御跛者。使僂者御僂者。蕭同姪子處臺上而笑之。聞於客。客不說而去。相與立胥閭而語。移日不解。齊人有知之者。曰。齊之患。必自此始矣。

范氏甯曰。穀梁子作傳。皆釋經以立義。未有無其文而橫發傳者。疑冬十月下。云季孫行父如齊。脫此六字。

【壬申】定王十八年

二年晉景十一年。齊頃十年。衛穆十一年。蔡景三年。鄭襄十六年。曹宣六年。陳成十一年。杞桓四十八年。宋文二十二年。秦桓十六年。楚共二年。

春齊侯伐我北鄙

左 二年。春。齊侯伐我北鄙。圍龍。頃公之嬖人盧蒲就魁門焉。龍人囚之。齊侯曰。勿殺。吾與而盟。無入而封。弗聽。殺而膊諸城上。齊侯親鼓。士陵城。三日取龍。遂南侵。及巢邱。龍。魯邑。在泰山博縣西南。

家氏鉉翁曰。此齊人爭魯於晉也。前日魯宣專意事齊。晉莫如之何也。今魯人去齊而即

晉赤棘朝盟齊師暮至書齊侯伐我所謂目其人而貶之也夫既辱晉使又以兵加於魯則其志在於與晉爲敵好戰而不度力其墳公之謂矣

夏四月丙戌衛孫良夫帥師及齊師戰于新築衛師敗績 新築衛地史記趙成侯及魏惠王遇于葛築或云即新築也

【左】衛侯使孫良夫石稷甯相向禽將侵齊與齊師遇石子欲還孫子曰不可以師伐人遇其師而還將謂君何若知不能則如無出今既遇矣不如戰也夏有石成子曰師敗矣子不少須衆懼盡子喪師徒何以復命皆不對又曰子國卿也隕子辱矣子以衆退我此乃止且告車來甚衆齊師乃止次于鞫居新築人仲叔于奚救孫桓子桓子是以免既衛人賞之以邑辭請曲縣繁纓以朝許之仲尼聞之曰惜也不如多與之邑唯器與名不可以假人君之所司也名以出信信以守器器以藏禮禮以行義義以生利利以平民政之大節也若以假人與人政也政亡則國家從之弗可止也已

鞫居衛地後漢志封邱有鞫亭即古鞫居也

【彙】新築之戰說者以爲衛伐齊也或又謂新築衛地戰于衛則齊伐衛也考其情事蓋衛與侵齊之師尚在衛之封內而齊既伐魯遂乘勝而伐衛兩軍遇于新築而戰爾良夫喪師辱國故以之主戰而書及

六月癸酉季孫行父臧孫許叔孫僑如公孫嬰齊帥師會晉郤克衛孫良夫曹公子首及齊侯戰于鞌齊師敗績 郤夫逆反首公穀作手鞌音安

鞌齊地穀梁曰鞌去齊五百里杜氏通典云鞌在平陰縣東今平陰去臨淄五百里似與穀梁合矣然以左傳考之自始合以至齊敗止爲一日之事華不注在濟南城北去平陰二百三十里何以一奔而遽至乎近志云鞌即古之歷下似爲得之

【左】孫桓子還於新築不入遂如晉乞師臧宣叔亦如晉乞師皆主郤獻子晉侯許之七百乘郤子曰此城濮之賦也有先君之明與先大夫之肅故捷克於先大夫無能爲役請八百乘許之郤克將中軍士燮將上軍欒書將下軍韓厥爲司馬以救魯衛臧宣叔逆晉師且道之季文子帥師會之及衛地韓獻子將斬人郤獻子馳將救之至則既斬之矣郤子使速以徇告其僕曰吾以分謗也師從齊師於莘六月壬申師至于靡笄之下齊侯使請戰曰子以君師辱於敝邑不腆敝賦詰朝請見對曰晉與魯衛兄弟也來告曰大國朝夕釋憾於敝邑之地寡君不忍使羣臣請於大國無令輿師淹於君地能進不能退君無所辱命齊侯曰大夫之許寡人之願也若其不許亦將見也齊高固入晉師桀石以投人禽之而乘其車繫桑本焉以徇齊壘曰欲勇者賈余餘勇癸酉師陳于鞌邴夏御齊侯逢丑父爲右晉解張御郤克鄭邱緩爲右齊侯曰余姑翦滅此而後朝食不介馬而馳之郤克傷於矢流血及屨未絕鼓音曰余病矣張侯曰自始合而矢貫余手及肘余折以御左輪朱殷豈敢言病吾子忍之緩曰自始合苟有險余必下推車子豈識之然子病矣張侯曰師之耳目在吾旗鼓進退從之此車一人殿之可以集事若之何其以病敗君之大事也擐甲執兵固即死也病未及死吾子勉之左并轡右援枹而鼓馬逸不能止師從之齊師敗績逐之三周華不注韓厥夢子輿謂己曰且辟左右故中御而從齊侯邴夏曰射其御者君子也公曰謂之君子而射之非禮也射其左越於車下射其右斃於車中綦毋張喪車從韓厥曰請寓乘從左右皆肘之使立

於後。韓厥俛定其右。逢丑父與公易位。將及華泉。驂絓於木而止。丑父寢於轏中。蛇出於其下。以肱擊之。傷而匿之。故不能推車而及。韓厥執縶馬前。再拜稽首。奉觴加璧以進。曰。寡君使羣臣為魯衛請。曰。無令輿師陷入君地。下臣不幸。屬當戎行。無所逃隱。且懼奔辟而忝兩君。臣辱戎士。敢告不敏。攝官承乏。丑父使公下。如華泉取飲。鄭周父御佐車。宛茷為右。載齊侯以免。韓厥獻丑父。郤獻子將戮之。呼曰。自今無有代其君任患者。有於此。將為戮乎。郤子曰。人不難以死免其君。我戮之不祥。赦之以勸事君者。乃免之。齊侯免。求丑父。三入三出。每出。齊師以帥退。入於狄卒。狄卒皆抽戈楯冒之。以入于衛師。衛師免之。遂自徐關入。齊侯見保者。曰。勉之。齊師敗矣。辟女子。女子曰。君免乎。曰。免矣。曰。銳司徒免乎。曰。免矣。曰。苟君與吾父免矣。可若何。乃奔。齊侯以為有禮。既而問之。辟司徒之妻也。予之石窌。晉師從齊師。入自邱輿。擊馬陘。齊侯使賓媚人賂以紀甗玉磬與地。不可。則聽客之所為。賓媚人致賂。晉人不可。曰。必以蕭同叔子為質。而使齊之封內盡東其畝。對曰。蕭同叔子非他。寡君之母也。若以匹敵。則亦晉君之母也。吾子布大命於諸侯。而曰必質其母以為信。其若王命何。且是以不孝令也。詩曰。孝子不匱。永錫爾類。若以不孝令於諸侯。其無乃非德類也乎。先王疆理天下。物土之宜。而布其利。故詩曰。我疆我理。南東其畝。今吾子疆理諸侯。而曰盡東其畝而已。唯吾子戎車是利。無顧土宜。其無乃非先王之命也乎。反先王則不義。何以為盟主。其晉實有闕。四王之王也。樹德而濟同欲焉。五伯之霸也。勤而撫之。以役王命。今吾子求合諸侯。以逞無疆之欲。詩曰。布政優優。百祿是遒。子實不優。而棄百祿。諸侯何害焉。不然。寡君之命使臣。則有辭矣。曰。子以君師辱於敝邑。不腆敝賦。以犒從者。畏君之震。師徒撓敗。吾子惠徼齊國之福。不泯其社稷。使繼舊好。唯是先君之敝器土地不敢愛。子又不許。請收合餘燼。背城借一。敝邑之幸。亦云從也。况其不幸。敢不唯命是聽。魯衛諫曰。齊疾我矣。其死亡者。皆親暱也。子若不許。讎我必甚。唯子則又何求。子得其國寶。我亦得地。而紓於難。其榮多矣。齊晉亦唯天所授。豈必晉。晉人許之。對曰。羣臣帥賦輿。以為魯衛請。若苟有以藉口。而復於寡君。君之惠也。敢不唯命是聽。禽鄭自師逆公。

莘。齊地。靡笄。山名。史記云。晉平公元年伐齊。戰于靡下。徐廣曰。靡當作歷。歷志曰。歷山即左傳所謂靡笄山也。華不注。山名。伏琛云。不音跗。與詩鄂不韡韡之不同。謂花蔕也。言此山孤秀。如華跗之著於水也。華泉。京相璠曰。華不注山下泉水也。徐關。今淄川縣有古徐關。石窌邑名。濟北盧縣東有石窌。邱輿。馬陘。齊邑。

公 曹無大夫。公子手何以書。憂內也。

穀 其日。或曰日其戰也。或曰日其悉也。曹無大夫。其曰公子何也。以吾之四大夫在焉。舉其貴者也。

劉氏敞曰。公羊曰。曹無大夫。公子手何以書。憂內也。非也。春秋不王魯。吾既言之矣。且曹何以獨無大夫乎。若曹以小國故無大夫。鄭亦伯也。亦無大夫乎。且春秋之正諸侯也。以主爵。不以土地廣狹也。曹鄭同儕。一有大夫。一無大夫。何哉。 陳氏傳良曰。凡帥非卿不書。雖卿也。非元帥亦不書。書魯四卿。是各自帥也。自文季年而無使介。至是而無將佐。魯三家之勢成矣。於是衛書良夫。曹書公子首。而賞羣之功。晉於是有六卿。征伐在大夫。不獨魯也。以四國之臣戰齊君。甚矣。

案 四國戰齊於䡘。諸大夫與大衆以雪一笑之恥。故說者多以爲忿兵。然是時楚氛孔熾。齊以東方之大國。亦與楚通矣。晉將復修伯業。若不得齊。則魯衞曹邾皆有依違觀望之意。故盟于斷道。謀楚即以謀齊。及爰婁既盟。而齊不背晉者二十餘年。楚亦少斂其鋒。晉人世伯之緒。賴以不墜。則䡘之戰。亦安可少哉。

秋七月。齊侯使國佐如師。己酉。及國佐盟于袁婁。

穀作爰婁。袁婁。張氏洽曰。臨淄縣西有袁婁。或曰。在淄川境。

左 秋七月。晉師及齊國佐盟于袁婁。使齊人歸我汶陽之田。

附錄左 公會晉師于上鄍。賜三帥先路三命之服。司馬司空輿師候正亞旅。皆受一命之服。上鄍。地闕。當在陽穀縣境。蓋齊衞境上之邑也。

公 君不使乎大夫。此其行使乎大夫何。佚獲也。其佚獲奈何。師還齊侯。晉郤克投戟逡巡再拜稽首馬前。逢丑父者。頃公之車右也。面目與頃公相似。衣服與頃公相似。代頃公當左。使頃公取飲。頃公操飲而至。曰。革取淸者。頃公用是佚而不反。逢丑父曰。吾賴社稷之神靈。吾君已免矣。郤克曰。欺三軍者。其法奈何。曰。法斮。於是斮逢丑父。己酉。及齊國佐盟于袁婁。曷爲不盟於師而盟于袁婁。前此者。晉郤克與臧孫許同時而聘於齊。蕭同姪子者。齊君之母也。踊於棓而闚客。則客或跛或眇。於是使跛者迓跛者。使眇者迓眇者。二大夫出。相與踦閭而語。移日然後相去。齊人皆曰。患之起。必自此始。二大夫歸。相與率師。爲䡘之戰。齊師大敗。齊侯使國佐如師。郤克曰。與我紀侯之甗。反魯衞之侵地。使耕者東畝。且以蕭同姪子爲質。則吾舍子矣。國佐曰。與我紀侯之甗。請諾。反魯衞之侵地。請諾。使耕者東畝。是則土齊也。蕭同姪子者。齊君之母也。齊君之母。猶晉君之母也。不可。請戰。壹戰不勝。請再。再戰不勝。請三。三戰不勝。則齊國盡子之有也。何必以蕭同姪子爲質。揖而去之。郤克眣魯衞之使。使以其辭而爲之請。然後許之。逮于袁婁而與之盟。

穀 鞌去國五百里。爰婁去國五十里。一戰緜地五百里。焚雍門之茨。侵車東至海。君子聞之曰。夫甚。甚之辭焉。齊有以取之也。齊之有以取之何也。敗衞師于新築。侵我北鄙。敖郤獻子。齊有以取之也。爰婁在師之外。郤克曰。反魯衞之侵地。以紀侯之甗來。以蕭同姪子之母爲質。使耕者皆東其畝。然後與子盟。國佐曰。反魯衞之侵地。以紀侯之甗來。則諾。以蕭同姪子之母爲質。則是齊侯之母也。齊侯之母。猶晉君之母也。晉君之母。猶齊侯之母也。使耕者盡東其畝。則是終土齊也。不可。請一戰。一戰不克。請再。再不克。請三。三不克。請四。四不克。請五。五不克。舉國而授。於是而與之盟。

雍門。齊記。古齊城。周五十里。有十三門。其西曰雍門。

劉氏敞曰。齊侯使國佐如師。公羊曰。君不行使乎大夫。此其行使乎大夫何。佚獲也。非也。君不行使乎大夫者。謂安平無事耳。今兩國治戎。將在軍。君命有所不受。苟君命有所不受。其重且專也可知矣。行使何傷。又諸侯會晉師於棐林。實趙盾之師。言晉師者。君不會大夫也。君不會大夫。故可言晉師。不可言趙盾。今此亦言晉師足矣。乃其常文。何以爲不行使大夫乎。

八月壬午。宋公鮑卒。

左　八月宋文公卒始厚葬用蜃炭益車馬始用殉重器備椁有四阿棺有翰檜君子謂華元樂舉於是乎不臣臣治煩去惑者也是以伏死而爭今二子者君生則縱其惑死又益其侈是棄君於惡也何臣之爲

庚寅衛侯速卒 速公作遬

左　九月衛穆公卒晉三子自役弔焉哭於大門之外衛人逆之婦人哭於門內送亦如之遂常以葬

附錄左　楚之討陳夏氏也莊王欲納夏姬申公巫臣曰不可君召諸侯以討罪也今納夏姬貪其色也貪色爲淫淫爲大罰周書曰明德慎罰文王所以造周也明德務崇之之謂也慎罰務去之之謂也若興諸侯以取大罰非慎之也君其圖之王乃止子反欲取之巫臣曰是不祥人也是夭子蠻殺御叔弒靈侯戮夏南出孔儀喪陳國何不祥如是人生實難豈有不獲死乎天下多美婦人何必是子反乃止王以予連尹襄老襄老死於邲不獲其尸其子黑要烝焉巫臣使道焉曰歸吾聘女又使自鄭召之曰尸可得也必來逆之姬以告王王問諸屈巫對曰其信知罃之父成公之嬖也而中行伯之季弟也新佐中軍而善鄭皇戌甚愛此子其必因鄭而歸王子與襄老之尸以求之鄭人懼於邲之役而欲求媚於晉其必許之王遣夏姬歸將行謂送者曰不得尸吾不反矣巫臣聘諸鄭鄭伯許之及共王即位將爲陽橋之役使屈巫聘於齊且告師期巫臣盡室以行申叔跪從其父將適郢遇之曰異哉夫子有三軍之懼而又有桑中之喜宜將竊妻以逃者也及鄭使介反幣而以夏姬行將奔齊齊師新敗曰吾不處不勝之國遂奔晉而因郤至以臣於晉晉人使爲邢大夫子反請以重幣錮之王曰止其自爲謀也則過矣其爲吾先君謀也則忠忠社稷之固也所蓋多矣且彼若能利國家雖重幣晉將可乎若無益於晉晉將棄之何勞錮焉　晉師歸范文子後入武子曰無爲吾望爾也乎對曰師有功國人喜以逆之先入必屬耳目焉是代帥受名也故不敢武子曰吾知免矣郤伯見公曰子之力也夫對曰君之訓也二三子之力也臣何力之有焉范叔見勞之如郤伯對曰庚所命也克之制也燮何力之有焉欒伯見公亦如之對曰燮之詔也士用命也書何力之有焉　陽橋魯地陸澄曰博縣有陽橋在泰安州西北

取汶陽田 汶音問

公　汶陽田者何鞌之賂也
杜氏預曰晉使齊還魯故書取不以好得故不言歸

冬楚師鄭師侵衛
高氏問曰鄭從楚而首伐衛喪是授戈與寇而攻其親戚罪不勝誅矣列鄭於下所以深罪鄭也

十有一月公會楚公子嬰齊于蜀 楚書公子自嬰齊始

左　宣公使求好於楚莊王卒宣公薨不克作好公即位受盟於晉會晉伐齊衛人不行使於

楚而亦受盟於晉從於伐齊故楚令尹子重爲陽橋之役以救齊將起師子重曰君弱羣臣不如先大夫師衆而後可詩曰濟濟多士文王以寧夫文王猶用衆況吾儕乎且先君莊王屬之曰無德以及遠方莫如惠恤其民而善用之乃大戶已責逮鰥救乏赦罪悉師王卒盡行彭名御戎蔡景公爲左許靈公爲右二君弱皆强冠之冬楚師侵衛遂侵我師于蜀使臧孫往辭曰楚遠而久固將退矣無功而受名臣不敢楚侵及陽橋孟孫請往賂之以執斲執鍼織紝皆百人公衡爲質以請盟楚人許平

【穀】楚無大夫其曰公子何也嬰齊亢也

啖氏助曰穀梁曰楚無大夫其曰公子何也嬰齊亢也傳以處父不書族爲亢今以書族爲亢何自矛盾也

丙申公及楚人秦人宋人陳人衛人鄭人齊人曹人邾人薛人鄫人盟于蜀

【左】十一月公及楚公子嬰齊蔡侯許男秦右大夫說宋華元陳公孫寧衛孫良夫鄭公子去疾及齊國之大夫盟于蜀卿不書匱盟也於是乎畏晉而竊與楚盟故曰匱盟蔡侯許男不書乘楚車也謂之失位君子曰位其不可不慎也乎蔡許之君一失其位不得列於諸侯況其下乎詩曰不解于位民之攸塈其是之謂矣

【附錄左】楚師及宋公衡逃歸臧宣叔曰衡父不忍數年之不宴以棄魯國國將若之何誰居後之人必有任是夫國棄矣是行也晉辟楚畏其衆也君子曰衆之不可已也大夫爲政猶以衆克況明君而善用其衆乎大誓所謂商兆民離周十人同者衆也 晉侯使鞏朔獻齊捷於周王弗見使單襄公辭焉曰蠻夷戎狄不式王命淫湎毀常王命伐之則有獻捷王親受而勞之所以懲不敬勸有功也兄弟甥舅侵敗王略王命伐之告事而已不獻其功所以敬親暱禁淫慝也今叔父克遂有功於齊而不使命卿鎭撫王室所使來撫余一人而鞏伯實來未有職司於王室又奸先王之禮余雖欲於鞏伯其敢廢舊典以忝叔父夫齊甥舅之國也而大師之後也寧不亦淫從其欲以怒叔父抑豈不可諫誨士莊伯不能對王使委於三吏禮之如侯伯克敵使大夫告慶之禮降於卿禮一等王以鞏伯宴而私賄之使相告之曰非禮也勿籍

【公】此楚公子嬰齊也其稱人何得一貶焉爾

【穀】楚其稱人何也于是而後公得其所也會與盟同月則地會不地盟不同月則地會地盟此其地會地盟何也以公得其所申其事也今之屈向之驕也

劉氏敞曰公羊云其稱人何得一貶焉云爾吾不識得貶云者竟何事也穀梁曰會與盟同月則地會不地盟不同月則地會地盟此其地會地盟何也以公之得其所申其事也非也會時則一地一國盟時十一國十一月公會楚公子嬰齊于蜀丙申公及楚人秦人宋人陳人衛人鄭人齊人曹人邾人薛人鄫人盟于蜀此乃兩會也各自書地乃其理矣何申之有 程子曰楚爲彊盛陵轢諸侯諸侯苟能保固疆圉要結鄰好豈有不能自存之理乃懼而服從與之盟約故皆稱人以見其衰弱責諸侯則魯可知矣

【案】楚秦列諸國之上蓋以彊大相先也舊史從赴告之文聖人亦因而書之耳蔡許不書則左氏得之

【癸酉】定王十九年 **三年** 晉景十二年齊頃十一年衛定公臧元年蔡景四年鄭襄十七年曹宣七年陳成十一年杞桓四十九年宋共公固元年秦桓十七年楚共三年

春王正月公會晉侯宋公衛侯曹伯伐鄭

【左】三年、春。諸侯伐鄭。次於伯牛。討邲之役也。遂東侵鄭。鄭公子偃帥師禦之。使東鄙覆諸鄤。敗諸邱輿。皇戌如楚獻捷。伯牛。鄤。邱輿。鄭地。家氏鉉翁曰。魯宋衛曹去彊盛之楚。而從衰弱之晉。以伐有罪之國。是春秋之所嘉也。四國書爵。序晉爲首。存晉伯也。

辛亥葬衛穆公　穆。公作繆。

二月公至自伐鄭

甲子新宮災三日哭

【公】新宮者何。宣公之宮也。宣宮則曷爲謂之新宮。不忍言也。其言三日哭何。廟災三日哭。禮也。新宮災何以書。記災也。

【穀】新宮者。禰宮也。三日哭。哀也。其哀。禮也。迫近不敢稱謚。恭也。其辭恭且哀。以成公爲無譏矣。

乙亥葬宋文公

夏公如晉

【左】夏。公如晉。拜汶陽之田。汪氏克寬曰。僖公取濟西田。而使公子遂如晉拜賜。已非正矣。況以成公取汶陽而躬朝於晉乎。濟西汶陽魯之故田也。以爲伯國之私惠。而聘之朝之。見魯之不振也。

鄭公子去疾帥師伐許

【左】許恃楚而不事鄭。鄭子良伐許。張氏洽曰。晉方怒鄭之不服。其爲國憂未有底止也。乃怒許之不事己。而使大夫動大衆以伐之。見其興兵之不度德量力也。

公至自晉

【附錄左】晉人歸楚公子穀臣。與連尹襄老之尸於楚。以求知罃。於是荀首佐中軍矣。故楚人許之。王送知罃。曰。子其怨我乎。對曰。二國治戎。臣不才。不勝其任。以爲俘馘。執事不以釁鼓。使歸即戮。君之惠也。臣實不才。又誰敢怨。王曰。然則德我乎。對曰。二國圖其社稷。而求紓其民。各懲其忿。以相宥也。兩釋纍囚。以成其好。二國有好。臣不與及。其誰敢德。王曰。子歸。何以報我。對曰。臣不任受怨。君亦不任受德。無怨無德。不知所報。王曰。雖然。必告不穀。對曰。以君之靈。纍臣得歸骨於晉。寡君之以爲戮。死且不朽。若從君之惠而免之。以賜君之外臣首。首其請於寡君。而以戮於宗。亦死且不朽。若不獲命。而使嗣宗職。次及於事。而帥偏師。以修封疆。雖遇執事。其弗敢違。其竭力致死。無有二心。以盡臣禮。所以報也。王曰。晉未可與爭。重爲之禮而歸之。

胡傳曰。宣公薨。至是三年之喪畢矣。宜入朝京師。見天子。受王命。然後歸而即政可也。嗣守社稷之重。而不朝於周。以拜汶陽田之故。而往朝於晉。其行事亦悖矣。此春秋所爲作也。

秋叔孫僑如帥師圍棘 棘。汶陽田之邑。在濟北蛇邱縣。劉昭曰。蛇邱縣有棘鄉。

左 秋。叔孫僑如圍棘。取汶陽之田。棘不服。故圍之。

公 棘者何。汶陽之不服邑也。其言圍之何。不聽也。

胡傳曰。案左氏取汶陽之田。棘不服。故圍之。復故地而民不聽。至於命上將。用大師。環其邑而攻之。何也。魯於是時。初稅畝。作邱甲。稅役日益重矣。棘雖復歸故國。所以不願爲之民也歟。成公不知薄稅斂。輕力役。修德政以來之。而肆其兵力。雖得之。亦必失之。

大雩

晉郤克衛孫良夫伐廧咎如 廧。在良反。公作將。穀作牆。咎音羔。廧咎如赤狄別種。

左 晉郤克。衛孫良夫。伐廧咎如。討赤狄之餘焉。廧咎如潰。上失民也。

胡氏寧曰。經不書廧咎如潰者。晉常滅赤狄潞氏甲氏及留吁矣。其餘黨散入廧咎如。又欲盡殄滅之。非仁人之心也。段紀明請滅羌種。羌雖滅。漢亦亡。後世豈嘗絕羌患哉。廧咎如潰。削而不書。聖人之情見矣。

冬十有一月晉侯使荀庚來聘 晉來聘之始。

衛侯使孫良夫來聘丙午及荀庚盟丁未及孫良夫盟 聘而遂盟之。於是始。

左 冬。十一月。晉侯使荀庚來聘。且尋盟。衛侯使孫良夫來聘。且尋盟。公問諸臧宣叔曰。中行伯之於晉也。其位在三。孫子之於衛也。位爲上卿。將誰先。對曰。次國之上卿。當大國之中。中當其下。下當其上大夫。小國之上卿。當大國之下卿。中當其上大夫。下當其下大夫。上下如是。古之制也。衛在晉。不得爲次國。晉爲盟主。其將先之。丙午。盟晉。丁未。盟衛。禮也。

公 此聘也。其言盟何。聘而言盟者。尋舊盟也。

穀 其日公也。來聘而求盟。不言及者。以國與之也。不言其人。亦以國與之也。不言求。兩欲之也。

案 庚與良夫聘且盟。左氏公羊。皆以爲尋盟。則是二臣之聘盟。兩受君命。非奉命來聘而擅及魯盟也。劉氏敞以爲專命生事者過矣。又謂不繫於國。以見遂事之辱。不知奉使而來。既書晉侯衛侯。則及盟可不繫於晉衛也。

鄭伐許

附錄 左 十二月。甲戌。晉作六軍。韓厥。趙括。鞏朔。韓穿。荀騅。趙旃。皆爲卿。賞鞌之功也。 齊侯朝於晉。將授玉。郤克趨進曰。此行也。君爲婦人之笑辱也。寡君未之敢任。晉侯享齊侯。齊侯視韓厥。韓厥曰。君之厥也乎。齊侯曰。服改矣。韓厥登。舉爵曰。臣之不敢愛死。爲兩君之在此堂也。荀罃之在楚也。鄭賈人有將寘諸褚中以出。既謀之。未行。而楚人歸之。賈人如晉。荀罃善視之。如實出己。賈人曰。吾無其功。敢有其實乎。吾小人。不可以厚誣君子。遂適齊。

胡傳曰。晉楚爭鄭。鄭兩事焉。及邲之敗。於是乎專意事楚。晉雖加兵。終莫之聽也。至此一歲而再伐許。甚矣。夫不擇於義之可否。以爲去就。又馬弱犯寡。一歲之中。而再動干戈於鄰國。不旣甚乎。孔氏穎達曰。直舉國名。傳無其說。知是告辭略。故史異文耳。賈逵云。鄭小國。與大國爭諸侯。仍伐許。不稱將帥。刺無知也。此年夏。鄭公子去疾帥師伐許。明年冬。鄭伯伐許。先後並無貶責。何獨此伐偏刺之。

案 蜀之盟。諸侯從楚者。多出於不得已。若許若蔡。國小受脅。不足責也。鄭爲畿內之國。以邲之敗而叛晉。既伐衛。又一歲再伐許。故春秋惡之。胡傳所謂不擇於義以爲去就。而馮弱犯寡者也。不書將帥。孔氏穎達從杜注。以爲告辭略。而駁賈逵之說。謂先後伐許。皆不貶責。何以獨於此偏刺。亦似有理。今並存之。

甲戌 定王二十年

四年

晉景十三年。齊頃十二年。衛定二年。蔡景五年。鄭襄十八年。曹宣八年。陳成十二年。杞桓五十年。宋共二年。秦桓十八年。楚共四年。

春宋公使華元來聘

左 四年。春。宋華元來聘。通嗣君也。

三月壬申鄭伯堅卒

杞伯來朝

左 杞伯來朝。歸叔姬故也。

杜氏預曰。將出叔姬。先修朝禮言其故。

夏四月甲寅臧孫許卒

公如晉

左 夏。公如晉。晉侯見公。不敬。季文子曰。晉侯必不免。詩曰。敬之敬之。天維顯思。命不易哉。夫晉侯之命。在諸侯矣。可不敬乎。

汪氏克寬曰。成公此年朝晉而取辱。豈非禮愈繁而身愈卑。徒自屈而已耳。

葬鄭襄公

秋公至自晉

左 秋。公至自晉。欲求成於楚。而叛晉。季文子曰。不可。晉雖無道。未可叛也。國大臣睦。而邇於我。

諸侯聽焉。未可以貳。史佚之志有之。曰。非我族類。其心必異。楚雖大。非吾族也。其肯字我乎。公乃止。

家氏鉉翁曰。甚哉。魯成中無所主。遂變而屢遷也。始與晉人連兵伐齊以有鞌之勝。謂當與晉爲睦。會未幾月。卒先諸侯受盟於楚。猶幸晉人之無討也。去年如晉。今年又如晉。正所以救前日匱盟之過。一不爲所禮。又將叛而即楚。春秋於魯成之從楚適晉。備書以貶之也。

冬。城鄆。鄆。公作運。

戴氏溪曰。定公時。齊歸鄆讙龜陰之田。杜氏謂此三邑者。汶陽之田也。魯既得汶陽。故城鄆以自固。

案 經書城鄆。左氏無傳。杜氏預以爲備晉者。因公之不禮於晉也。戴氏溪謂魯得汶陽。故城鄆以自固。於情事亦近。

鄭伯伐許。

左 冬。十一月。鄭公孫申帥師疆許田。許人敗諸展陂。鄭伯伐許。取鉏任泠敦之田。晉欒書將中軍。荀首佐之。士燮佐上軍。以救許。伐鄭。取氾祭。楚子反救鄭。鄭伯與許男訟焉。皇戌攝鄭伯之辭。子反不能決也。曰。君若辱在寡君。寡君與其二三臣。共聽兩君之所欲。成其可知也。不然。側不足以知二國之成。

展陂。許地。鉏任。泠敦。俱在許境。氾祭。鄭地。成皋縣東有氾水。

案 此爲二邑。氾即成皋之氾。祭即中牟之祭亭。周祭伯之邑也。蓋此時已入於鄭矣。

附錄左 晉趙嬰通於趙莊姬。

程子曰。稱鄭伯。見其不復爲喪。以吉禮從戎。

[乙亥] 定王二十一年

五年

晉景十四年。齊頃十三年。衛定三年。蔡景六年。鄭悼公費元年。曹宣九年。陳成十三年。杞桓五十一年。宋共三年。秦桓十九年。楚共五年。

春王正月。杞叔姬來歸。左見四年。

附錄左 春。原屏放諸齊。嬰曰。我在。故欒氏不作。我亡。吾二昆其憂哉。且人各有能有不能。舍我何害。弗聽。嬰夢天使謂已。祭余。余福女。使問諸士貞伯。貞伯曰。不識也。既而告其人。曰神福仁而禍淫。淫而無罰。福也。祭。其得亡乎。祭之之明日而亡。

穀 婦人之義。嫁曰歸。反曰來歸。

家氏鉉翁曰。春秋之世。倫分廢缺。夫婦之道乖矣。有出而允於義者。有出而悖於禮者。杞伯來朝之明年。而後叔姬乃歸。此與他悖義之出。不同。必叔姬自不安於杞。非杞絕之也。故其卒。杞復逆喪以葬。叔姬繫於杞。義未絕也。汪氏克寬曰。叔姬始嫁。不見於經。與郯伯姬同。婚姻得禮。常事不書。又曰郯伯姬。杞叔姬。皆出而來歸。然叔姬書卒。書杞伯逆喪以歸。而郯伯姬來歸之後。不復見於經。則其善惡優劣。不可以槩觀矣。

仲孫蔑如宋

左孟獻子如宋。報華元也。

夏叔孫僑如會晉荀首于穀 首。公作秀。

左夏。晉荀首如齊逆女。故宣伯餫諸穀。
鄭氏玉曰。穀。齊地。他國大夫。非過吾境。而使大夫會之。非禮也。若僑如私會。則尤專恣之甚。故謹而書之。

梁山崩 梁山。在馮翊夏陽縣北。詩。奕奕梁山。水經注。河水又南逕梁山原是也。

左梁山崩。晉侯以傳召伯宗。伯宗辟重。曰。辟傳。重人曰。待我。不如捷之速也。問其所。曰。絳人也。問絳事焉。曰。梁山崩。將召伯宗謀之。問將若之何。曰。山有朽壤而崩。可若何。國主山川。故山崩川竭。君爲之不舉。降服。乘縵。徹樂。出次。祝幣。史辭。以禮焉。其如此而已。雖伯宗若之何。伯宗請見之。不可。遂以告而從之。

附錄左許靈公愬鄭伯於楚。六月。鄭悼公如楚。訟。不勝。楚人執皇戌及子國。故鄭伯歸。使公子偃請成於晉。秋。八月。鄭伯及晉趙同盟于垂棘。宋公子圍龜爲質於楚而歸。華元享之。請鼓譟以出。鼓譟以復入。曰。習攻華氏。宋公殺之。

公梁山者何。河上之山也。梁山崩。何以書。記異也。何異爾。大也。何大爾。梁山崩。壅河三日不流。外異不書。此何以書。爲天下記異也。

穀不日。何也。高者有崩道也。有崩道則何以書也。曰。梁山崩。壅遏河三日不流。晉君召伯尊而問焉。伯尊來。遇輦者。輦者不辟。使車右下而鞭之。輦者曰。所以鞭我者。其取道遠矣。伯尊下車而問焉。曰。子有聞乎。對曰。梁山崩。壅遏河三日不流。伯尊曰。君爲此召我也。爲之奈何。輦者曰。天有山。天崩之。天有河。天壅之。雖召伯尊。如之何。伯尊由忠問焉。輦者曰。君親素縞帥羣臣而哭之。既而祠焉。斯流矣。伯尊至。君問之。曰。梁山崩。壅遏河三日不流。爲之奈何。伯尊曰。君親素縞。帥羣臣而哭之。既而祠焉。斯流矣。孔子聞之曰。伯尊其無績乎。攘善也。

劉氏敞曰。穀梁曰。不日何也。高者有崩道也。有崩道則何以書也。尋穀梁此文。似云山有崩道。崩不當書。今以晉侯問伯宗。故獨書也。是豈春秋意耶。

高氏閌曰。先王之制。名山大川不以封。梁山雖屬於韓。而非諸侯正受封之地。故春秋書梁山崩。而不繫之國者。爲天下記異也。是以不書晉。大國主山川。豈特晉當之哉。

秋大水

冬十有一月己酉天王崩

十有二月己丑公會晉侯齊侯宋公衞侯鄭伯曹伯邾子杞伯同盟于蟲牢 蟲牢。鄭地。陳留封邱縣北有桐牢。

左冬。同盟于蟲牢。鄭服也。諸侯謀復會。宋公使向爲人辭以子靈之難。
胡傳曰。案左氏。許靈公愬鄭伯於楚。鄭伯於楚訟不勝。歸而請成於晉。盟于蟲牢。鄭服也。鄭服則何以書同盟。天王崩。赴告已及。在諸侯之策矣。以所聞先後而奔喪。禮也。而九國諸侯會盟不廢，故特書同盟，以見其皆不臣。程子曰：天王崩而會盟不廢，書同臣。趙氏鵬飛曰：晉景即位十有五年矣，蓋嘗爲淸邱斷道之盟，以求諸侯，於時諸侯二三其德，晉不能宗主也。今蟲牢之會，始能復振其勢，且反鄭於久叛，雖未足以成桓文之功，而志有足嘉也。

案 蟲牢之盟，胡傳謂九國不知奔喪，其議甚正。然是時齊始從晉，鄭以訟許不勝，亦改而從晉，晉爲是盟，以固諸侯之心，亦復伯之機也。趙氏鵬飛之說亦可並存。

丙子 簡王元年 **六年** 晉景十五年。齊頃十四年。衛定四年。蔡景七年。鄭悼二年。曹宣十年。陳成十四年。杞桓五十二年。宋共四年。秦桓二十年。楚共六年。吳子壽夢元年。

春王正月，公至自會。

附錄 左 六年春，鄭伯如晉拜成，子游相，授玉於東楹之東。士貞伯曰：鄭伯其死乎！自棄也已。視流而行速，不安其位，宜不能久。

二月辛巳，立武宮。

左 二月，季文子以鞌之功立武宮，非禮也。聽於人以救其難，不可以立武。立武由己，非由人也。

公 武宮者何？武公之宮也。立者何？立者不宜立也。立武宮，非禮也。

穀 立者不宜立也。

劉氏敞曰：魯，諸侯也，僭天子之禮，雖欲尊其祖，鬼神不饗也。而學者習於魯之故，更大而稱之曰：魯公之廟，文世室也；武公之廟，武世室也。人之迷固久矣夫！其以僭爲典也，此乃春秋所由作也。又曰：邱明以武宮爲武軍，杜氏知其謬妄，因護曰：既立武軍，又作先君武公之宮。二說者皆非是。左氏欲解經，誤以武宮爲武軍；杜氏欲解傳，遂取武軍爲武宮。此難以通者也。汪氏克寬曰：論者因明堂位，遂以武宮爲世室。今考春秋所書，太廟則周公之廟也，所書世室則魯公之廟也，羣公之廟則皆繫謚，若武宮、煬宮、桓宮、僖宮是也。苟謂之世室，則世世不毀矣，奚待於成公而始立乎？昭十五年，有事於武宮，不稱世室，則其以武宮爲世室者，妄也。況煬宮乃武公之六世祖，至昭公已二十世，而桓宮則哀公之十世祖，僖宮則哀公之七世祖，皆當言世室也。煬宮在武宮之上，武宮稱世室，煬宮獨不稱世室乎？是知明堂位乃後世俗儒因魯僭禮而爲言，春秋之時，非有世室之名也。然考成之十八年，晉悼公朝於武宮；昭之十七年，當晉頃公之世，而中行穆子獻俘於文宮。晉武公至悼公，文公至頃公，皆已十世，而其宮猶存，則當時諸侯之廟，親盡不毀者，不特魯矣。

取鄟

鄟音專。

鄟，附庸國。

左 取鄟，言易也。

公 鄟者何？邾婁之邑也。曷爲不繫於邾婁？諱亟也。

穀 鄟，國也。

汪氏克寬曰：公羊於根牟、鄟、邿，皆曰邾邑。然春秋未有取他國之地而不繫國者，苟以諱亟而不繫邾。則僖公取須句訾婁。可謂亟矣。何以繫之邾耶。

衛孫良夫帥師侵宋

左三月。晉伯宗夏陽說衛孫良夫甯相鄭人伊雒之戎陸渾蠻氏侵宋。以其辭會也。師於鍼。衛人不保。說欲襲衛。曰。雖不可入。多俘而歸。有罪不及死。伯宗曰。不可。衛惟信晉。故師在其郊而不設備。若襲之。是棄信也。雖多衛俘。而晉無信。何以求諸侯。乃止。師還。衛人登陴。蠻氏。戎別種也。河南新城縣東南有蠻城。漢志。河南新城縣曰蠻中。故蠻子國也。

附錄左晉人謀去故絳。諸大夫皆曰。必居郇瑕氏之地。沃饒而近盬。國利君樂。不可失也。韓獻子將新中軍。且為僕大夫。公揖而入。獻子從公立於寢庭。謂獻子曰。何如。對曰。不可。郇瑕氏土薄水淺。其惡易覯。易覯則民愁。民愁則墊隘。於是乎有沈溺重膇之疾。不如新田。土厚水深。居之不疾。有汾澮以流其惡。且民從教。十世之利也。夫山澤林盬。國之寶也。國饒則民驕佚。近寶公室乃貧。不可謂樂。公說。從之。夏。四月。丁丑。晉遷於新田。郇瑕。古國名。河東解縣西北有郇城。僖二十四年。咎犯與秦晉大夫盟于郇。即此。汪氏克寬曰。經不書晉遷者。凡書遷。皆小國逼於彊暴。不得已而遷也。晉人擇地利而徙都也。非不得已。故不書遷耳。

夏六月邾子來朝

高氏閌曰。魯取鄟。而邾子遂來朝。其彊弱可知矣。且天王新即位。不朝而朝魯。此可見惟陵我是畏也。汪氏克寬曰。蓋成公即位而始朝也。

公孫嬰齊如晉

左子叔聲伯如晉。命伐宋。杜氏預曰。嬰齊。叔肸子。汪氏克寬曰。二年三年。公兩朝晉。此年嬰齊行父又兩聘晉。魯讎齊而倚晉為援。故君臣亟行迭往。事伯之勤。而不知慢王之已甚也。

壬申鄭伯費卒

左六月。鄭悼公卒。

秋仲孫蔑叔孫僑如帥師侵宋

左秋。孟獻子。叔孫宣伯侵宋。晉命也。高氏閌曰。使魯伐宋者。雖晉之命。而魯不以大義論之。遽為與師。則罪專在魯矣。故書曰侵。責與衛良夫同。

楚公子嬰齊帥師伐鄭楚始書大夫將。

左楚子重伐鄭。鄭從晉故也。

冬季孫行父如晉

左 冬，季文子如晉，賀遷也。

晉欒書帥師救鄭 救，公作侵。

左 晉欒書救鄭，與楚師遇於繞角。楚師還，晉師遂侵蔡。楚公子申、公子成以申息之師救蔡，禦諸桑隧。趙同、趙括欲戰，請於武子，武子將許之。知莊子、范文子、韓獻子諫曰：不可。吾來救鄭，楚師去我，吾遂至於此，是遷戮也。戮而不已，又怒楚師，戰必不克。雖克不令。成師以出，而敗楚之二縣，何榮之有焉？若不能敗，為辱已甚，不如還也。乃遂還。於是軍帥之欲戰者眾，或謂欒武子曰：聖人與眾同欲，是以濟事。子盍從眾？子為大政，將酌於民者也。子之佐十一人，其不欲戰者，三人而已。欲戰者可謂眾矣。商書曰：三人占，從二人。眾故也。武子曰：善鈞從眾。夫善，眾之主也。三卿為主，可謂眾矣。從之，不亦可乎。繞角，鄭地。杜佑通典：汝州魯山縣東南有繞角城。桑隧，汝南朗陵縣東有桑里。

高氏閌曰：楚伐鄭，喪而悼公不葬。晉救雖至，已苦兵矣。然而不肯背蟲牢之盟，是以善其救也。家氏鉉翁曰：是役也，軍帥欲戰者多，三卿不可。欒書因之以還，春秋許之以救。其無逗撓之責乎？曰：晉楚先遇于繞角，楚師還，鄭既免矣。移兵指蔡，復與楚遇于桑隧，晉乃引還，則蔡亦免矣。故無責。

丁丑 簡王二年

七年

晉景十六年，齊頃十五年，衛定五年，蔡景八年，鄭成公睔元年，曹宣十一年，陳成十五年，杞桓五十三年，宋共五年，秦桓二十一年，楚共七年，吳壽夢二年。

春王正月鼷鼠食郊牛角改卜牛鼷鼠又食其角乃免牛 鼷音奚。

穀 不言日，急辭也。過有司也。郊牛日展觓角而知傷，展道盡矣。其所以備災之道不盡也。改卜牛，鼷鼠又食其角，又有繼之辭也。其緩辭也。曰：亡乎人矣，非人之所能也。所以免有司之過也。乃免牛，乃者，亡乎人之辭也。免牲者，為之緇衣纁裳，有司元端奉送至于南郊。免牛亦然。免牲不日，不郊，免牛亦然。

劉氏向曰：鼠小蟲，性盜竊。鼷又其小者也。牛大畜，祭天尊物也。角兵象，在上，君威也。小小鼷鼠食至尊之牛角，象季氏乃竊盜之人，將執國命以傷君威而害周公之祀也。改卜又食，天重譴之也。劉氏敞曰：穀梁曰其緩辭也。非也。前云鼷鼠食郊牛角者，文不可言其角，非不緩也。今云其角者，亦文當如此，非故緩也。又曰所以免有司之過也。亦非也。春秋記災異，刺譏時君，且明鬼神享德，所以鉤深致遠者微矣。豈為免有司之過乎？乃免牛，穀梁曰免牛者為之緇纁繡裳，有司奉送至於南郊，未必然也。雖禮典散滅，不可考校，至於牛衣人服，如何襲被乎？凡郊牛稷牛，必皆在滌三月。滌者，牢也。今既有傷，則不復在滌，是為免之。其不免者，是留以須後郊，非禮不敬，故春秋亦譏焉。

吳伐郯 吳始見經。郯音談。

左 七年春，吳伐郯，郯成。季文子曰：中國不振旅，蠻夷入伐，而莫之或恤，無弔者也夫。詩曰：不弔昊天。亂靡有定。其此之謂乎。有上不弔。其誰不受亂。吾亡無日矣。君子曰。知懼如是。斯不亡矣。

附錄左 鄭子良相成公以如晉見。且拜師。

夏五月曹伯來朝

左 夏。曹宣公來朝。

不郊猶三望

汪氏克寬曰。經書猶三望者三。僖三十一年。書免牲。而繫以猶三望。不言不郊者。免牲則知不復郊矣。宣三年。牛死乃不郊。而繫以猶三望。不言免牲者。牛死無牲可免。故必言不郊。此年既書免牛。又書不郊。因間有吳曹二事。不可但言猶三望。故以不郊起之也。

案 僖公三十一年。猶三望。胡傳本公羊。以三望爲泰山河海。謂河海不在其封。魯不當祀。今又引朱長文之說。以爲天子有四望。泰山魯所當祭。三望僭天子禮。則是泰山之外。猶有三望也。與前說不合。故刪胡傳。

秋楚公子嬰齊帥師伐鄭公會晉侯齊侯宋公衛侯曹伯莒子邾子杞伯救鄭八月戊辰同盟于馬陵

馬陵。衛地。陽平元城縣東南。有地名馬陵。

左 秋。楚子重伐鄭。師於氾。諸侯救鄭。鄭共仲。侯羽。軍楚師。囚鄖公鍾儀。獻諸晉。八月。同盟于馬陵。尋蟲牢之盟。且莒服故也。晉人以鍾儀歸。囚諸軍府。

高氏閌曰。去冬欒書救鄭。而楚師還。未得志於鄭。故復之。　家氏鉉翁曰。晉前此救鄭。皆以大夫帥偏師。至是合九國之師。自將以行。春秋爵諸侯。而書救鄭。褒之也。

公至自會

吳入州來

州來。楚邑。淮南下蔡縣是也。哀二年。蔡昭侯自新蔡遷於州來。謂之下蔡。

左 楚圍宋之役。師還。子重請取於申呂。以爲賞田。王許之。申公巫臣曰。不可。此申呂所以邑也。是以爲賦。以御北方。若取之。是無申呂也。晉鄭必至於漢。王乃止。子重是以怨巫臣。子反欲取夏姬。巫臣止之。遂取以行。子反亦怨之。及共王卽位。子重子反殺巫臣之族子閻。子蕩。及淸尹弗忌。及襄老之子黑要。而分其室。子重取子閻之室。使沈尹與王子罷。分子蕩之室。子反取黑要與淸尹之室。巫臣自晉遺二子書曰。爾以讒慝貪惏事君。而多殺不辜。余必使爾罷於奔命以死。巫臣請使於吳。晉侯許之。吳子壽夢說之。乃通吳於晉。以兩之一卒適吳。舍偏兩之一焉。與其射御。敎吳乘車。敎之戰陳。敎之叛楚。寘其子狐庸焉。使爲行人於吳。吳始伐楚。伐巢。伐徐。子重奔命。馬陵之會。吳入州來。子重自鄭奔命。子重子反。於是乎一歲七奔命。蠻夷屬於楚者。吳盡取之。是以始大。通吳於上國。

高氏閌曰。吳楚爭彊。始見於此。州來屬楚。吳以兵入之。著楚雖恃彊。而吳敢與之敵也。　陳氏傅良曰。吳楚交兵不書。至是始書之。始大通吳於上國。晉人爲之也。盟于蒲。景公將始會吳。吳不至於鍾離而後至盟于雞澤。悼公又逆吳子。吳不至於戚而後至。吳不敢自列於諸夏。而晉求之急。將以罷楚也。楚罷。晉亦不復伯矣。入州來。不可不錄其始也。

冬大雩

穀 雩不月而時。非之也。冬。無為雩也。

劉氏敞曰。穀梁曰。冬無為雩也。周之十月。今之八月。若久不雨。可得不雩乎。又傳例謂得雨曰雩。若此年雩不得雨。書旱必矣。且將書旱。可得不雩哉。

衛孫林父出奔晉

左 衛定公惡孫林父。冬。孫林父出奔晉。衛侯如晉。晉反戚焉。

杜氏預曰。林父。孫良夫之子。戚。孫氏世所食邑。林父出奔。之後戚隨屬晉。 家氏鉉翁曰。林父結晉之權臣久矣。至是奔晉。挾盟主以抗其上。未幾返國。值衛衎不能君。稱兵犯上。逐其君。立所善之公子。卒入戚以叛。為衛患者。幾四十年。晉實為之也。

戊寅 簡王三年 **八年** 晉景十七年。齊頃十六年。衛定六年。蔡景九年。鄭成二年。曹宣十二年。陳成十六年。杞桓五十四年。宋共六年。秦桓二十二年。楚共八年。吳壽夢三年。

春晉侯使韓穿來言汶陽之田歸之于齊

左 八年。春。晉侯使韓穿來言汶陽之田。歸之于齊。季文子餞之。私焉。曰。大國制義。以為盟主。是以諸侯懷德畏討。無有貳心。謂汶陽之田。敝邑之舊也。而用師於齊。使歸諸敝邑。今有二命。曰。歸諸齊。信以行義。義以成命。小國所望而懷也。信不可知。義無所立。四方諸侯。其誰不解體。詩曰。女也不爽。士貳其行。士也罔極。二三其德。七年之中。一與一奪。二三孰甚焉。士之二三。猶喪妃耦。而況霸主。霸主將德是以。而二三之。其何以長有諸侯乎。詩曰。猶之未遠。是用大簡。行父懼晉之不遠猶。而失諸侯也。是以敢私言之。

公 來言者何。內辭也。脅我。使我歸之也。曷為使我歸之。鞌之戰。齊師大敗。齊侯歸。弔死視疾。七年不飲酒。不食肉。晉侯聞之。曰。嘻。奈何使人之君。七年不飲酒。不食肉。請皆反其所取侵地。

穀 于齊。緩辭也。不使盡我也。

劉氏敞曰。鞌之戰。齊師大敗。齊侯朝晉而事之。晉侯說。使魯衛皆反其侵地。古者諸侯不專土。歸汶陽之田于齊。非禮也。又曰。公羊云。內辭也。非也。此直書其事耳。亦何內辭哉。又曰穀梁云。不使盡我也。亦非也。直書以刺晉耳。不使盡我。了無所用也。 趙氏鵬飛曰。前日以為可取。則如今日勿歸。今日以為宜歸。則如前日勿取。以為可取而復歸之。以為宜歸而故取之。二者均罪也。前日取田於齊。齊失之也。晉實無所失。今日以田與齊。齊得之也。晉實何所得。失之非已之損。得之非已之益。宜晉人於取予。甚輕且易也。特假是田市功於魯。市恩於齊矣。初為鞌之戰。魯實傾國以從。而我無以利之。則若勞人而無報。故取汶陽田以報功於魯焉。既敗齊師。頃公屈已以事晉。晉自文公之後。齊蓋以東夏彊侯。未嘗屈於晉也。戰鞌一敗。銳鋒頓挫。蟲牢之盟。救鄭之役。執兵歃血。惟晉是從。晉得齊之服為榮大矣。故常以取其田為負魯。人得田。晉實無補。而負齊為多。魯人失田。晉實無傷。而於齊為惠。故寧使魯失田。

而晉無負於齊。此所以有韓穿之來也。汪氏克寬曰。曰來言。則見晉命之緩。蓋自知其言之不順。而未能必魯之從否也。曰歸之于。則見取魯田之易。晉卿之一言。重於三軍。而不敢固拒也。晉韓宣子有環。其一在鄭商。請於子產。子產弗與。宣子買諸賈人。而請之。又弗與。曰。大國之人。而令於小國。皆獲其求。將何以給之。今季文子知晉人予奪之非義。而不能不以汶陽之田歸齊也。制命非正。而惟命是聽。詎不爲晉之縣鄙乎。夫商人一環。而子產不從。於疆令。況先君所受於王之分地乎。季文子。爲魯之賢大夫。而有愧於子產多矣。是時欒武子。范文子。知武子。中行獻子。皆名卿也。不能引其君以當道。而出令之不信。發命之不衷。徒知蟲牢馬陵之盟。齊既從晉。俾魯歸田。所以堅齊也。曾不思失信於魯。是失信於諸侯。一齊聽命。而四方解體。悔而尋盟。惡足以要人心之疆同乎。春秋書戰于鞌。取汶陽田。韓穿來言汶陽之田歸之于齊。傷晉伯之益偸也。

晉欒書帥師侵蔡

【左】晉欒書侵蔡。遂侵楚。獲申驪。楚師之還也。晉侵沈。獲沈子揖。初從知范韓也。君子曰。從善如流。宜哉。詩曰。愷悌君子。遐不作人。求善也夫。作人斯有功績矣。是行也。鄭伯將會晉師。門於許東門。大獲也。

許氏翰曰。侵蔡報伐鄭也。大國爭衡。而小國受敗。春秋矜焉。

公孫嬰齊如莒

【左】聲伯如莒。逆也。

吳氏澂曰。大夫託聘之名。而自逆婦者多矣。非禮也。

宋公使華元來聘

【左】宋華元來聘。聘共姬也。

夏宋公使公孫壽來納幣

【左】夏。宋公使公孫壽來納幣。禮也。

【公】納幣不書。此何以書。錄伯姬也。

【案】史例有詳略。古史雖不可見。班馬以後。皆以人之賢否。繁殺其辭。伯姬有賢行。舊史特詳錄之。故聖人亦因而不革也。書納幣。書來媵。書歸宋。書致女。辭繁而不殺。皆緣末錄本之意。公羊以爲錄伯姬者得之矣。胡傳以使卿納幣爲越禮者。非也。左氏以爲禮。杜氏預亦以爲應使卿。其必有所據矣。莊公如齊納幣。穀梁以爲大夫之事。蓋譏莊之不當親行。豈必以卿爲不可使乎。況列國執政之卿。亦未嘗不以大夫稱也。故主公羊而删胡傳。

晉殺其大夫趙同趙括

【左】晉趙莊姬爲趙嬰之亡故。譖之於晉侯。曰。原屏將爲亂。欒郤爲徵。六月。晉討趙同趙括。武從姬氏畜於公宮。以其田與祁奚。韓厥言於晉侯曰。成季之勳。宣孟之忠。而無後。爲善者其

懼矣三代之令王皆數百年保天之祿夫豈無辟王賴前哲以
免也周書曰不敢侮鰥寡所以明德也乃立武而反其田焉
汪氏克寬曰或謂晉景因莊姬之譖追論趙盾弒君之罪而殺同括則其事容或有之然
史記稱屠岸賈誅趙氏殺趙朔趙同趙括趙嬰皆滅其族而春秋止書殺同括不書殺朔
及嬰則不惟與傳牴牾亦且與經相戾蓋不足信也卓氏爾康曰趙同趙括好勇而輕
邲之役與欒書之救鄭二人皆不度其可而銳於戰非欒書有主則晉又敗矣趙嬰淫亂
罪所當誅不請於君而擅放之專而無上惡得無罪然晉侯聽姬氏之譖一朝
而尸二大夫以趙衰之勳不復念而奪其田祿則失政刑矣故稱國以殺之

秋七月天子使召伯來賜公命 賜公穀作錫錫命止此

左 秋召桓公來賜公命

附錄左 晉侯使申公巫臣如吳假道如莒與渠丘公立於池上曰城已惡莒子曰辟陋在夷
其孰以我為虞對曰夫狡焉思啟封疆以利社稷者何國蔑有唯然故多大國矣唯或思或
縱也勇夫重閉況國乎

公 其稱天子何元年春王正月正也其餘皆通矣

穀 禮有受命無來錫命錫命非正也曰天子何也曰見一稱也
劉氏敞曰穀梁曰天子何也見一稱也言欲見天子與天王各為一稱不亦淺乎

案 天王天子乃王者之通稱賜與錫皆上予下之辭也或者謂以字義言則天王尊而天子親
也以恩數加之曰賜以分義臨之曰錫始錫於桓公則去天稱王嚴其義與分也繼錫於文公
則稱天王猶嚴其分也終賜於成公則稱天子以
為義與分俱微矣在上之恩數加焉爾亦是一說

冬十月癸卯杞叔姬卒

左 冬杞叔姬卒來歸自杞故書

晉侯使士燮來聘叔孫僑如會晉士燮齊人邾人伐郯

左 晉士燮來聘言伐郯也以其事吳故公賂之請緩師文子不可曰君命無貳失信不立禮
無加貨事無二成君後諸侯是寡君不得事君也燮將復之季孫懼使宣伯帥師會伐郯

衛人來媵

左 衛人來媵共姬禮也凡諸侯嫁女同姓媵之異姓則否

公 媵不書此何以書錄伯姬也

穀 媵淺事也不志此其志何也以伯姬之不得其所故盡其事也
劉氏敞曰媵者何諸侯嫁女於諸侯以姪娣從二國往媵之亦以姪娣從諸侯必三歸媵不
書此何以書譏何譏爾三國來媵非禮也交譏之又曰衛人來媵左氏曰凡諸侯嫁女同姓
媵之異姓則否非也諸侯三歸歸各一族自同姓耳若嬴曹媯弋之君嫁女者必同姓媵之

則諸侯之媵。或不能備矣。天子之妃百二十。又可一姓乎。程子曰。媵小事。不書。伯姬之嫁。諸侯皆來媵之。故書以見其一女子之賢。尚聞於諸侯。況君子乎。諸侯嫁女。左氏謂異姓不媵。劉氏敞以爲諸侯三歸。歸各一族。二說不同。姑並存之。以俟考。

【案】己卯 簡王四年

九年

晉景十七年。杞桓五十五年。宋共七年。秦桓二十三年。楚共九年。吳壽夢四年。十八年。齊頃十七年。衛定七年。蔡景十年。鄭成三年。曹宣十三年。陳成

春王正月杞伯來逆叔姬之喪以歸

【左】九年。春。杞桓公來逆叔姬之喪。請之也。杞叔姬卒。爲杞故也。逆叔姬。爲我也。

【公】杞伯曷爲來逆叔姬之喪以歸。內辭也。脅而歸之也。

【穀】夫無逆出妻之喪而爲之也。

【案】左氏謂魯請於杞。公羊謂杞爲魯脅。二說似異而實相同也。叔姬之出。或非其罪。故魯以逆喪爲請。杞人恐得罪於魯。雖非所願。亦屈意而從之。則以爲脅而歸之也。亦宜。

公會晉侯齊侯宋公衛侯鄭伯曹伯莒子杞伯同盟于蒲

【左】爲歸汶陽之田故。諸侯貳於晉。晉人懼。會于蒲。以尋馬陵之盟。季文子謂范文子曰。德則不競。尋盟何爲。范文子曰。勤以撫之。寬以待之。堅彊以御之。明神以要之。柔服而伐貳。德之次也。是行也。將始會吳。吳人不至。

公至自會

二月伯姬歸于宋

【附錄】【左】楚人以重賂求鄭。鄭伯會楚公子成於鄧。

夏季孫行父如宋致女

【左】夏。季文子如宋致女。復命。公享之。賦韓奕之五章。穆姜出於房。再拜曰。大夫勤辱。不忘先君。以及嗣君。施及未亡人。先君猶有望也。敢拜大夫之重勤。又賦綠衣之卒章而入。

【公】未有言致女者。此其言致女何。錄伯姬也。

【穀】致者。不致者也。婦人在家制于父。既嫁制于夫。如宋致女。是以我盡之也。不正。故不與內稱也。逆者微。故致女。詳其事。賢伯姬也。

劉氏敞曰。致女者何。婦人既嫁。三月而見於廟。稱婦。致之者。成之也。又曰。穀梁曰。不正。故不與內稱也。說者云。內稱。謂稱史。案內大夫受命而出。無稱使者。假令與內稱。則曰。公使季孫行父如宋致女乎。程子曰。女既嫁。父母使人安之。謂之致女。古者三月而廟見。始成婦也。伯姬賢。魯國重之。故使卿致也。

晉人來媵

【左】晉人來媵。禮也。

【公】媵不書。此何以書。錄伯姬也。
【穀】媵淺事也。不志。此其志何也。以伯姬之不得其所。故盡其事也。

秋七月丙子齊侯無野卒

晉人執鄭伯晉欒書帥師伐鄭

【左】秋。鄭伯如晉。晉人討其貳於楚也。執諸銅鞮。欒書伐鄭。鄭人使伯蠲行成。晉人殺之。非禮也。兵交。使在其間可也。楚子重侵陳以救鄭。

【附錄左】晉侯觀於軍府。見鍾儀。問之曰。南冠而縶者誰也。有司對曰。鄭人所獻楚囚也。使稅之。召而弔之。再拜稽首。問其族。對曰。泠人也。公曰。能樂乎。對曰。先父之職官也。敢有二事。使與之琴。操南音。公曰。君王何如。對曰。非小人之所得知也。固問之。對曰。其爲大子也。師保奉之。以朝於嬰齊。而夕於側也。不知其他。公語范文子。文子曰。楚囚。君子也。言稱先職。不背本也。樂操土風。不忘舊也。稱大子。抑無私也。名其二卿。尊君也。不背本。仁也。不忘舊。信也。無私。忠也。尊君。敏也。仁以接事。信以守之。忠以成之。敏以行之。事雖大必濟。君盍歸之。使合晉楚之成。公從之。重爲之禮。使歸求成。

【穀】不言戰。以鄭伯也。爲尊者諱恥。爲賢者諱過。爲親者諱疾。

劉氏敞曰。稱人以執者。非伯討也。此其爲非伯討柰何。楚人以賂求鄭。鄭伯會於楚。晉人怒。及鄭伯之朝也。執之而伐其國。鄭人改立君以拒晉。然後歸鄭伯。鄭之亂。晉爲之也。又曰。穀梁曰。不言戰。以鄭伯也。非也。春秋伐而不戰多矣。豈伐則必戰乎。又曰。爲親者諱疾。亦非也。執其君以伐其國。無道甚矣。方事貶之。何故諱乎。家氏鉉翁曰。據傳鄭伯如晉。是未告絕於晉也。執其君伐其國。晉政舛矣。書人。書執。書伐。誅晉也。汪氏克寬曰。晉不招攜以禮。懷遠以德。怒鄭之貳於楚。拘其君伐其國。戮其行成之使。暴矣。然春秋書欒書帥師。書伐不加貶辭。楚人侵陳以救鄭則削而不錄者。存晉而抑楚也。

冬十有一月葬齊頃公

楚公子嬰齊帥師伐莒庚申莒潰楚人入鄆

【左】冬十一月。楚子重自陳伐莒。圍渠丘。渠丘城惡。衆潰。奔莒。戊申。楚入渠丘。莒人囚楚公子平。楚人曰。勿殺。吾歸而俘。莒人殺之。楚師圍莒。莒城亦惡。庚申。莒潰。楚遂入鄆。莒無備故也。君子曰。恃陋而不備。罪之大者也。備豫不虞。善之大者也。莒恃其陋。而不修城郭。浹辰之間。而楚克其三都。無備也夫。詩曰。雖有絲麻。無棄菅蒯。雖有姬姜。無棄蕉萃。凡百君子。莫不代匱。言備之不可以已也。渠丘。邑名。漢北海安丘縣。孟康曰。古渠丘也。

【穀】其日。莒雖夷狄。猶中國也。大夫潰莒而之楚。是以知其上爲事也。惡之。故謹而日之也。

劉氏敞曰。穀梁曰。大夫潰莒而之楚。非也。經但云莒潰。不云之楚。穀梁安所受此語乎。且潰者非大夫所爲。何故專以大夫解之乎。此似不曉潰之說。凡潰者。取其如水之決爾。

家氏鉉翁曰。楚之伐莒。以求鄭也。莒同盟馬陵及蒲。晉坐視其危亡而莫之恤。春秋所惡也。鄭會楚。則執其君以伐之。莒微於兵。則置不問。盟主之道。固如是乎。

秦人白狄伐晉

左 秦人白狄伐晉。諸侯貳故也。
高氏閌曰。晉爲盟主。既執鄭伯。又不救莒。故諸侯攜貳。而秦人連白狄伐之。見景公不能霸矣。家氏鉉翁曰。宣八年。書晉師白狄伐秦。譏在晉也。然晉猶書師也。今書秦人白狄伐晉。貶秦也。奚貶乎。以其黨楚而爲之出師也。

鄭人圍許

左 鄭人圍許。示晉不急君也。是則公孫申謀之。曰。我出師以圍許。爲將改立君者。而紓晉使。晉必歸君。
高氏閌曰。鄭以晉人執其君。故追咎於許而圍之。

城中城

左 城中城。書時也。
附錄左 十二月。楚子使公子辰如晉。報鍾儀之使。請修好結成。
穀 城中城者。非外民也。
家 孟子論地利。則曰。城高池深。告滕文公亦曰。鑿池築城。則設險以守。乃有國之所不廢也。楚人伐莒。勢將及魯。故城以備之。且不奪民時。可以無譏矣。胡傳主穀梁。以爲凡城之志皆譏。非通論也。

庚辰 簡王五年 **十年** 晉景十九年。齊靈公環元年。衛定八年。蔡景十一年。鄭成四年。曹宣十四年。陳成十八年。杞桓五十六年。宋共八年。秦桓二十四年。楚共十年。吳壽夢五年。

春

附錄左 十年。春。晉侯使糴茷如楚。報大宰子商之使也。

衛侯之弟黑背帥師侵鄭

左 衛子叔黑背侵鄭。晉命也。
家氏鉉翁曰。母弟出聘。可也。將兵。非所以愛弟。書之譏也。衛以晉命侵鄭。以弟帥師。責衛以諸侯伐諸侯。責晉。是之謂一書而再貶。　吳氏澂曰。晉既執鄭伯矣。又命欒書伐鄭矣。今又使衛侵之。霸國之所爲如此。其何以服鄭之心乎。

夏四月五卜郊不從乃不郊

公 其言乃不郊何。不免牲。故言乃不郊也。
穀 夏四月。不時也。五卜。彊也。乃者。亡乎人之辭也。
師氏協曰。卜至於五。其瀆甚矣。皇天饗道。果可以僭而徼其吉耶。
高氏閌曰。魯不當郊也。今之不郊。非據禮也。五卜不從。乃不郊爾。

五月公會晉侯齊侯宋公衛侯曹伯伐鄭

【左】鄭公子班聞叔申之謀。三月。子如立公子繻。夏四月。鄭人殺繻。立髡頑。子如奔許。欒武子曰。鄭人立君。我執一人焉。何益。不如伐鄭。而歸其君。以求成焉。晉侯有疾。五月。晉立太子州蒲以爲君。而會諸侯伐鄭。鄭子罕賂以襄鐘。子然盟于修澤。子駟爲質。辛巳。鄭伯歸。修澤。樂陽卷縣東有修武亭。

【案】此會之後。未久而晉侯卒。經無卒於師之文。故左氏附會其事。謂晉侯有疾。立太子以爲君而會諸侯也。春秋垂訓萬世。豈有生代父位而仍書其爵者。故先儒皆駁之。

齊人來媵

【左】媵不書。此何以書。錄伯姬也。三國來媵。非禮也。曷爲皆以錄伯姬之辭言之。婦人以衆多爲侈也。高氏閌曰。伯姬嫁已久。諸侯以其賢。猶來媵之。然晉衛已備其數。豈可復加乎。

【案】諸侯一娶九女。伯姬爲宋公夫人。齊人繼晉衛而來媵。則爲十二女矣。聖人於伯姬之事。錄其始末特詳。而亦因以見其失禮也。

丙午晉侯獳卒 獳乃侯反。

【左】晉侯夢大厲。被髮及地。搏膺而踊曰。殺余孫不義。余得請於帝矣。壞大門及寢門而入。公懼入於室。又壞戶。公覺。召桑田巫。巫言如夢。公曰。何如。曰。不食新矣。公疾病。求醫於秦。秦伯使醫緩爲之。未至。公夢疾爲二豎子。曰。彼良醫也。懼傷我。焉逃之。其一曰。居肓之上。膏之下。若我何。醫至。曰。疾不可爲也。在肓之上。膏之下。攻之不可。達之不及。藥不至焉。不可爲也。公曰。良醫也。厚爲之禮而歸之。六月。丙午。晉侯欲麥。使甸人獻麥。饋人爲之。召桑田巫。示而殺之。將食。張。如廁。陷而卒。小臣有晨夢負公以登天。及日中。負晉侯出諸廁。遂以爲殉。

【附錄左】鄭伯討立君者。戊申。殺叔申。叔禽。君子曰。忠爲令德。非其人猶不可。況不令乎。

秋七月公如晉

【左】秋。公如晉。晉人止公。使送葬。於是糴茷未反。冬。葬晉景公。公送葬。諸侯莫在。魯人辱之。故不書。諱之也。

胡傳曰。此葬晉侯也。而不書。諱之也。天子之喪。動天下。屬諸侯。諸侯之喪。動通國。屬大夫。公之葬晉侯。非禮也。惟天子之事焉可也。傳以晉人止公送葬。諸侯莫任焉。魯人辱之。故諱而不書。非矣。假令諸侯皆在。魯人不以爲辱。而可書乎。高氏閌曰。公昔不奔天王之喪。今乃奔晉侯之喪。又爲晉人所執。使之送葬。故聖人於景公之葬。沒而不書也。

冬十月 公無此三字。

〔辛巳〕簡王六年

十有一年 晉厲公州蒲元年。齊靈二年。衛定九年。蔡景十二年。鄭成五年。曹宣十五年。陳成十九年。杞桓五十七年。宋共九年。秦桓二十五年。楚共十一年。吳壽夢六年。

春王三月公至自晉

左 十一年。春。王三月。公至自晉。晉人以公爲貳於楚。故止公。公請受盟。而後使歸。
趙氏鵬飛曰。公自前年七月如晉。至今三月而後至。留於晉者凡九月。魯亦有人民社稷之守乎。晉侯獳卒於五月。則九月葬矣。既葬而稽於晉者凡六月。吾竊爲成公懼之。

晉侯使郤犨來聘己丑及郤犨盟

犨。尺由反。公作州。後同。

左 郤犨來聘。且涖盟。聲伯之母不聘。穆姜曰。吾不以妾爲姒。生聲伯而出之。嫁於齊管于奚。生二子而寡。以歸聲伯。聲伯以其外弟爲大夫。而嫁其外妹於施孝叔。郤犨來聘。求婦於聲伯。聲伯奪施氏婦以與之。婦人曰。鳥獸猶不失儷。子將若何。曰。吾不能死亡。婦人遂行。生二子於郤氏。郤氏亡。晉人歸之施氏。施氏逆諸河。沈其二子。婦人怒曰。已不能庇其伉儷而亡之。又不能字人之孤而殺之。將何以終。遂誓施氏。
高氏閌曰。公留於晉者九月。晉侯不與公盟。乃反公於國。而使大夫盟之。見晉侯之無禮於公甚矣。家氏鉉翁曰。與三年。荀庚來聘而盟書法同。荀庚之盟。魯自慊其貳求與之盟。雖伉也。其責在魯。今晉無禮於公。懼公即楚。故遣郤犨爲此盟。其責在晉。晉厲新立。以無禮加諸侯。書以貶之。吳氏澂曰。晉景公卒。成公前往奔喪。可謂謹於事大矣。而晉不禮之。止之使送葬。已大辱矣。送葬畢。又不使歸。公遂請受盟以明其非貳。故於三月而後得歸。纔及國而郤犨已至。豈誠心行聘禮也哉。直欲迫公使盟爾。

夏季孫行父如晉

左 夏。季文子如晉報聘。且涖盟也。
附錄左 周公楚惡惠襄之偪也。且與伯與爭政。不勝。怒而出。及陽樊。王使劉子復之。盟於鄄而入。三日。復出奔晉。鄄。周邑。
黃氏仲炎曰。晉人止公九月而後歸之。然猶亟於聘魯者。豈復有親魯之意哉。疑其叛而要結之也。魯侯被晉之辱。然猶繼朝而聘晉者。豈復有德晉之心哉。畏其威而詔事之也。晉以要結爲信。魯以詔事爲禮。二者皆小人之相與焉爾。

秋叔孫僑如如齊

左 秋。宣伯聘於齊。以修前好。
宋 僑如如齊。諸儒皆謂受晉之辱。而改事齊。理或然也。是時齊當新敗之後。魯即事齊。齊亦未敢抗晉。但恐晉不足恃。則齊將乘間而爲構怨之師。魯何以堪。故與之修好以求免焉。此行父僑如相繼而爲晉齊之行也。

冬十月

附錄左 晉郤至與周爭鄇田。王命劉康公。單襄公。訟諸晉。郤至曰。溫。吾故也。故不敢失。劉子單子曰。昔周克商。使諸侯撫封。蘇忿生以溫爲司寇。與檀伯達封於河。蘇氏即狄。又不能於狄而奔衛。襄王勞文公而賜之溫。狐氏陽氏先處之。而後及子。若治其故。則王官之邑也。子安得之。晉侯使郤至勿敢爭。宋華元善於令尹子重。又善於欒武子。聞楚人旣許晉糴茷成。而使歸復命矣。冬。華元如楚。遂如晉。合晉楚之成。秦晉爲成。將會於令狐。晉侯先至焉。秦伯不肯涉河。次於王城。使史顆盟晉侯於河東。晉郤犫盟秦伯於河西。范文子曰。是盟也何益。齊盟。所以質信也。會所。信之始也。始之不從。其可質乎。秦伯歸而背晉成。

鄇田。溫別邑。河內懷縣西南有鄇人亭。㯰。周邑。

〔壬午〕簡王七年 **十有二年** 晉厲二年。齊靈三年。衛定十年。蔡景十三年。鄭成六年。曹宣十六年。陳成二十年。杞桓五十八年。宋共十年。秦桓二十六年。楚共十二年。吳壽夢七年。

春周公出奔晉

左 十二年。春。王使以周公之難來告。書曰。周公出奔晉。凡自周無出。周公自出故也。

公 周公者何。天子之三公也。王者無外。此其言出何。自其私土而出也。

穀 周有入無出。其曰出。上下一見之也。言其上下之道。無以存也。上雖失之。下孰敢有之。今上下皆失之矣。

杜氏預曰。天子無外。故奔不言出。周公爲王所復。而自絕於周。故書出罪之。 陸氏淳曰。公羊曰。王者無外。此其言出何。自其私土而出也。案周是畿內之國。不當以私土爲義。孫氏覺曰。春秋之義。自周無出。蓋曰。天下一周也。何往而非周乎。天王居鄭。周公奔晉。特異之者。孔子之意也。王之所以爲王。以有其位。而天下皆其有也。王得言出。是自絕其位而不能有天下也。天下非其有。則雖居鄭。不可不言出也。周公之所以爲公。以其左右天王。而與王共治也。爲三公而自絕於王。是不能有三公之位。雖止奔晉。猶若出於四海之外也。天下一王。而王有三公。春秋書出。用見天下無王。而王無三公也。

夏公會晉侯衛侯于瑣澤 瑣澤。公作沙澤。瑣澤。地闕。

左 宋華元克合晉楚之成。夏五月。晉士燮會楚公子罷。許偃。癸亥。盟於宋西門之外。曰。凡晉楚無相加戎。好惡同之。同恤菑危。備救凶患。若有害楚。則晉伐之。在晉。楚亦如之。交贄往來。道路無壅。謀其不協。而討不庭。有渝此盟。明神殛之。俾隊其師。無克胙國。鄭伯如晉聽成。會于瑣澤。成故也。

劉氏敞曰。左氏曰。宋華元克合晉楚之成。鄭伯如晉聽成。會于瑣澤。成故也。然則瑣澤之會。本以合楚鄭也。今楚鄭不至。魯衛自盟。何邪。且合晉楚者。宋也。宋亦不與。又何邪。凡晉楚爲平。則應大合諸侯。以申成好。今三國會而已。又何邪。然則傳之言。未足信也。

案 西門之盟。左氏備載其事。而不見於經。趙氏匡遂以爲附會之說。非也。若果無此盟。則郤至與公子罷交相往來。何以歷歷如繪乎。蓋晉楚爲成。春秋惡之。故聖人削而不書也。瑣澤之會。經書魯與晉衛。而不及鄭伯。傳載鄭伯如晉。而不及魯衛。故劉氏敞以爲傳未足信。然春秋事據左氏。且相沿已久。今仍存之。

秋晉人敗狄于交剛 交剛。地闕。

左 狄人間宋之盟以侵晉。而不設備。秋。晉人敗狄于交剛。

穀 中國與夷狄不言戰。皆曰敗之。夷狄不日。

冬十月

附錄 左 晉郤至如楚聘。且涖盟。楚子享之。子反相。爲地室而縣焉。郤至將登。金奏作於下。驚而走出。子反曰。日云莫矣。寡君須矣。吾子其入也。賓曰。君不忘先君之好。施及下臣。貺之以大禮。重之以備樂。如天之福。兩君相見。何以代此。下臣不敢。子反曰。如天之福。兩君相見。無亦唯是一矢以相加遺。焉用樂。寡君須矣。吾子其入也。賓曰。若讓之以一矢。禍之大者。其何福之爲。世之治也。諸侯間於天子之事。則相朝也。於是乎有享宴之禮。享以訓共儉。宴以示慈惠。共儉以行禮。而慈惠以布政。政以禮成。民是以息。百官承事。朝而不夕。此公侯之所以扞城其民也。故詩曰。赳赳武夫。公侯干城。及其亂也。諸侯貪冒。侵欲不忌。爭尋常以盡其民。略其武夫。以爲己腹心股肱爪牙。故詩曰。赳赳武夫。公侯腹心。天下有道。則公侯能爲民干城。而制其腹心。亂則反之。今吾子之言。亂之道也。不可以爲法。然吾子主也。至敢不從。遂入卒事。歸以語范文子。文子曰。無禮必食言。吾死無日矣夫。冬。楚公子罷如晉聘。且涖盟。十二月。晉侯及楚公子罷盟于赤棘。

癸未 簡王八年

十有三年

晉厲三年。齊靈四年。衛定十一年。蔡景十四年。鄭成七年。曹宣十七年。陳成二十一年。杞桓五十九年。宋共十一年。秦桓二十七年。楚共十三年。吳壽夢八年。

春晉侯使郤錡來乞師

錡魚綺反。

左 十三年。春。晉侯使郤錡來乞師。將事不敬。孟獻子曰。郤氏其亡乎。禮。身之幹也。敬。身之基也。郤子無基。且先君之嗣卿也。受命以求師。將社稷是衛。而惰棄君命也。不亡何爲。

穀 乞。重辭也。古之人重師。故以乞言之也。

案 晉爲盟主。遣使召兵而曰乞者。杜氏預以爲謙辭是也。胡傳謂卑伏屈損。則謬矣。是時晉方無禮於魯。朝則留而不歸。會則拒而不見。盟郤犨以輕之。執行父以辱之。安有卑屈之意乎。

三月公如京師

穀 公如京師不月。月非如也。非如而曰如。不叛京師也。

黃氏仲炎曰。春秋魯十二公。而覲天子者二。皆不得謂之禮者。僖朝於王所。成如京師是也。僖執朝王之禮。而不行於京師。則非其所矣。成假道於京師。因以朝王。而意不在朝王矣。故皆不得謂之禮也。以其皆不得謂之禮。故書。

夏五月公自京師遂會晉侯齊侯宋公衛侯鄭伯曹伯邾人滕人伐秦

左 三月。公如京師。宣伯欲賜。請先使。王以行人之禮禮焉。孟獻子從王以爲介。而重賄之。公及諸侯朝王。遂從劉康公成肅公會晉侯伐秦。成子受脤於社。不敬。劉子曰。吾聞之。民受天地之中以生。所謂命也。是以有動作禮義威儀之則。以定命也。能者養之以福。不能者敗以取禍。是故君子勤禮。小人盡力。勤禮莫如致敬。盡力莫如敦篤。敬在養神。篤在守業。國之大事。在祀與戎祀有執膰。戎有受脤。神之大節也。今成子惰。棄其命矣。其不反乎。夏四月。戊午。晉侯使呂相絕秦。曰。昔逮我獻公。及穆公相好。戮力同心。申之以盟誓。重之以昏姻。天禍晉國。文公如齊。惠公如秦。無祿。獻公即世。穆公不忘舊德。俾我惠公。用能奉祀於晉。又不能成大勳。而爲韓之師。亦悔於厥心。用集我文公。是穆之成也。文公躬擐甲冑。跋履山川。踰越險阻。征東之諸侯。虞夏商周之胤。而朝諸秦。則亦既報舊德矣。鄭人怒君之疆埸。我文公帥諸侯及秦圍鄭。秦大夫不詢於我寡君。擅及鄭盟。諸侯疾之。將致命於秦。文公恐懼。綏靜諸侯。秦師克還無害。則是我有大造於西也。無祿。文公即世。穆爲不弔。蔑死我君。寡我襄公。迭我殽地。奸絕我好。伐我保城。殄滅我費滑。散離我兄弟。撓亂我同盟。傾覆我國家。我襄公未忘君之舊勳。而懼社稷之隕。是以有殽之師。猶願赦罪於穆公。穆公弗聽。而即楚謀我。天誘其衷。成王隕命。穆公是以不克逞志於我。穆襄即世。康靈即位。康公我之自出。又欲闕翦我公室。傾覆我社稷。帥我蝥賊。以來蕩搖我邊疆。我是以有令狐之役。康猶不悛。入我河曲。伐我涑川。俘我王官。翦我羈馬。我是以有河曲之戰。東道之不通。則是康公絕我好也。及君之嗣也。我君景公引領西望曰。庶撫我乎。君亦不惠稱盟。利吾有狄難。入我河縣。焚我箕郜。芟夷我農功。虔劉我邊陲。我是以有輔氏之聚。君亦悔禍之延。而欲徼福於先君獻穆。使伯車來命我景公曰。吾與女同好棄惡。復修舊德。以追念前勳。言誓未就。景公即世。我寡君是以有令狐之會。君又不祥。背棄盟誓。白狄及君同州。君之仇讎。而我之昏姻也。君來賜命曰。吾與女伐狄。寡君不敢顧昏姻。畏君之威。而受命於吏。君有二心於狄。曰。晉將伐女。狄應且憎。是用告我。楚人惡君之二三其德也。亦來告我曰。秦背令狐之盟。而來求盟於我。昭告昊天上帝。秦三公。楚三王。曰。余雖與晉出入。余唯利是視。不穀惡其無成德。是用宣之。以懲不壹。諸侯備聞此言。斯是用痛心疾首。暱就寡人。寡人帥以聽命。唯好是求。君若惠顧諸侯。矜哀寡人。而賜之盟。則寡人之願也。其承寧諸侯以退。豈敢徼亂。君若不施大惠。寡人不佞。其不能以諸侯退矣。敢盡布之執事。俾執事實圖利之。秦桓公既與晉厲公爲令狐之盟。而又召狄與楚。欲道以伐晉。諸侯是以睦於晉。晉欒書將中軍。荀庚佐之。士燮將上軍。郤錡佐之。韓厥將下軍。荀罃佐之。趙旃將新軍。郤至佐之。郤毅御戎。欒鍼爲右。孟獻子曰。晉帥乘和。師必有大功。五月。丁亥。晉師以諸侯之師及秦師戰於麻隧。秦師敗績。獲秦成差及不更女父。曹宣公卒于師。師遂濟涇。及侯麗而還。迓晉侯於新楚。成肅公卒於瑕。

費。滑國都於費。在緱氏縣。水經注。休水逕延壽城南。緱氏縣治。故費滑也。涑川。涑水。出河東聞喜縣西南。至蒲坂。入河。麻隧。秦地。涇。涇水。出安定東南。漢志。涇水出开頭山。侯麗。秦地。劉伯莊云。在涇陽縣境。新楚。秦地。

附錄左 六月。丁卯。夜。鄭公子班自訾求入於大宮。不能。殺子印。子羽。反軍於市。己巳。子駟帥國人盟於大宮。遂從而盡焚之。殺子如。子駹。孫叔。孫知。

訾。鄭地。

公 其言自京師何。公鑿行也。公鑿行奈何。不敢過天子也。

穀 言受命。不敢叛周也。

程子曰。不書朝王。因會伐而行也。故不成其朝。以伐秦爲遂事。明朝爲重。

陳氏傅良曰。戰于麻隧。秦師敗績。但書伐秦。戰于櫟。晉師敗績。但書伐晉。以爲不足詳焉爾。家氏鉉翁曰。書如京。自京。錄其猶知有王也。書自京師會諸侯伐秦。示稟王命。若征伐自天子出焉。此春秋存周之意也。劉康公、成肅公皆行。不書晉與秦私鬭。上公不當與俱。不書劉成，義在此乎。

曹伯盧卒于師 作廬。左作盧。

左 曹人使公子負芻守。使公子欣時逆曹伯之喪。秋，負芻殺其大子而自立也。諸侯乃請討之。晉人以其役之勞，請俟他年。

穀 傳曰：閔之也。公大夫在師曰師，在會曰會。

秋七月公至自伐秦

王氏葆曰：此年書法，抑揚予奪，例變無窮。始書乞師，知伐秦，厲公意也。次書知京師，知成公之朝，非專行也。次書自京師伐秦，使若繼事焉，不可過天子也。卒書至伐，則著公之行，非爲朝王。名言其實也。春秋之稱，微而顯，非聖人孰能修之。

冬葬曹宣公

左 冬，葬曹宣公。既葬，子臧將亡，國人皆將從之。成公乃懼，告罪，且請焉。乃反而致其邑。

穀 葬時，正也。

〔甲申〕簡王九年。**十有四年** 晉厲四年。齊靈五年。衞定十二年。蔡景十五年。鄭成八年。曹成公負芻元年。陳成二十二年。杞桓六十年。宋共十二年。秦桓二十八年。楚共十四年。吳壽夢九年。

春王正月莒子朱卒

夏衞孫林父自晉歸于衞

左 春，衞侯如晉，晉侯彊見孫林父焉。定公不可。夏，衞侯既歸，晉侯使郤犨送孫林父而見之。衞侯欲辭。定姜曰：不可。是先君宗卿之嗣也。大國又以爲請，不許，將亡。雖惡之，不猶愈於亡乎。君其忍之。安民而宥宗卿，不亦可乎。衞侯見而復之。衞侯饗苦成叔，甯惠子相。苦成叔傲。甯子曰：苦成家其亡乎。古之爲享食也，以觀威儀、省禍福也。故詩曰：兕觥其觩，旨酒思柔。彼交匪傲，萬福來求。今夫子傲，取禍之道也。

孫氏復曰：林父七年奔晉，其言自晉歸於衞者，由晉侯而得歸也。衞大夫由晉侯而得歸，則衞國之事可知矣。

秋叔孫僑如如齊逆女

左 秋，宣伯如齊逆女。稱族，尊君命也。

劉氏敞曰：十四年，叔孫僑如如齊逆女。九月，僑如以夫人婦姜氏至自齊。左氏曰：稱族，尊君命也。舍族，尊夫人也。非也。一事而再見者，卒名之。此春秋之常爾。非爲尊君命，故舉氏；尊夫人，故舍族也。

鄭公子喜帥師伐許

【左】八月。鄭子罕伐許。敗焉。戊戌。鄭伯復伐許。庚子。入其郛。許人平以叔申之封。

九月僑如以夫人婦姜氏至自齊

【左】九月。僑如以夫人婦姜氏至自齊。舍族。尊夫人也。故君子曰。春秋之稱。微而顯。志而晦。婉而成章。盡而不汙。懲惡而勸善。非聖人誰能修之。

【穀】大夫不以夫人。以夫人。非正也。刺不親迎也。僑如之挈。由上致之也。

【案】先儒皆謂諸侯當親迎。程子獨辨之。以為親迎者。迎於所館。未有為宗廟社稷。而遠通他國以逆婦者。其說是也。僑如以夫人至自齊。穀梁以為譏不親迎。而胡傳從之。且謂或迎於境上。似亦未有定見矣。既曰迎於境上。則未入境之先。安得不以大夫逆之乎。今故從程子。而凡為親迎之說者皆刪之。

冬十月庚寅衞侯臧卒

【左】衞侯有疾。使孔成子。甯惠子立敬姒之子衎以為大子。冬。十月。衞定公卒。夫人姜氏既哭而息。見大子之不哀也。不內酌飲。歎曰。是夫也。將不唯衞國之敗。其必始於未亡人。烏乎。天禍衞國也夫。吾不獲鱄也。使主社稷。大夫聞之。無不聳懼。孫文子。自是不敢舍其重器於衞。盡寘諸戚。而甚善晉大夫。

秦伯卒

乙酉 簡王十年 **十有五年** 晉厲五年。齊靈六年。衞獻公衎元年。蔡景十六年。鄭成九年。曹成二年。陳成二十三年。杞桓六十一年。宋共十三年。秦景公元年。楚共十五年。吳壽夢十年。

春王二月葬衞定公

三月乙巳仲嬰齊卒

【公】仲嬰齊者何。公孫嬰齊也。公孫嬰齊則曷為謂之仲嬰齊。為兄後也。為兄後則曷為謂之仲嬰齊。為人後者。為之子也。為人後者為其子。則其稱仲何。孫以王父字為氏也。然則嬰齊孰後。後歸父也。歸父使於晉而未反。何以後之。叔仲惠伯傅子赤者也。文公死。子幼。公子遂謂叔仲惠伯曰。君幼。如之何。願與子慮之。叔仲惠伯曰。吾子相之。老夫抱之。何幼君之有。公子遂知其不可與謀。退而殺叔仲惠伯。弒子赤而立宣公。宣公死。成公幼。臧宣叔者相也。君死不哭。聚諸大夫而問焉。曰。昔者叔仲惠伯之事。孰為之。諸大夫皆雜然曰。仲氏也。其然乎。於是遣歸父之家。然後哭君。歸父使乎晉。還自晉。至檉。聞君薨家遣。墠帷。哭君成踊。反命於介。自是走之齊。魯人徐傷歸父之無後也。於是使嬰齊後之也。

【穀】此公孫也。其曰仲何也。子由父疏之也。

胡傳曰。嬰齊者。公子遂之子。公孫歸父之弟也。歸父出奔齊。魯人徐傷其無後也。於是使嬰齊後之故書曰仲嬰齊此可謂亂昭穆之序失父子之親者以後歸父則弟不可爲兄嗣以後襄仲則以父字爲氏亦非矣何氏休曰未見於經名爲公孫嬰齊今爲大夫死見於經名爲仲嬰齊弟無後兄之義爲亂昭穆之序失父子之親故不言仲孫明不與子爲父孫劉氏敞曰嬰齊孰後後歸父也歸父出奔齊魯人徐傷其無後也於是使嬰齊後之非正也古者蓋一昭一穆又曰穀梁謂子由父疏不得稱公孫則歸父何故稱公孫乎孫氏覺曰嬰齊公子遂之子而歸父之弟也公孫歸父奔齊而仲遂之後遂絕魯不欲絕仲遂之後使嬰齊後之故曰仲嬰齊也穀梁以爲子由父疏之父自有罪何況子哉

案公羊謂嬰齊爲兄後何氏休以爲弟無後兄之義諸儒多從之者孫氏覺謂魯命嬰齊後仲遂故曰仲嬰齊非爲歸父後也家氏鉉翁賀氏仲軾皆主是說二者不同胡傳本公羊發傳而又謂父字不可爲氏則亦以爲後襄仲也今故兼兩說而並存之或曰歸父嬰齊均爲仲遂子經於歸父何以書公孫而嬰齊何以書仲夫襄仲之生也書曰公子遂其卒也書曰仲遂彼一人之身先後異稱而又何疑於歸父嬰齊乎蓋生而賜氏非禮也以父字爲氏亦非禮也故於其生也書曰公子公孫所以從其本稱也而於其卒也繫之以氏則所以著其生而賜氏與以父字爲氏之非禮也孫氏復黃氏仲炎謂嬰齊爲歸父之子其說無據不可從

癸丑公會晉侯衛侯鄭伯曹伯宋世子成齊國佐邾人同盟于戚

高氏閌曰戚之會將討曹伯也若欲討之勿與之盟可也假他事相會而與之盟既盟而執之故特書同盟以譏之

晉侯執曹伯歸于京師 公作歸之于

左十五年春會于戚討曹成公也執而歸諸京師書曰晉侯執曹伯不及其民也凡君不道於其民諸侯討而執之則曰某人執某侯不然則否諸侯將見子臧於王而立之子臧辭曰前志有之曰聖達節次守節下失節爲君非吾節也雖不能聖敢失守乎遂逃奔宋

穀以晉侯而斥執曹伯惡晉侯也不言之急辭也斷在晉侯也

胡傳曰稱侯以執伯討也何以爲伯討晉合諸侯伐秦曹宣公卒于師曹人使公子負芻守使公子欣時逆曹伯之喪負芻殺其大子而自立至是晉侯執之又不敢自治而歸于京師使卽天刑夫是之謂伯討春秋執諸侯者衆矣未有執得其罪如此者故獨書其爵

劉氏敞曰左氏云書晉侯執曹伯不及其民也凡君不道於民諸侯討而執之則曰某人執某侯不然則否非也負芻殺大子而篡之國人不義舉欲隨公子欣時而亡此非不道而何且大者天地其次君臣有人殺其君反輕於不道其民乎有忍其君而非不道其民乎夫負芻之惡未見於經也晉侯執之然後可見其罪今以左氏例推之則負芻非不道其民而晉侯妄執之爾豈其然耶又曰穀梁曰以晉侯而斥執曹伯惡晉侯也非也若云晉人執曹伯穀梁又如齊人執袁濤塗而非之乎

張氏洽曰春秋爵厲公而執曹伯與其討也然猶不捔曹伯之與盟者以爲先執曹伯以令諸侯然後盟之乃盡善也觀曹人請君於晉曰若有罪則君列諸會矣由一舉措之不當遂開釋姦之門豈小失哉

呂氏大圭曰或疑負芻之殺太子經無明文設有之春秋何以不書疑未得其實然嘗以春

秋書法考之則他執諸侯皆稱人其稱侯者獨此一事爾安得以爲非伯討乎傳之所言與經意同益足以爲證矣

公至自會

夏六月宋公固卒

左 夏六月宋共公卒

楚子伐鄭

左 楚將北師子囊曰新與晉盟而背之無乃不可乎子反曰敵利則進何盟之有申叔時老矣在申聞之曰子反必不免信以守禮禮以庇身信禮之亡欲免得乎楚子侵鄭及暴隧遂侵衛及首止鄭子罕侵楚取新石欒武子欲報楚韓獻子曰無庸使重其罪民將叛之無民孰戰 暴隧鄭地路史曰暴辛公宋地一日暴遂蓋周圻內之邑是時爲鄭所有也新石楚邑

趙氏鵬飛曰楚子伐鄭鄭有以招之也前年鄭公子喜無故而伐許許楚之與也鄭昔嘗伐許而楚不問以鄭在楚爾今鄭從晉而伐己之與國楚能不惡鄭乎故楚子伐鄭爲許也

秋八月庚辰葬宋共公 共音恭

穀 月卒日葬非葬者也此其言葬何也以其葬共姬不可不葬共公也葬其姬則其不可不葬共公何也夫人之義不踰君也爲賢者崇也

劉氏敞曰穀梁曰月卒日葬不葬者也以其葬共姬不可不葬共公也夫人之義不踰君非也若以葬夫人則必葬其君莊二十九年葬紀叔姬而不葬紀侯何哉 季氏本曰宋共公卒三月郎葬必嗣子幼弱恐有他變而急於襄事也喪禮之苟可知矣

宋華元出奔晉宋華元自晉歸于宋宋殺其大夫山宋魚石出奔楚

左 秋八月葬宋共公於是華元爲右師魚石爲左師蕩澤爲司馬華喜爲司徒公孫師爲司城向爲人爲大司寇鱗朱爲少司寇向帶爲大宰魚府爲少宰蕩澤弱公室殺公子肥華元曰我爲右師君臣之訓師所司也今公室卑而不能正吾罪大矣不能治官敢賴寵乎乃出奔晉二華戴族也司城莊族也六官者皆桓族也魚石將止華元魚府曰右師反必討是無桓氏也魚石曰右師苟獲反雖許之討必不敢且多大功國人與之不反懼桓氏之無祀於宋也右師討猶有戌在桓氏雖亡必偏魚石自止華元於河上請討許之乃反使華喜公孫師帥國人攻蕩氏殺子山書曰宋殺其大夫山言背其族也魚石向爲人鱗朱向帶魚府出舍於睢上華元使止之不可冬十月華元自止之不可乃反魚府曰今不從不得入矣右師視速而言疾有異志焉若不我納今將馳矣登丘而望之則馳騁而從之則決睢澨閉門登陴矣左師二司寇二宰遂出奔楚華元使向戌爲左師老佐爲司馬樂裔爲司寇以靖國人

附錄 左 晉三郤害伯宗譖而殺之及欒弗忌伯州犁奔楚韓獻子曰郤氏其不免乎善人天地之紀也而驟絕之不亡何待初伯宗每朝其妻必戒之曰盜憎主人民惡其上子好直言

必及於難。

杜氏預曰。蕩氏。宋公族。還害公室。故去族以示罪 王氏葆曰。華元初欲奔晉。至河而復。是未至晉者也。今以自晉歸宋為文何也。蓋其奔也。欲求晉討彊臣以張公室。今為魚石所止。許討蕩氏。則與晉討無異。故周公為王所復。既而復奔晉。君子以為自絕於周。書出以罪之。華元為魚石所止。遂反其位。春秋善之。故書自晉歸于宋。以成其志也。汪氏克寬曰。五大夫同奔。亦同復入。但書魚石。華亥。向寧。華定。宋公弟辰。仲佗。石彄。公子地。出入悉列名氏。蓋魚石首惡。舉重而書之。餘不足紀。陳氏所謂罪其甚焉者是也。亥寧定辰佗彄地。其罪皆同。故備錄之耳。

冬十有一月。叔孫僑如會晉士燮齊高無咎宋華元衛孫林父鄭公子鰌邾人會吳于鍾離其咎。九反。鰌音秋。

此會吳之始。亦晉以諸侯之大夫為會之始。 鍾離。楚邑。

【左】十一月。會吳于鍾離。始通吳也。

【公】曷為殊會吳。外吳也。曷為外也。春秋內其國而外諸夏。內諸侯而外夷狄。王者欲一乎天下。曷為以外內之辭言之。言自近者始也。

【穀】外會又會。外之也。

劉氏敞曰。公羊曰。曷為殊會吳。外吳也。非也。一地而再言會者。明一會也。吳則其君矣。未可以爵通。又不可稱人。稱人則下從大夫之例。故須云會吳以成其文也。穀梁曰。會又會。外之也。非也。吾於公羊既言之矣。 程子曰。吳益彊大。求會於諸侯。諸侯之眾往而從之。故書諸國往與之會也。時諸侯病楚。故與吳親。襄十年柤之會。十四年向之會。與此同。趙氏鵬飛曰。于時吳楚兩熾。晉既抗楚。則不得不與吳以奪楚援。此所以合諸侯而會于鍾離也。然襄五年戚之會。吳人在焉。而不殊會。何也。蓋鍾離柤向。皆近吳。晉合諸侯往會之。故曰會以會。戚衛地。晉侯合諸侯於戚。吳以人來會。故不殊會。事殊文異。無用多疑。而說者以為尊吳。故殊會。與首止文同。不知首止之會。蓋書及以會。非若會以會之異也。聖人豈以吳比王世子哉。說者又曰。會以會外吳也。齊之盟。孟之會。未嘗外楚而獨外吳。此蓋晉率諸侯往會之。其義甚顯。安用鑿生尊之外之之說也哉。

許遷于葉葉。舒涉反。

【左】許靈公畏偪於鄭。請遷於楚。辛丑。楚公子申遷許于葉。

【穀】遷者。猶得其國家以往者也。其地許復見也。

〔丙戌〕簡王十一年 **十有六年** 晉厲六年。齊靈七年。衛獻二年。蔡景十七年。鄭成十年。曹成三年。陳成二十四年。杞桓六十二年。宋平公成元年。秦景二年。楚共十六年。吳壽夢十一年

春王正月。雨木冰

【附錄左】春。楚子自武城使公子成以汝陰之田。求成於鄭。鄭叛晉。子駟從楚子盟於武城。

【公】雨木冰者何。雨而木冰也。何以書。記異也。

【穀】雨而木冰也。志異也。傳曰。根枝折。

程子曰春秋所書災異皆天人響應但人以淺狹之見以爲無應其實皆應之然漢儒言災異皆牽合不足信儒者見此因盡廢之 朱子曰上溫故雨而不雪下冷故著木而冰

夏四月辛未滕子卒

【左】夏四月滕文公卒

鄭公子喜帥師侵宋

【左】鄭子罕伐宋宋將鉏樂懼敗諸汋陂退舍於夫渠不儆鄭人覆之敗諸汋陵獲將鉏樂懼宋恃勝也 汋陂夫渠汋陵俱宋地

【附錄】【左】衛侯伐鄭至於鳴鴈爲晉故也 鳴鴈在陳留雍丘縣西北後漢志雍丘有鳴鴈亭今白鴈亭

六月丙寅朔日有食之

晉侯使欒黶來乞師 黶於斬反

【左】晉侯將伐鄭范文子曰若逞吾願諸侯皆叛晉可以逞若唯鄭叛晉國之憂可立俟也欒武子曰不可以當吾世而失諸侯必伐鄭乃興師欒書將中軍士燮佐之郤錡將上軍荀偃佐之韓厥將下軍郤至佐新軍荀罃居守郤犫如衛遂如齊皆乞師焉欒黶來乞師孟獻子曰有勝矣

甲午晦晉侯及楚子鄭伯戰于鄢陵楚子鄭師敗績 鄢音偃 鄢陵鄭地今屬潁川郡案鄢陵與鄢一地也鄢妘姓之國爲鄭武公所滅初仍其故名後改爲鄢陵耳

【左】戊寅晉師起鄭人聞有晉師使告於楚姚句耳與往楚子救鄭司馬將中軍令尹將左右尹子辛將右過申子反入見申叔時曰師其何如對曰德刑詳義禮信戰之器也德以施惠刑以正邪詳以事神義以建利禮以順時信以守物民生厚而德正用利而事節時順而物成上下和睦周旋不逆求無不具各知其極故詩曰立我烝民莫匪爾極是以神降之福時無災害民生敦厖和同以聽莫不盡力以從上命致死以補其闕此戰之所由克也今楚內棄其民而外絕其好瀆齊盟而食話言奸時以動而疲民以逞民不知信進退罪也人恤所底其誰致死子其勉之吾不復見子矣姚句耳先歸子駟問焉對曰其行速過險而不整速則失志不整喪列志失列喪將何以戰楚懼不可用也五月晉師濟河聞楚師將至范文子欲反曰我偽逃楚可以紓憂夫合諸侯非吾所能也以遺能者我若羣臣輯睦以事君多矣武子曰不可六月晉楚遇於鄢陵范文子不欲戰郤至曰韓之戰惠公不振旅箕之役先軫不反命邲之師荀伯不復從皆晉之恥也子亦見先君之事矣今我辟楚又益恥也文子曰吾先君之亟戰也有故秦狄齊楚皆彊不盡力子孫將弱今三彊服矣敵楚而已惟聖人能外內無患自非聖人外寧必有內憂盍釋楚以爲外懼乎甲午晦楚晨壓晉軍而陳軍吏患之范匄趨進曰塞井夷竈陳於軍中而疏行首晉楚惟天所授何患焉文子執戈逐之曰國

之存亡天也童子何知焉欒書曰楚師輕窕固壘而待之三日必退退而擊之必獲勝焉郤至曰楚有六間不可失也其二卿相惡王卒以舊鄭陳而不整蠻軍而不陳陳不違晦在陳而囂合而加囂各顧其後莫有鬭心舊不必良以犯天忌我必克之楚子登巢車以望晉軍子重使大宰伯州犂侍於王後王曰騁而左右何也曰召軍吏也皆聚於中軍矣曰合謀也張幕矣曰虔卜於先君也徹幕矣曰將發命也甚囂且塵上矣曰將塞井夷竈而為行也皆乘矣左右執兵而下矣曰聽誓也戰乎曰未可知也乘而左右皆下矣曰戰禱也伯州犂以公卒告王苗賁皇在晉侯之側亦以王卒告皆曰國士在且厚不可當也苗賁皇言於晉侯曰楚之良在其中軍王族而已請分良以擊其左右而三軍萃於王卒必大敗之公筮之史曰吉其卦遇復曰南國蹙射其元王中厥目國蹙王傷不敗何待公從之有淖於前乃皆左右相違於淖步毅御晉厲公欒鍼為右彭名御楚共王潘黨為右石首御鄭成公唐苟為右欒范以其族夾公行陷於淖欒書將載晉侯鍼曰書退國有大任焉得專之且侵官冒也失官慢也離局姦也有三罪焉不可犯也乃掀公以出於淖癸巳潘尫之黨與養由基蹲甲而射之徹七札焉以示王曰君有二臣如此何憂於戰王怒曰大辱國詰朝爾射死藝呂錡夢射月中之退入於泥占之曰姬姓日也異姓月也必楚王也射而中之退入於泥亦必死矣及戰射共王中目王召養由基與之兩矢使射呂錡中項伏弢以一矢復命郤至三遇楚子之卒見楚子必下免胄而趨風楚子使工尹襄問之以弓曰方事之殷也有韎韋之跗注君子也識見不穀而趨無乃傷乎郤至見客免胄承命曰君之外臣至從寡君之戎事以君之靈間蒙甲胄不敢拜命敢告不寧君命之辱為事之故敢肅使者三肅使者而退晉韓厥從鄭伯其御杜溷羅曰速從之其御屢顧不在馬可及也韓厥曰不可以再辱國君乃止郤至從鄭伯其右茀翰胡曰諜輅之余從之乘而俘以下郤至曰傷國君有刑亦止石首曰衛懿公唯不去其旗是以敗於熒乃內旌於弢中唐苟謂石首曰子在君側敗者壹大我不如子子以君免我請止乃死楚師薄於險叔山冉謂養由基曰雖君有命為國故子必射乃射再發盡殪叔山冉搏人以投中車折軾晉師乃止囚楚公子茷欒鍼見子重之旌請曰楚人謂夫旌子重之麾也彼其子重也日臣之使於楚也子重問晉國之勇臣對曰好以衆整曰又何如臣對曰好以暇今兩國治戎行人不使不可謂整臨事而食言不可謂暇請攝飲焉公許之使行人執榼承飲造於子重曰寡君乏使使鍼御持矛是以不得犒從者使某攝飲子重曰夫子嘗與吾言於楚必是故也不亦識乎受而飲之免使者而復鼓旦而戰見星未已子反命軍吏察夷傷補卒乘繕甲兵展車馬雞鳴而食唯命是聽晉人患之苗賁皇徇曰蒐乘補卒秣馬利兵修陳固列蓐食申禱明日復戰乃逸楚囚王聞之召子反謀穀陽豎獻飲於子反子反醉而不能見王曰天敗楚也夫余不可以待乃宵遁晉入楚軍三日穀范文子立於戎馬之前曰君幼諸臣不佞何以及此君其戒之周書曰唯命不于常有德之謂

公 晦者何冥也何以書記異也敗者稱師楚何以不稱師王痍也王痍者何傷乎矢也然則何以不言師敗績末言爾

穀 日事遇晦曰晦四體偏斷曰敗此其敗則目也楚不言師君重於師也

孫氏覺曰韓之戰賓獲晉侯不言晉師之敗君獲則師敗矣鄢陵之戰楚子傷焉不日

楚師敗。君傷則師敗也。汪氏克寬曰。春秋二百四十二年晉勝楚者。惟城濮鄢陵而已。自宋襄泓之敗。楚預衡行列國。至城濮而沮其志。自荀林父邲之敗。楚之陵駕尤甚。嬰齊盟蜀。諸侯之大夫從之者。十有一國。至鄢陵而挫其鋒。前此未有諸侯助楚以戰者。惟鄢陵之役。鄭伯佐楚。共以敵晉。使無呂錡射月之勝。則楚將倚鄭爲援。長驅中原。其害可勝言耶。所可惜者。厲公始無制勝之大計。不能堅忍持重。從欒書固壘之謀。以困楚。終乏持勝之實德。不能修政於內。而徒務求逞於外。是以三假王命。以伐鄭。而鄭終不服。聽讒譖之言。而乃鋸日弊。卒及於難。迹其所爲。去楚虔無幾耳。由是論之。鄢陵之戰。固不可不勝。而厲公無取勝之道。所以不遂霸也。

楚殺其大夫公子側

左 楚師還。及瑕。王使謂子反曰。先大夫之覆師徒者。君不在。子無以爲過。不穀之罪也。子反再拜稽首曰。君賜臣死。死且不朽。臣之卒實奔。臣之罪也。子重使謂子反曰。初隕師徒者。而亦聞之矣。盍圖之。對曰。雖微先大夫有之。大夫命側。側敢不義。側亡君師。敢忘其死。王使止之。弗及而卒。 瑕。楚地。水經注。肥水逕山桑縣故城南。又東積而爲陂。謂之瑕陂。又東南逕瑕城南。春秋楚師還及瑕。即此城也。

秋。公會晉侯齊侯衛侯宋華元邾人于沙隨。不見公 沙隨。宋地。梁國寧陵縣北。有沙隨亭。

左 戰之日。齊國佐高無咎至於師。衛侯出於衛。公出於壞隤。宣伯通於穆姜。欲去季孟而取其室。將行。穆姜送公。而使逐二子。公以晉難告。曰。請反而聽命。姜怒。公子偃。公子鉏。趨過。指之曰。女不可。是皆君也。公待於壞隤。申宮儆備。設守而後行。是以後。使孟獻子守於公宮。秋。會于沙隨。謀伐鄭也。宣伯使告郤犨曰。魯侯待於壞隤。以待勝者。郤犨將新軍。且爲公族大夫。以主東諸侯。取貨於宣伯。而訴公於晉侯。晉侯不見公。

公 不見公者何。公不見見也。公不見見。大夫執。何以致會。不恥也。曷爲不恥。公幼也。

穀 不見公者。可以見公也。可以見公而不見公。譏在諸侯也。

程子曰。晉怒公之後期。故不見公。君子正己而無恤乎人。魯之後期。國難故也。晉不見爲非矣。彼曲我直。故不足恥也。 劉氏敞曰。十六年會于沙隨不見公。公羊曰。公不見見大夫執。何以致會。不恥也。曷爲不恥。公幼也。非也。案公即位。至今十有六年矣。豈得云幼哉。

公至自會

附錄 左 曹人請於晉曰。自我先君宣公即世。國人曰。若之何。憂猶未弭。而又討我寡君。以亡曹國社稷之鎭公子。是大泯曹也。先君無乃有罪乎。若有罪。則君列諸會矣。君唯不遺德刑。以伯諸侯。豈獨遺諸敝邑。敢私布之。

公會尹子晉侯齊國佐邾人伐鄭 尹子。王臣。始會伐。

左 七月。公會尹武公。及諸侯伐鄭。將行。姜又命公如初。公又申守而行。諸侯之師次於鄭西。我師次於督揚。不敢過鄭。子叔聲伯使叔孫豹請逆於晉師。爲食於鄭郊。師逆以至。聲伯四日不食以待之食使者而後食諸侯遷於制田知武子佐下軍以諸侯之師侵陳至於鳴鹿遂侵蔡未反諸侯遷於潁上戊午鄭子罕宵軍之宋齊衛皆失軍督揚鄭東地案襄十九年諸侯自沂上盟于督揚杜以督揚即祝阿蓋齊之督揚與此不同制田滎陽宛陵縣東有制澤鳴鹿陳國武平縣西南有鹿邑汪氏克寬曰前此未有以王臣與伐者桓文之大征伐雖不請命而專行然猶以尊周安夏為心未嘗讀王臣以臨師旅比於假天子之命而威諸侯者尚為彼善於此也厲公嗣霸以私怨伐秦則挾劉康公成肅公以偕行以攜貳而爭鄭則要尹武公單襄公而屢往於是王臣奔走道塗轍不及息而為霸者之用矣春秋於伐秦不書劉成者所以削其請王師而著因行朝王之慢也於伐鄭溱書尹單所以彰其瀆王臣之失也夫苟伐秦書劉成則為朝王請命而伐秦為善矣伐鄭不書尹單則無挾王臣之罪而討貳抑楚不為過矣聖人筆削豈不深切著明也哉

曹伯歸自京師

【左】曹人復請於晉晉侯謂子臧反吾歸而君子臧反曹伯歸子臧盡致其邑與卿而不出

【公】執而歸者名曹伯何以不名而不言復歸於曹何易也其易奈何公子喜時在內也公子喜時在內則何以易公子喜時者仁人也內平其國而待之外治諸京師而免之其言自京師何言甚易也舍是無難矣

【穀】不言所歸歸之善者也出入不名以為不失其國也歸為善自某歸次之

劉氏敞曰此復歸也曷為不言復不與復也曷為不與復是殺其君之子者也其言自京師何言王之舍有罪也又曰穀梁曰不言所歸歸之善者也出入不名以為不失其國也非也曹伯之惡學者知之穀梁子不知爾曹伯何善乎又曰歸為善自某歸次之亦非也衞氏叵衞侯鄭何善之有乎且自某者明其有奉焉爾本不為善不善設也 程子曰曹伯不名不稱復歸王未嘗絕其位也自京師王命也 余氏光曰當時周王擁虛器而已生殺予奪不敢專主觀曹人一則請於晉再則請於晉未聞遣一介如周至晉侯許之子臧反曹伯來歸則操縱之權盡繇於晉特寄囚於京師假周之名而已王靈不振諸侯縱恣世道之衰重可數哉

【案】負芻纂弒法所宜討而天王不誅此春秋所譏也若余氏光引郭氏說以為操縱由晉於當日情事亦合

九月晉人執季孫行父舍之于苕丘

舍如字苕音條公作招章遙上饒二反苕丘晉地

【左】宣伯使告郤犨曰魯之有季孟猶晉之有欒范也政令於是乎成今其謀曰晉政多門不可從也寧事齊楚有亡而已蔑從晉矣若欲得志於魯請止行父而殺之我斃蔑也而事晉蔑有貳矣魯不貳小國必睦不然歸必叛矣九月晉人執季文子于苕丘公還待於鄆使子叔聲伯請季孫於晉郤犨曰苟去仲孫蔑而止季孫行父吾與子國親於公室對曰僑如之情子必聞之矣若去蔑與行父是大棄魯國而罪寡君也若猶不棄而惠徼周公之福使寡君得事晉君則夫二人者魯國社稷之臣也若朝亡之魯必夕亡以魯之密邇仇讎亡而為讎治之何及郤犨曰吾為子請邑對曰嬰齊魯之常隸也敢介大國以求厚焉承寡君之命

以請。若得所請。君子之賜多矣。又何求。范文子謂欒武子曰。季孫於魯。相二君矣。妾不衣帛。馬不食粟。可不謂忠乎。信讒慝而棄忠良。若諸侯何。子叔嬰齊奉君命無私。謀國家不貳。圖其身不忘其君。若虛其請。是棄善人也。子其圖之。乃許魯平。赦季孫。　鄆。魯西邑。東郡廩邱縣東有鄆城。

公執未有言舍之者。此其言舍之何。仁之也。曰。在招邱悕矣。執未有言仁之者。此其言仁之何。代公執也。其代公執柰何。前此者晉人來乞師而不與。公會晉侯。將執公。季孫行父曰。此臣之罪也。於是執季孫行父。成公將會厲公。會不當期。將執公。季孫行父曰。臣有罪。執其君。子有罪。執其父。此聽失之大者也。今此臣之罪也。舍臣之身而執臣之君。吾恐聽失之爲宗廟羞也。於是執季孫行父。

穀執者不舍。而舍。公所也。執者致。而不致。公在也。何其執而辭也。猶存公也。存意。公亦存也。公存也。

劉氏敞曰。公羊曰。代公執。故仁之。非也。凡國有罪。而執其正卿。禮也。又公羊說。公時尚幼。則罪非公爲。罪非公爲。則正卿當執矣。此乃行父致恥於公。春秋何故反仁之乎。理苟不足仁之。則舍於招邱。都不如公羊之語也。

冬十月乙亥叔孫僑如出奔齊

左冬。十月。出叔孫僑如而盟之。僑如奔齊。

十有二月乙丑季孫行父及晉郤犨盟于扈

左十二月。季孫及郤犨盟于扈。歸刺公子偃。召叔孫豹於齊而立之。

公至自會

附錄左齊聲孟子通僑如。使立於高國之間。僑如曰。不可以再罪。奔衞。亦間於卿。　晉侯使郤至獻楚捷於周。與單襄公語。驟稱其伐。單子語諸大夫曰。溫季其亡乎。位於七人之下。而求揜其上。怨之所聚。亂之本也。多怨而階亂。何以在位。夏書曰。怨豈在明。不見是圖。將慎其細也。今而明之。其可乎。

高氏閌曰。大夫執則致。行父不致者。公待行父偕歸焉。舉公爲重也。然公未嘗爲會。而曰至自會者。有託焉爾。夫沙隨之會。既不見公。伐鄭之會。又不得與。而國之宗卿。於是見執。公徬徨於外。以求自明於晉。僅能使僑如見逐。季孫受盟。而公免於難焉。方秋而出。盡冬而歸。始以伐鄭出會而不得與乎其事。君辱臣執。亦國之深恥也。及公之歸。不可以伐鄭致。故託曰至自會。以見公之不與於伐鄭也。　李氏廉曰。春秋不以本事致者。惟此年。伐鄭至會。襄十八年。圍齊至伐。

乙酉刺公子偃

穀大夫曰卒。正也。先刺後名。殺無罪也。

劉氏敞曰。不言刺之何。刺有罪也。其有罪柰何。是叔孫僑如之黨諸公者也。又曰。穀梁以謂殺無罪非也且以理觀之先刺後名是得其罪者先名後刺是不得其罪不訟於羣吏不訟於萬民者可知矣吳氏澂曰象謀殺舜及舜爲天子則封之舜豈不知象之謀殺已哉故孟子以爲仁人之於弟也不藏怒焉不宿怨焉親愛之而富貴之此舜所以盡爲兄之道而爲人倫之至也偃雖爲穆姜所指然不過脅公使從已爾未見姜眞有廢立之謀而偃實有今將之心也今僑如既逐成公當修身齊家以感化其母威權在已則偃雖眞有邪謀亦焉所施乃不能制其母而怒其弟殺之視舜之處象者爲何如也公子者非氏也屬也言先公之子也而可殺乎

【案】先刺後名先儒多從劉氏敞以爲得其罪吳氏澂獨責成公失親愛之道其義尤正蓋偃雖有罪而身爲介弟尚有議親之條乃成公不忿鞫子哀忿然殺之豈仁人之用心乎故當兼用二說

〔丁亥〕簡王十二年 **十有七年** 晉厲七年齊靈八年衛獻三年蔡景十八年鄭成十一年曹成四年陳成二十五年杞桓六十三年宋平二年秦景三年楚共十七年吳壽夢十二年

春衛北宮括帥師侵鄭 括公作結

【左】十七年春王正月鄭子駟侵晉虛滑衛北宮括救晉侵鄭至于高氏 虛滑晉二邑高氏在陽翟西南

金氏賢曰先儒謂晉命也爲他人興師故書侵以譏之非也衛以與國受霸主之命春秋何譏乎又謂鄭背晉猶畏晉之彊豈敢興師自與晉抗乎亦非也鄭之侵晉安知其非受楚之命乎其所以敢興師者必恃楚之衆也觀楚公子成公子寅戍鄭以備晉及公子嬰齊師于首止公子申師于汝上則可見矣

夏公會尹子單子晉侯齊侯宋公衛侯曹伯邾人伐鄭

【左】夏五月鄭大子髡頑侯獳爲質於楚楚公子成公子寅戍鄭公會尹武公單襄公及諸侯伐鄭自戲童至於曲洧 戲童襄九年諸侯盟于戲卽此也水經注曰氾水出浮戲之山曲洧在新汲縣治曲洧城

【附錄左】晉范文子反自鄢陵使其祝宗祈死曰君驕侈而克敵是天益其疾也難將作矣愛我者唯祝我使我速死無及於難范氏之福也六月戊辰士燮卒

高氏閌曰晉假王命討鄭重以王之二卿士晉主兵先尹單以王命爲重也夫晉厲之無道而能數合諸侯力捍彊楚者由假王靈扶義以令天下也

六月乙酉同盟于柯陵 柯陵鄭西地

【左】乙酉同盟于柯陵尋戚之盟也

【穀】柯陵之盟謀復伐鄭也

程子曰諸侯同病楚也 蘇氏轍曰書同盟鄭叛也齊晉之盛天子之大夫會而不盟尊周也柯陵之會尹子單子始與諸侯之盟自是習以爲常非禮也

秋公至自會

【左】楚子重救鄭。師于首止。諸侯還。

【穀】不日至自伐鄭也。公不周乎伐鄭也。何以知公之不周乎伐鄭。以其以會致也。何以知其盟復伐鄭也。以其後會之人盡盟者也。不周乎伐鄭。則何爲日也。言公之不背柯陵之盟也。

吳氏澂曰。方欲聲鄭之罪以致伐。而楚救已至。諸侯畏楚而還。未嘗得致伐也。故不以伐致。而以會致。李氏廉曰。此條伐後而盟。故以會至。此卽穀梁二事偶。則以後事致之例也。與襄十一年伐鄭會蕭魚至會。定四年侵楚盟皐鼬至會。書法同。而穀梁於此。乃日不至自伐鄭者。公不周乎伐鄭也。解者曰。周。信也。公逼諸侯爲此盟爾。意不欲更伐鄭。是自違前例。爲此無據之言矣。

齊高無咎出奔莒

【左】齊慶克通於聲孟子。與婦人蒙衣乘輦。而入於閎。鮑牽見之。以告國武子。武子召慶克而謂之。慶克久不出。而告夫人曰。國子謫我。夫人怒。國子相靈公以會。高鮑處守。及還。將至。閉門而索客。孟子訴之曰。高鮑將不納君。而立公子角。國子知之。秋。七月。壬寅。刖鮑牽。而逐高無咎。無咎奔莒。高弱以盧叛。齊人來召鮑國而立之。初。鮑國去鮑氏而來。爲施孝叔臣。施氏卜宰。匡句須吉。施氏之宰。有百室之邑。與匡句須邑。使爲宰。以讓鮑國而致邑焉。施孝叔曰。子實吉。對曰。能與忠良。吉孰大焉。鮑國相施氏忠。故齊人取以爲鮑氏後。仲尼曰。鮑莊子之知不如葵。葵猶能衛其足。

九月辛丑用郊

【公】用者何。用者不宜用也。九月非所用郊也。然則郊曷用。郊用正月上辛。或曰用。然後郊。

【穀】夏之始。可以承春。以秋之末。承春之始。蓋不可矣。九月用郊。用者不宜用也。宮室不設。不可以祭。衣服不備。不可以祭。車馬器械不備。不可以祭。有司一人不備其職。不可以祭。祭者薦其時也。薦其敬也。薦其美也。非享味也。

【案】劉氏敞以用郊爲用人非也。昭十年。季平子始用人於亳社。若此年用人。則昭十年不應言始矣。邾用鄫子。楚用蔡世子。皆執獲讐敵。以快意於山川。成公之時。未嘗執獲讐敵之人也。豈有殺無罪以祭上帝者哉。此理之必不可信者矣。胡傳曰。六畜不相爲用。況敢用人乎。胡氏寧亦云。其意皆以爲人不可用。而不知成公之用郊。實未嘗用人也。故爲辨之如此。

晉侯使荀罃來乞師

罃。乙耕反。

范氏甯曰。鄭嗣曰。將伐鄭。

冬公會單子晉侯宋公衞侯曹伯齊人邾人伐鄭

【左】冬。諸侯伐鄭。十月。庚午。圍鄭。

【穀】言公不背柯陵之盟也。

李氏廉曰。晉有鄢陵以後。兵威非不振。霸事非不舉。而鄭卒不服者。以厲公無服人之德也。

十有一月公至自伐鄭

【左】楚公子申救鄭。師於汝上。十一月。諸侯還。汝上。汝水出汝州魯山縣。成十六年。楚以汝陰之田求成於鄭。國語。齊桓公伐楚。濟汝踰方城。則汝上蓋鄭楚之界也。

壬申公孫嬰齊卒于貍脤 貍。力之反。脤。市軫反。公作軫。穀作蜃。貍脤闕。

【左】初。聲伯夢涉洹。或與已瓊瑰。食之。泣而爲瓊瑰。盈其懷。從而歌之曰。濟洹之水。贈我以瓊瑰。歸乎歸乎。瓊瑰盈我懷乎。懼不敢占也。還自鄭。壬申。至於貍脤。而占之。曰。余恐死。故不敢占也。今衆繁而從余三年矣。無傷也。言之之莫而卒。洹。洹水。出汲郡林慮縣。

【附錄】【左】齊侯使崔杼爲大夫。使慶克佐之。帥師圍盧。國佐從諸侯圍鄭。以難請而歸。遂如盧師。殺慶克。以穀叛。齊侯與之盟於徐關而復之。十二月。盧降。使國勝告難於晉。待命於清。清。陽平樂平縣。

【公】非此月日也。曷爲以此月日卒之。待君命。然後卒大夫。曷爲待君命。然後卒大夫。前此者嬰齊走之晉。公會晉侯。將執公。嬰齊爲公請。公許之反爲大夫。歸至于貍軫而卒。無君命。不敢卒大夫。公至。曰。吾固許之反爲大夫。然後卒之。

【穀】十一月無壬申。壬申乃十月也。致公而後錄。臣子之義也。其地。未踰竟也。

陸氏淳曰。穀梁曰。致君而後錄臣。案春秋編年月之書。一例以先後書之。且言卿卒。後言公至。皆據實事。何傷教意。劉氏敞曰。公羊曰。非此月日也。待君命。然後卒大夫。非也。若以君之許嬰齊爲大夫。固在前矣。君之至而後明之爾。然則卒嬰齊當在致公之前。無疑也。若以嬰齊反未至。故不得以大夫卒之者。嬰齊之卒。竟未爲大夫。則嬰齊終不合卒。無爲但移卒於致公之後也。若以公許之。則成大夫矣。先公未至卒之。何傷乎。假令國人未知公命。不錄其卒。公後告之。乃追錄其卒。既追錄之。固應在致公之前。明公之許之爲大夫也。固在前爾。豈不可乎。又公孫敖卒於齊。彼不待公命。何爲卒之哉。

十有二月丁巳朔日有食之

邾子貜且卒 貜。俱縛反。且。子餘反。

晉殺其大夫郤錡郤犨郤至

【左】晉厲公侈。多外嬖。反自鄢陵。欲盡去羣大夫。而立其左右。胥童以胥克之廢也。怨郤氏。而嬖於厲公。郤錡奪夷陽五田。五亦嬖於厲公。郤犨與長魚矯爭田。執而梏之。與其父母妻子同一轅。既矯亦嬖於厲公。欒書怨郤至。以其不從已。而敗楚師也。欲廢之。使楚公子茷告公曰。此戰也。郤至實召寡君。以東師之未至也。與軍帥之不具也。曰。此必敗。吾因奉孫周以事君。公告欒書。書曰。其有焉。不然。豈其死之不恤。而受敵使乎。君盍嘗使諸周而察之。郤至聘於周。欒書使孫周見之。公使覘之。信。遂怨郤至。厲公田。與婦人先殺而飲酒。後使大夫殺。郤至奉豕。寺人孟張奪之。郤至射而殺之。公曰。季子欺余。厲公將作難。胥童曰。必先三郤。族大莫之敢尸。而況君乎。二三子不能事君。焉用厥也。

多怨。去大族不逼。敵多怨有庸。公曰。然。郤氏聞之。郤錡欲攻公。曰。雖死。君必危。郤至曰。人所以立。信知勇也。信不叛君。知不害民。勇不作亂。失此三者。其誰與我。死而多怨。將安用之。君實有臣而殺之。其謂君何。我之有罪。吾死後矣。若殺不辜。將失其民。欲安得乎。待命而已。受君之祿。是以聚黨。有黨而爭命。罪孰大焉。壬午。胥童夷羊五帥甲八百。將攻郤氏。長魚矯請無用衆。公使清沸魋助之。抽戈結衽。而僞訟者。三郤將謀於榭。矯以戈殺駒伯苦成叔於其位。溫季曰。逃威也。遂趨。矯及諸其車。以戈殺之。皆尸諸朝。胥童以甲劫欒書中行偃於朝。矯曰。不殺二子。憂必及君。公曰。一朝而尸三卿。余不忍益也。對曰。人將忍君。臣聞亂在外爲姦。在內爲軌。御姦以德。御軌以刑。不施而殺。不可謂德。臣偪而不討。不可謂刑。德刑不立。姦軌並至。臣請行。遂出奔狄。公使辭於二子曰。寡人有討於郤氏。郤氏既伏其辜矣。大夫無辱。其復職位。皆再拜稽首曰。君討有罪。而免臣於死。君之惠也。二臣雖死。敢忘君德。乃皆歸。公使胥童爲卿。公遊於匠麗氏。欒書中行偃遂執公焉。召士匄。士匄辭。召韓厥。韓厥辭。曰。昔吾畜於趙氏。孟姬之讒。吾能違兵。古人有言曰。殺老牛。莫之敢尸。而況君乎。二三子不能事君。焉用厥也。

穀 自禍於是始矣。

楚人滅舒庸

左 舒庸人以楚師之敗也。道吳人圍巢。伐駕。圍釐虺。遂恃吳而不設備。楚公子橐師襲舒庸滅之。巢。駕。釐。虺。楚四邑。

附錄左 閏月。乙卯。晦。欒書中行偃殺胥童。民不與郤氏。胥童道君爲亂。故皆書曰。晉殺其大夫。

戊子 簡王十三年

十有八年

晉厲八年。齊靈九年。衛獻四年。蔡景十九年。鄭成十二年。曹成五年。陳成二十六年。杞桓六十四年。宋平三年。秦景四年。楚共十八年。吳壽夢十三年。

春王正月晉殺其大夫胥童

左見前 經從告。

家氏鉉翁曰。三郤之死。晉厲殺之也。胥童之死。書偃殺之也。春秋一以國殺爲文。著胥童道君作難。而其君由是以殞。童亦晉國之罪人也。人臣與君俱死於難。是之謂死節。胥童與厲公先後死。春秋繫之國殺。爲其有當誅之罪也。使童大節可錄。則必用孔父牧息之例。繼其君而書死矣。

庚申晉弑其君州蒲

左 十八年。春。王正月。庚申。晉欒書。中行偃。使程滑弑厲公。葬之於翼東門之外。以車一乘。使荀罃。士魴。逆周子於京師而立之。生十四年矣。大夫逆於淸原。周子曰。孤始願不及此。雖及此。豈非天乎。抑人之求君。使出命也。立而不從。將安用君。二三子。用我今日。否亦今日。共而從君。神之所福也。對曰。羣臣之願也。敢不唯命是聽。庚午。盟而入。館於伯子同氏。辛巳。朝於武宮。逐不臣者七人。周子有兄而無慧。不能辨菽麥。故不可立。

穀 稱國以弑其君。君惡甚矣。

梁 稱國以弑。穀梁以爲君惡甚。胡傳以爲略之。諸儒多主其說。謂君爲一國所共疾。則與衆弑之所以分其惡於衆也。夫春秋之作。將以立臣子之防。其有爲亂賊分惡者。傷教害義。安可訓乎。考十二公之編。君無道而被弒者多矣。以晉論之。靈與厲相去不遠。而靈則書盾。厲則稱國。何也。蓋穿弒靈公。時則有董狐之直筆。趙盾遂受惡而不辭。今書弒厲公。史筆未必如董狐。書亦未必受惡。其赴告於列國。必有所以諉其罪者。魯之舊史。從其所赴而書之矣。春秋不與其諉也。故書曰。晉弒其君。使天下後世。考其被弒之實。而眞兇不得以漏網。此聖人之特筆也。詳見文十六年宋人弒君下。

齊殺其大夫國佐

左 齊爲慶氏之難故。甲申。晦。齊侯使士華免以戈殺國佐於內宮之朝。師逃於夫人之宮。書曰齊殺其大夫國佐。棄命專殺。以穀叛故也。使淸人殺國勝。國弱來奔。王湫奔萊。慶封爲大夫。慶佐爲司寇。既。齊侯反國弱。使嗣國氏。禮也。

附錄 左 二月。乙酉。朔。晉悼公即位於朝。始命百官。施舍。已責。逮鰥寡。振廢滯。匡乏困。救災患。禁淫慝。薄賦斂。宥罪戾。節器用。時用民。欲無犯時。使魏相。士魴。魏頡。趙武。爲卿。荀家。荀會。欒黶。韓無忌。爲公族大夫。使訓卿之子弟。共儉孝弟。使士渥濁爲太傅。使修范武子之法。右行辛爲司空。使修士蔿之法。弁糾御戎。校正屬焉。使訓諸御知義。荀賓爲右。司士屬焉。使訓勇力之士時使。卿無共御。立軍尉以攝之。祁奚爲中軍尉。羊舌職佐之。魏絳爲司馬。張老爲侯奄。鐸遏寇爲上軍尉。籍偃爲之司馬。使訓卒乘。親以聽命。程鄭爲乘馬御。六騶屬焉。使訓羣騶知禮。凡六官之長。皆民譽也。擧不失職。官不易方。爵不踰德。師不陵正。旅不逼師。民無謗言。所以復霸也。

蘇氏轍曰。佐雖以專殺叛君爲罪。然其咎發於慶克。齊人右慶氏而殺佐。故稱國以殺。罪累上也。

李氏廉曰。此爲齊崔慶專國之始事也。

公如晉

左 公如晉。朝嗣君也。

夏楚子鄭伯伐宋宋魚石復入于彭城 彭城。宋邑。

左 夏。六月。鄭伯侵宋。及曹門外。遂會楚子伐宋。取朝郟。楚子辛。鄭皇辰。侵城郜。取幽丘。同伐彭城。納宋魚石。向爲人。鱗朱。向帶。魚府焉。以三百乘戍之而還。書曰。復入。凡去其國。國逆而立之曰入。復其位曰復歸。諸侯納之曰歸。以惡曰復入。宋人患之。西鉏吾曰。何也。若楚人與吾同惡。以德於我。吾固事之也。不敢貳矣。大國無厭。鄙我猶憾。不然。而收吾憎。使贊其政。以間吾釁。亦吾患也。今將崇諸侯之姦。而披其地。以塞夷庚。逞姦而攜服。毒諸侯而懼吳晉。吾庸多矣。非吾憂也。且事晉何爲。晉必恤之。

朝郟。宋地。當在夏邑境。城郜。幽丘。宋地。夷庚。吳晉往來之要道。

胡氏寧曰。孫林父。宋辰。趙鞅。荀寅。皆據外邑以自保。故書叛。魚石。欒盈。將以亂國。故書復入。

李氏廉曰。經書復入者。止魚石欒盈。大夫無繼世。故稱復者。已絕之辭。稱入者。甚逆之辭。

公至自晉

晉侯使士匄來聘

左 公至自晉。晉范宣子來聘。且拜朝也。君子謂晉於是乎有禮。

許氏翰曰。公朝始至。而聘使繼至。晉悼之下諸侯肅矣。此列國之所以睦。而叛國之所以服也。

秋杞伯來朝

左 秋。杞桓公來朝。勞公。且問晉故。公以晉君語之。杞伯於是驟朝於晉。而請爲昏。

附錄左 七月。宋老佐華喜圍彭城。老佐卒焉。

八月邾子來朝

左 八月。邾宣公來朝。卽位而來見也。

築鹿囿

左 築鹿囿。書不時也。

公 何以書。譏。何譏爾。有囿矣。又爲也。

穀 築不志。此其志何也。山林藪澤之利。所以與民共也。虞之。非正也。

己丑公薨于路寢

左 己丑。公薨于路寢。言道也。

穀 路寢。正也。男子不絕婦人之手。以齊終也。

李氏廉曰。成公在位。十有八年。自鞌戰以後。汝陽未歸之前。魯事晉甚謹。自汝陽歸齊之後。魯之於晉。嫌隙已生。然方其事晉也。東讎於齊。南屈於楚。邱甲作而兵政變。四卿將而公室弱。魯已無一事之可取矣。及其得罪於晉也。會葬而見止。來聘而及盟。沙隨困。苕邱執。而辱於外。僑如譏。夫人失德。而亂於內。魯自隱公以來。未有如是者也。及其末年。幸悼公之興。國家無事。而又一時諸臣。如季文子。孟獻子。子叔聲伯。臧宣叔。臧武仲。皆賢智之資。故能維持協贊以綏內難。不然。魯蓋不可爲矣。

冬楚人鄭人侵宋

左 冬十一月。楚子重救彭城。伐宋。宋華元如晉告急。韓獻子爲政。曰。欲求得人。必先勤之。成霸安疆。自宋始矣。晉侯師於台谷以救宋。遇楚師於靡角之谷。楚師還。靡角。宋地。

李氏廉曰。齊桓霸業。始於平宋亂。晉文霸業。始於釋宋圍。悼公霸業。又始於彭城之救宋。故曰成伯安疆。自宋始矣。前則楚鄭皆稱爵而書伐。今則楚鄭皆稱人而書侵。晉之勢漸盛。而楚之勢漸衰矣。

晉侯使士魴來乞師

魴。音房。公作彭。經書乞師止此。

左　晉士魴來乞師。季文子問師數於臧武仲。對曰。伐鄭之役。知伯實來。下軍之佐也。今彘季亦佐下軍。如伐鄭可也。事大國。無失班爵。而加敬焉。禮也。從之。

十有二月仲孫蔑會晉侯宋公衛侯邾子齊崔杼同盟于虛朾 杼。直呂反。虛。起反反。朾。他丁反。虛朾。闕。或云。卽宋之虛也。

左　十二月孟獻子會于虛朾。謀救宋也。宋人辭諸侯。而請師以圍彭城。孟獻子請於諸侯而先歸會葬。

許氏翰曰。襄公不會。在喪故也。悼公所以仁諸侯也。

汪氏克寬曰。諸侯同心懼楚。而謀救宋。故書同盟。

丁未葬我君成公

左　丁未。葬我君成公。書順也。

杜氏預曰。薨於路寢。五月而葬。國家安靖。世適承嗣。故曰書順。

春秋卷之十

襄公

楊氏士勛曰。魯世家襄公名午。成公之子定姒所生。周簡王十四年即位。謚法因事有功曰襄。

〔己丑〕簡王十四年。**元年** 晉悼公周元年。齊靈十年。衛獻五年。蔡景二十年。鄭成十三年。曹成六年。陳成二十七年。杞桓六十五年。宋平四年。秦景五年。楚共十九年。吳壽夢十四年。

春王正月公即位

〔穀〕繼正即位。正也。

仲孫蔑會晉欒黶宋華元衛甯殖曹人莒人邾人滕人薛人圍宋彭城

〔左〕春。己亥。圍宋彭城。非宋地。追書也。於是爲宋討魚石。故稱宋。且不登叛人也。謂之宋志。彭城降晉。晉人以宋五大夫在彭城者歸。寘諸瓠丘。齊人不會彭城。晉人以爲討。二月。齊大子光爲質於晉。 瓠邱。晉地。河東東垣縣東南有壺邱。

案壺邱。亦曰陽壺。寰宇志曰。古陽壺城。南臨大河。

〔公〕宋華元曷爲與諸侯圍宋彭城。爲宋誅也。其爲宋誅奈何。魚石走之楚。楚爲之伐宋。取彭城以封魚石。魚石之罪奈何。以入是爲罪也。楚已取之矣。曷爲繫之宋。不與諸侯專封也。

〔穀〕繫彭城于宋者。不與魚石。正也。

陸氏淳曰。公羊曰。不與楚專封也。趙子曰。案此是楚取彭城。令魚石守之耳。豈名封國乎。穀梁曰。繫彭城於宋者。不與魚石正也。趙子曰。與叛臣。豈疑其爲正哉。意不應如此。 師氏協曰。苟書彭城而不書宋。則無以見魚石之不臣。楚子之奬亂。與夫諸侯討叛之功矣。 季氏本曰。魚石倚楚爲援。據邑要君。非人臣之禮。晉侯始起。即合諸侯討之。可謂急於爲義矣。

夏晉韓厥帥師伐鄭仲孫蔑會齊崔杼曹人邾人杞人次于鄶 厥。公作屈。鄭。公作合。 鄭。鄭地。在陳留襄邑縣東南。

〔左〕夏。五月。晉韓厥。荀偃。帥諸侯之師伐鄭。入其郛。敗其徒兵於洧上。於是東諸侯之師次于鄶。以待晉師。晉師自鄭。以鄶之師。侵楚焦夷。及陳。晉侯衛侯次於戚。以爲之援。 洧上。洧水出密縣東南。至長平入潁。

胡傳曰。楚人釋君而臣是助。事已悖矣。晉於是乎降彭城。以魚石等歸。遂伐鄭而諸侯次于鄶。此皆放於義而行者也。傳書楚子辛救鄭。而經不書者。鄭無可救之善。楚不得有能救之名。經所以削之。不言救也。 高氏閌曰。晉以韓厥已足以當鄭。不欲重勤東諸侯之師。故使次于鄶。以震鄭心。且備楚師之出也。 戴氏溪曰。韓厥身伐鄭。而諸侯不與焉。亦見悼公圖伯之初。使大夫身親其勞。不敢勤諸侯之師也。

秋楚公子壬夫帥師侵宋

〔左〕秋。楚子辛救鄭。侵宋呂留。鄭子然侵宋。取犬丘。呂留。二縣。犬丘譙國酇縣東北。有犬邱城

家氏鉉翁曰。楚納宋之叛人。晉以諸侯之師克彭城。執五叛以歸。楚不知自反。以兵加宋。將以雪恥。恥益甚焉。

九月辛酉天王崩

邾子來朝

〔左〕九月。邾子來朝。禮也。

冬衛侯使公孫剽來聘晉侯使荀罃來聘

〔左〕冬。衛子叔。晉知武子來聘。禮也。凡諸侯即位。小國朝之。大國聘焉。以繼好結信。謀事補闕。禮之大者也。

徐氏彥曰。天王崩而四國得行朝聘者。杜氏云。辛酉九月十五。冬者十月初也。四國行朝聘之時。王之訃告。未至於魯。

〔案〕三國朝聘。左氏皆以爲禮。杜氏預釋之曰。王赴未至也。公穀俱不發傳。而范氏甯。徐氏彥。楊氏士勛。咸主杜氏。蓋按日而稽之。非臆度也。胡傳必以爲訃告已及。恐無所據。今從左氏。

〔庚寅〕靈王元年 **二年** 晉悼二年。齊靈十一年。衛獻六年。蔡景二十一年。鄭成十四年。曹成七年。陳成二十八年。杞桓六十六年。宋平五年。秦景六年。楚共二十年。吳壽夢十五年。

春王正月葬簡王

鄭師伐宋

〔左〕春。鄭師侵宋。楚令也。

〔附錄〕〔左〕齊侯伐萊。萊人使正輿子。賂夙沙衛。以索馬牛。皆百匹。齊師乃還。君子是以知齊靈公之爲靈也。

夏五月庚寅夫人姜氏薨

〔左〕夏。齊姜薨。初。穆姜使擇美檟。以自爲櫬與頌琴。季文子取以葬。君子曰。非禮也。禮無所逆。婦養姑者也。虧姑以成婦。逆莫大焉。詩曰。其惟哲人。告之話言。順德之行。季孫於是爲不哲矣。且姜氏。君之妣也。詩曰。爲酒爲醴。烝畀祖妣。以洽百禮。降福孔偕。

六月庚辰鄭伯睔卒　睔。苦困反。

〔左〕鄭成公疾。子駟請息肩於晉。公曰。楚君以鄭故。親集矢於其目。非異人任。寡人也。若背之。是棄力與言。其誰暱我。免寡人。唯二三子。秋。七月庚辰。鄭伯睔卒。

杜氏預曰。未與襄同盟而赴以名。庚辰。七月九日。書六月誤。

晉師宋師衛甯殖侵鄭

【左】於是子罕當國。子駟爲政。子國爲司馬。晉師侵鄭。諸大夫欲從晉。子駟曰。官命未改。

【穀】其日衛甯殖。如是而稱于前事也。

劉氏敞曰。穀梁曰。其日衛甯殖。如是而稱於前事也。說者曰。初衛侯速卒。鄭人侵之。故舉甯殖之報。以明稱其前事。皆非也。將尊師少書。將例然也。何至於此獨爲異乎。孔子曰。以直報怨。以德報德。若人伐己喪。己亦伐人喪。是以怨報怨也。豈以直報怨者乎。春秋豈爲是書之哉。　張氏洽曰。士匄侵齊。聞喪而還。春秋與之。則茲伐喪之罪。不待貶而見矣。

秋七月仲孫蔑會晉荀罃宋華元衛孫林父曹人邾人于戚

【左】會于戚。謀鄭故也。孟獻子曰。請城虎牢以偪鄭。知武子曰。善。鄫之會。吾子聞崔子之言。今不來矣。滕薛小邾之不至。皆齊故也。寡君之憂不唯鄭。罃將復於寡君而請於齊。得請而告吾子之功也。若不得請。事將在齊。吾子之請。諸侯之福也。豈惟寡君賴之。

王氏葆曰。諸侯之大夫專會以謀鄭。政在大夫也。

己丑葬我小君齊姜

【左】齊侯使諸姜宗婦來送葬。召萊子。萊子不會。故晏弱城東陽以偪之。　東陽。齊境上邑。

【公】齊姜者何。齊姜與繆姜。則未知其爲宣夫人與。成夫人與。

陳氏岳曰。穆姜有美檟頌琴。文子取之以葬。公羊不知婦先姑薨。故疑之也。

叔孫豹如宋

【左】穆叔聘於宋。通嗣君也。

冬仲孫蔑會晉荀罃齊崔杼宋華元衛孫林父曹人邾人滕人薛人小邾人于戚遂城虎牢

【左】冬。復會于戚。齊崔武子。及滕薛小邾之大夫皆會。知武子之言故也。遂城虎牢。鄭人乃成。

【公】虎牢者何。鄭之邑也。其言城之何。取之也。取之則曷爲不言取之。爲中國諱也。曷爲爲中國諱。諱伐喪也。曷爲不繫乎鄭。爲中國諱也。大夫無遂事。此其言遂何。歸惡乎大夫也。

【穀】若言中國焉。內鄭也。

趙氏匡曰。公羊曰。不書取。諱也。案夫子增損經文以示義。覩文見義。何諱之爲。

劉氏敞曰。穀梁曰。內鄭也。非也。鄭不服晉。諸侯伐之。可謂外之矣。反謂內之乎。

【案】鄭方堅於從楚。孟獻子請城虎牢以偪之。所以扼鄭之吭而使之不得南向也。攘楚服鄭。實關天下之大計。故不書城鄭虎牢。況是時晉已取之。非復鄭之所有。自不得仍繫之於鄭也。胡傳責鄭不能守。恐於經旨未合。夫春秋內晉而外楚。豈欲鄭守險以拒晉乎。張氏洽謂霸主討不服之國。地非鄭所得私。家氏鉉翁謂鄭辱天子之封守。罪當削。皆非篤論。

楚殺其大夫公子申

左 楚公子申爲右司馬。多受小國之賂。以偪子重子辛。楚人殺之。故書曰。楚殺其大夫公子申。

辛卯 靈王二年 **三年** 晉悼三年。齊靈十二年。衛獻七年。蔡景二十二年。鄭僖公髡頑元年。曹成八年。陳成二十九年。杞桓六十七年。宋平六年。秦景七年。楚共二十一年。吳壽夢十六年。

春楚公子嬰齊帥師伐吳 吳楚爭彊自此始。

左 三年。春。楚子重伐吳。爲簡之師。克鳩茲。至於衡山。使鄧廖帥組甲三百。被練三千。以侵吳。吳人要而擊之。獲鄧廖。其能免者。組甲八十。被練三百而已。子重歸。既飲至。三日。吳人伐楚。取駕。駕。良邑也。鄧廖。亦楚之良也。君子謂子重於是役也。所獲不如所亡。楚人以是咎子重。子重病之。遂遇心疾而卒。鳩茲。吳邑。在丹陽蕪湖縣東。衡山在吳興府烏程縣南。去蕪湖甚遠。太平府當塗縣東北六十里。有橫山。似爲近之。

公如晉

左 公如晉。始朝也。高氏閌曰。童子侯不朝王。葢不可接以成人之禮也。豈可反朝同列乎。

夏四月壬戌公及晉侯盟于長樗 樗。救居反。長樗。孔氏穎達曰。近城之地。

左 夏。盟于長樗。孟獻子相。公稽首。知武子曰。天子在。而君辱稽首。寡君懼矣。孟獻子曰。以敝邑介在東表。密邇仇讎。寡君將君是望。敢不稽首。孔氏穎達曰。文三年公如晉。公及晉侯盟。盟不書地。在晉都也。此時晉侯出其國都。與公盟于長樗。葢近城之地。盟訖還入於晉。故公歸。書曰。公至自晉也。文三年盟于晉都。此盟出城外者。出與不出。皆由晉侯意耳。此或是悼公謙以待人。不敢使國君就己。出盟於外。若似相就然。故出城也。

公至自晉

附錄 左 祁奚請老。晉侯問嗣焉。稱解狐。其讎也。將立之而卒。又問焉。對曰。午也可。於是羊舌職死矣。晉侯曰。孰可以代之。對曰。赤也可。於是使祁午爲中軍尉。羊舌赤佐之。君子謂祁奚於是能舉善矣。稱其讎。不爲諂。立其子。不爲比。舉其偏。不爲黨。商書曰。無偏無黨。王道蕩蕩。其祁奚之謂矣。解狐得舉。祁午得位。伯華得官。建一官而三物成。能舉善也。夫惟善。故能舉其類。詩云。惟其有之。是以似之。祁奚有焉。

六月公會單子晉侯宋公衛侯鄭伯莒子邾子齊世子光己未同盟于雞澤 雞澤。在廣平曲梁縣西南。後漢志。曲梁國有雞澤。即春秋諸侯同盟處也。今曲梁故城。在直隸廣平府東北。

左 晉爲鄭服故。且欲修吳好。將合諸侯。使士匄告於齊曰。寡君使匄。以歲之不易。不虞之不戒。寡君願與一二兄弟相見。以謀不協。請君臨之。使匄乞盟。齊侯欲勿許。而難爲不協。乃盟於耏外。六月。公會單頃公及諸侯。己未。同盟于雞澤。晉侯使荀會逆吳子於淮上。吳子不至。

彨水名案彨水即時水也平地出泉曰彨。

穀 同者有同也同外楚也。

胡傳曰同盟或以爲有三例一則王臣預盟而書同二則諸侯同欲而書同三則惡其反覆而書同夫惡其反覆與諸侯同欲而書同信矣王臣預盟而書同義則未安盟于女栗及蘇子也而不書同盟於洮于翟泉會王人也而不書同然則此三盟者正所謂諸侯同欲而書同盟也其同欲奈何同病楚也會于柯陵之歲夏伐鄭楚人師于首止而諸侯還冬伐鄭楚人師于汝上而諸侯還雞澤之盟陳袁僑如會楚師在繁陽而韓獻子懼乎邸之行楚棄疾立復封陳蔡而列國恐是知此三盟者諸侯皆有戒心而修盟故稱同不以尹子單子劉子亦預此盟而譏之也夫王臣將命必惇信明義而後可以表正乎天下諸侯守邦必尊主奉法而後可以保其社稷今王臣下與諸侯約誓諸侯亦敢上與王臣要言斯大亂之道也則亦不待書同盟而罪自見矣 杜氏預曰周靈王新即位使王官伯出與諸侯盟以安王室故無譏

案諸侯不敢盟天子之臣而雞澤之盟單子與焉故胡傳以爲大亂之道也杜氏預以爲無譏蓋是時悼公初政伯業方新不敢盟同列於國中矧與王臣盟乎則單子受王命而來盟或當如杜注之說也今竝存之。

陳侯使袁僑如會 僑其驕反。

左 楚子辛爲令尹侵欲於小國陳成公使袁僑如會求成晉侯使和組父告於諸侯。

公 其言如會何後會也。

穀 如會外乎會也於會受命也。

戊寅叔孫豹及諸侯之大夫及陳袁僑盟 諸侯在而大夫自爲盟始於此。

左 秋叔孫豹及諸侯之大夫及陳袁僑盟陳請服也。

附錄左 晉侯之弟揚干亂行於曲梁魏絳戮其僕晉侯怒謂羊舌赤曰合諸侯以爲榮也揚干爲戮何辱如之必殺魏絳無失也對曰絳無貳志事君不辟難有罪不逃刑其將來辭何辱命焉言終魏絳至授僕人書將伏劒士魴張老止之公讀其書曰日君乏使使臣斯司馬臣聞師衆以順爲武軍事有死無犯爲敬君合諸侯臣敢不敬君師不武執事不敬罪莫大焉臣懼其死以及揚干無所逃罪不能致訓至於用鉞臣之罪重敢有不從以怒君心請歸死於司寇公跣而出曰寡人之言親愛也吾子之討軍禮也寡人有弟弗能教訓使干大命寡人之過也子無重寡人之過敢以爲請晉侯以魏絳爲能以刑佐民矣反役與之禮食使佐新軍張老爲中軍司馬士富爲侯奄 楚司馬公子何忌侵陳陳叛故也。

公 曷爲殊及陳袁僑爲其與袁僑盟也。

穀 及以及與之也諸侯以爲可與則與之不可與則釋之諸侯盟又大夫相與私盟是大夫張也故雞澤之會諸侯始失正矣大夫執國權曰袁僑異之也。

啖氏助曰穀梁曰諸侯已盟又大夫相與私盟是大夫亶也諸侯盟已畢而袁僑至故大夫與之盟再無他義 劉氏敞曰諸侯之大夫則其言叔孫豹及之奈何恭也其恭奈何

臣無專命於君側。叔孫豹及諸侯之大夫云者。受命之辭也。又曰。穀梁曰。及以及與之也。非也。此兩及者。文當然耳。何謂與之。何謂不與之哉。

秋公至自會。

冬晉荀罃帥師伐許

左 許靈公事楚。不會於雞澤。冬。晉知武子帥師伐許。

趙氏鵬飛曰。晉既得陳鄭矣。其比於楚者。許也。故夏盟陳鄭而冬伐許。然許爲鄭所虐。遷於葉以避之。葉逼近楚。倚楚爲重。必不能近叛楚。而遠事晉也。推晉能服楚。則許可得。不然。徒征之無益矣。

壬辰　靈王三年　**四年**　晉悼四年。齊靈十三年。衛獻八年。蔡景二十三年。鄭僖二年。曹成九年。陳成三十年。杞桓六十八年。宋平七年。秦景八年。楚共二十二年。吳壽夢十七年。

春王三月己酉陳侯午卒

左 四年。春。楚師爲陳叛故。猶在繁陽。韓獻子患之。言於朝曰。文王帥殷之叛國以事紂。惟知時也。今我易之。難哉。三月。陳成公卒。楚人將伐陳。聞喪乃止。陳人不聽命。臧武仲聞之。曰。陳不服於楚。必亡。大國行禮焉。而不服。在大猶有咎。而況小乎。夏。楚彭名侵陳。陳無禮故也。繁陽。楚地。汝南鮦陽縣南。

案 陳邇於楚。楚窺北方。陳其門戶也。楚逞志於陳。以爲陵轢諸侯之計。而與晉爭衡。晉及諸侯。當并力以謀陳。而韓厥以文王事紂爲比。臧紇謂陳不服楚必亡。二大夫之言。何其陋也。此陳之所以終爲楚有也。左氏亦以爲陳無禮。謬矣。

夏叔孫豹如晉

左 穆叔如晉。報知武子之聘也。晉侯享之。金奏肆夏之三。不拜。工歌文王之三。又不拜。歌鹿鳴之三。三拜。韓獻子使行人子員問之。曰。子以君命辱於敝邑。先君之禮。藉之以樂。以辱吾子。吾子舍其大而重拜其細。敢問何禮也。對曰。三夏。天子所以享元侯也。使臣弗敢與聞。文王。兩君相見之樂也。臣不敢及。鹿鳴。君所以嘉寡君也。敢不拜嘉。四牡。君所以勞使臣也。敢不重拜。皇皇者華。君敎使臣曰。必諮於周。臣聞之。訪問於善爲咨。咨親爲詢。咨禮爲度。咨事爲諏。咨難爲謀。臣獲五善。敢不重拜。

秋七月戊子夫人姒氏薨　姒。公作弋。下定姒同。

左 秋。定姒薨。不殯於廟。無櫬。不虞。匠慶謂季文子曰。子爲正卿。而小君之喪不成。不終君也。君長誰受其咎。初。季孫爲己樹六檟於蒲圃東門之外。匠慶請木。季孫曰。略。匠慶用蒲圃之檟。季孫不御。君子曰。志所謂多行無禮。必自及也。其是之謂乎。

孔氏穎達曰。二年齊姜薨。葬者是成公夫人。故此爲成公之妾也。據傳匠慶之言。知是襄公之母。

葬陳成公

八月辛亥葬我小君定姒

[公] 定弋者何襄公之母也

[案] 春秋正名定分而於嫡庶尤嚴妾母見於經者成風敬嬴定姒齊歸薨稱夫人葬稱小君與正嫡無異皆所以明其失禮也孔氏穎達謂嫡母薨則妾母尊殊失經旨

冬公如晉

[左] 冬公如晉聽政晉侯享公公請屬鄫晉侯不許孟獻子曰以寡君之密邇於仇讎而願固事君無失官命鄫無賦於司馬爲執事朝夕之命敝邑敝邑褊小闕而爲罪寡君是以願借助焉晉侯許之

王氏樵曰襄公之立至是纔七歲爾幼弱之君奔走道路所謂國君道長豈得已哉 高氏閌曰公有母喪復如晉朝

陳人圍頓

[左] 楚人使頓間陳而侵伐之故陳人圍頓

[附錄左] 無終子嘉父使孟樂如晉因魏莊子納虎豹之皮以請和諸戎晉侯曰戎狄無親而貪不如伐之魏絳曰諸侯新服陳新來和將觀於我我德則睦否則攜貳勞師於戎而楚伐陳必弗能救是棄陳也諸華必叛戎禽獸也獲戎失華無乃不可乎夏訓有之曰有窮后羿公曰后羿何如對曰昔有夏之方衰也后羿自鉏遷於窮石因夏民以代夏政恃其射也不修民事而淫於原獸棄武羅伯因熊髡尨圉而用寒浞寒浞伯明氏之讒子弟也伯明后寒棄之夷羿收之信而使之以爲己相浞行媚於內而施賂於外愚弄其民而虞羿於田樹之詐慝以取其國家外內咸服羿猶不悛將歸自田家衆殺而亨之以食其子其子不忍食諸死於窮門靡奔有鬲氏浞因羿室生澆及豷恃其讒慝詐僞而不德於民使澆用師滅斟灌及斟尋氏處澆於過處豷於戈靡自有鬲氏收二國之燼以滅浞而立少康少康滅澆於過后杼滅豷於戈有窮由是遂亡失人故也昔周辛甲之爲大史也命百官官箴王闕於虞人之箴曰芒芒禹迹畫爲九州經啓九道民有寢廟獸有茂草各有攸處德用不擾在帝夷羿冒於原獸忘其國恤而思其麀牡武不可重用不恢於夏家獸臣司原敢告僕夫虞箴如是可不懲乎於是晉侯好田故魏絳及之公曰然則莫如和戎乎對曰和戎有五利焉戎狄荐居貴貨易土土可賈焉一也邊鄙不聳民狎其野穡人成功二也戎狄事晉四鄰振動諸侯威懷三也以德綏戎師徒不勤甲兵不頓四也鑒於后羿而用德度遠至邇安五也君其圖之公說使魏絳盟諸戎修民事田以時 冬十月邾人莒人伐鄫臧紇救鄫侵邾敗於狐駘國人逆喪者皆髽魯於是乎始髽國人誦之曰臧之狐裘敗我於狐駘我君小子朱儒是使朱儒朱儒使我敗於邾 無終山戎國名案秦置無終縣項羽封韓廣爲遼東王都無終有窮國名經注窮水出於安豐昭二十七年楚與吳師遇於窮即此也鉏羿本國名寒國北海平

壽縣東有寒亭。有鬲國。名。平原鬲縣。案鬲偃姓。皋陶之後。封於鬲。斟灌。夏同姓諸侯。樂安壽光縣東南有灌亭。斟尋。夏同姓諸侯。北海平壽縣東南有斟亭。過。國名。東萊掖縣北有過鄉。戈。在宋鄭之間。狐駘。邾邑。魯國番縣東南有目台亭。

李氏廉曰。陳圍頓。以甚楚人之怨。與鄭獲公子燮以激楚之爭。二事相類。其後皆連兵數載而不息。非處己寡怨之道也。且楚昔嘗圍陳而納頓。今陳復圍頓。以怒楚。禍患之極。安有已哉。逃歸之兆在此矣。

癸巳 靈王四年 **五年** 晉悼五年。齊靈十四年。衛獻九年。蔡景二十四年。鄭僖三年。曹成十年。陳哀公溺元年。杞桓六十九年。宋平八年。秦景九年。楚共二十三年。吳壽夢十八年。

春公至自晉

附錄左 王使王叔陳生愬戎於晉。晉人執之。士魴如京師。言王叔之貳於戎也。

夏鄭伯使公子發來聘

左 夏。鄭子國來聘。通嗣君也。

趙氏鵬飛曰。鄭僖新立。雖與雞澤之盟。而聘使未交於諸侯。故以發來聘。然鄭成陷於楚。今僖公復從禮義之風。行聘問之禮。亦足以榮矣。

叔孫豹鄫世子巫如晉

左 穆叔覿鄫大子於晉。以成屬鄫。書曰。叔孫豹。鄫大子巫如晉。言比諸魯大夫也。

公 外相如不書。此何以書。為叔孫豹率而與之俱也。叔孫豹則曷為率而與之俱。蓋舅出也。莒將滅之。故相與往殆乎晉也。莒將滅之。則曷為相與往殆乎晉。取後乎莒也。其取後乎莒奈何。莒女有為鄫夫人者。蓋欲立其出也。

穀 外不言如。而言如。為我事往也。

劉氏敞曰。鄫請於魯。為之附庸。故相與往見於晉也。鄫曷為為附庸於魯。鄫不勝莒魯之患。求為附庸以自定。諸侯死社稷。正也。不能守其國。以卑其宗廟。鄫失正矣。天子建附庸。非天子命而私有之。魯失正矣。故曰叔孫豹鄫世子巫如晉。猶吾大夫焉。交譏之。汪氏克寬曰。諸侯之世子。未誓。以皮帛繼子男。而亞於大夫之列。非禮也。然春秋時較彊弱之勢。而無君臣之分。以大國之卿。當小國之君。故鄫國微弱。而其世子次於魯大夫也。叔孫豹偕鄫世子巫如晉。而不言及。是旅見於霸國也。仲孫蔑衛孫林父受命於晉以會吳。而不言及。是旅見於吳也。旅見於晉。猶之可也。旅見於吳甚矣。

仲孫蔑衛孫林父會吳于善道

善道。公穀作稻。善道。地闕。案阮勝之南兗州記云。盱眙本吳善道地。

左 吳子使壽越如晉。辭不會于雞澤之故。且請聽諸侯之好。晉人將為之合諸侯。使魯衛先會吳。且告會期。故孟獻子孫文子會吳于善道。

穀 吳謂善伊。謂稻緩。號從中國。名從主人。

許氏翰曰。晉楚爭衡。權之在吳。故晉急吳如此。

秋大雩

左 秋。大雩。旱也。

楚殺其大夫公子壬夫

左 楚人討陳叛故。曰由令尹子辛實侵欲焉。乃殺之。書曰。楚殺其大夫公子壬夫。貪也。君子謂楚共王於是不刑。詩曰。周道挺挺。我心扃扃。講事不令。集人來定。已則無信。而殺人以逞。不亦難乎。夏書曰。成允成功。

劉氏敞曰。稱國以殺大夫者。罪累上也。壬夫之累上奈何。前此者。陳鄭去楚。卽晉。楚人伐之不服。嫃之不可。楚子怒曰。壬夫實侵欲焉。乃殺之。是遷也。然則壬夫之罪何。壬夫之爲人臣也。怙勢而懷利。足以殺其身已矣。

公會晉侯宋公陳侯衞侯鄭伯曹伯莒子邾子滕子薛伯齊世子光吳人鄫人于戚

左 九月。丙午。盟于戚。會吳。且命戍陳也。穆叔以屬鄫爲不利。使鄫大夫聽命于會。

公 吳何以稱人。吳鄫人云。則不辭。

胡傳曰。吳何以稱人。案左氏。吳子使壽越如晉。請聽諸侯之好。晉人將爲之合諸侯。使魯衞大夫會吳于善道。且告會期。然則戚之事。乃吳人來會。不爲主也。來會諸侯。而不爲主。則進而稱人。諸侯往與之會而主吳。則貶而稱國。聖人之情見矣。春秋之義明矣。

公至自會

冬戍陳左見下句。

公 孰戍之。諸侯戍之。曷爲不言諸侯戍之。離至不可得而序。故言我也。

穀 內辭也。

杜氏預曰。諸侯在戚會。皆受命戍陳。各還國遣戍。不復有告命。故獨書魯戍。程子曰。非王命而勤民遠戍。罪也。而善於戍陳。何哉。蓋陳附晉國。而楚爭之。則戍之者。在於助陳而距楚。與之可也。葉氏夢得曰。孰戍之。我也。會戚之諸侯。既受命於晉而歸。各爲之戍陳以備楚。不言諸侯。散辭也。

楚公子貞帥師伐陳公會晉侯宋公衞侯鄭伯曹伯齊世子光救陳曹伯下。公穀有莒子邾子滕子薛伯。

左 楚子囊爲令尹。范宣子曰。我喪陳矣。楚人討貳。而立子囊。必改行。而疾討陳。陳近於楚。民朝夕急。能無往乎。有陳非吾事也。無之而後可。冬。諸侯戍陳。子囊伐陳。十一月。甲午。會於城棣以救之。 城棣。鄭地。陳留酸棗縣西南有棣城。

十有二月公至自救陳

穀 善救陳也。

辛未季孫行父卒

[左]季文子卒。大夫入斂。公在位。宰庀家器為葬備。無衣帛之妾。無食粟之馬。無藏金玉。無重器備。君子是以知季文子之忠於公室也。相三君矣。而無私積。可不謂忠乎。

[甲午]靈王五年 **六年** 晉悼六年。齊靈十五年。衛獻十年。蔡景二十五年。鄭僖四年。曹成十一年。陳哀二年。杞桓七十年。宋平九年。秦景十年。楚共二十四年。吳壽夢十九年。

春王三月壬午杞伯姑容卒

[左]六年。春。杞桓公卒。始赴以名。同盟故也。

夏宋華弱來奔

[左]宋華弱與樂轡少相狎。長相優。又相謗也。子蕩怒。以弓梏華弱於朝。平公見之。曰。司武而梏於朝。難以勝矣。遂逐之。夏。宋華弱來奔。司城子罕曰。同罪異罰。非刑也。專戮於朝。罪孰大焉。亦逐子蕩。子蕩射子罕之門。曰。幾日而不我從。子罕善之如初。

高氏閌曰。不言逐而以自奔為文者。朝廷尚敬。而弱瀆慢如此。所以罪弱也。

秋葬杞桓公

滕子來朝

[左]秋。滕成公來朝。始朝公也。

季氏本曰。滕向無朝矣。此復來朝者。以魯睦於晉。賴魯以為庇耳。

莒人滅鄫

[左]莒人滅鄫。鄫恃賂也。

[穀]非滅也。中國日。卑國月。夷狄時。鄫中國也。而時。非滅也。家有既亡。國有既滅。滅而不自知。由別之而不別也。莒人滅鄫。非滅也。立異姓以莅祭祀。滅亡之道也。

[纂]莒人滅鄫。經文甚明。襄八年。莒以疆鄫田伐魯東鄙。則鄫為莒滅無疑也。左氏以為鄫恃賂。蓋鄫之託魯必有賂。而魯不終其託。故為莒滅耳。公穀以昭四年取鄫。遂疑鄫未嘗滅。而有立異姓之說。趙氏匡駁之。謂鄫果以外孫為嗣。則其罪在鄫。經當如梁亡之類而書鄫亡。不得書滅。又以為鄭既滅許。而許復見經。考據頗詳。今故不取公穀。而凡以為立異姓者俱刪之。

冬叔孫豹如邾

[左]冬。穆叔如邾。聘。且修平。

季孫宿如晉

[左]晉人以鄫故來討。曰。何故

十有二月齊侯滅萊

【左】十一月。齊侯滅萊。萊恃謀也。於鄭子國之來聘也。四月。晏弱城東陽。而遂圍萊。甲寅。堙之環城。傅於堞。及杞桓公卒之月。乙未。王湫帥師及正輿子。棠人軍齊師。齊師大敗之。丁未。入萊。萊共公浮柔奔棠。正輿子王湫奔莒。莒人殺之。四月。陳無宇獻萊宗器於襄宮。晏弱圍棠。十一月丙辰。而滅之。遷萊於郳。高厚崔杼定其田。棠。萊邑也。北海即墨縣有棠鄉。

【公】曷爲不言萊君出奔。國滅君死之。正也。

〔乙未〕靈王六年 **七年** 晉悼七年。齊靈十六年。衛獻十一年。蔡景二十六年。鄭僖五年。曹成十二年。陳哀三年。杞孝公匄元年。宋平十年。秦景十一年。楚共二十五年。吳壽夢二十年。

春郯子來朝

【左】七年。春。郯子來朝。始朝公也。

夏四月三卜郊不從乃免牲

【左】夏。四月。三卜郊不從。乃免牲。孟獻子曰。吾乃今而後知有卜筮。夫郊祀后稷。以祈農事也。是故啓蟄而郊。郊而後耕。今既耕而卜郊。宜其不從也。

【穀】夏。四月。不時也。三卜。禮也。乃者。亡乎人之辭也。

小邾子來朝

【左】小邾穆公來朝。亦始朝公也。

城費費音秘。

【左】南遺爲費宰。叔仲昭伯爲隧正。欲善季氏。而求媚於南遺。謂遺請城費。吾多與而役。故季氏城費。

家氏鉉翁曰。季孫行父身死子繼。首城賜邑。將以抗君而專國。春秋書以著犯上作亂之漸。李氏廉曰。費。魯疆邑。僖元年。賜季友汶陽之田及費。於是爲季氏邑矣。自南遺既城之後。費邑彊。南蒯繼爲費宰。非特季氏世卿。而陪臣亦世其邑。昭十二年。南蒯欲出季氏。不克。以費叛如齊。十三年。叔弓圍費。弗克敗焉。十四年。費人叛南氏。蒯奔齊。齊來歸費。及季桓子立。公山不狃爲費宰。定八年。不狃以費叛。十二年。始用子路墮三都。不狃叔孫輒帥費人襲魯。孔子命申句須樂頎伐之。二子奔齊。遂墮費。此一費之始終也。而季氏之盛衰可考矣。

秋季孫宿如衛

【左】秋。季武子如衛。報子叔之聘。且辭緩報。非貳也。

趙氏鵬飛曰。公即位。衛侯使公孫剽來聘。晉侯使荀罃來聘。既而公如晉者再。大夫如晉者三。而衛侯之聘。則未嘗報也。今七年而後季孫宿報之。其緩可知矣。衛雖弱。於魯固不敢責報。然亦疑魯之外衛矣。故冬孫林父來聘。且要盟。

八月螽

附錄左 冬十月晉韓獻子告老公族穆子有廢疾將立之辭曰詩曰豈不夙夜謂行多露又曰弗躬弗親庶民弗信無忌不才讓其可乎請立起也與田蘇游而曰好仁詩曰靖共爾位好是正直神之聽之介爾景福恤民爲德正直爲正正曲爲直參和爲仁如是則神聽之介福降之立之不亦可乎庚戌使宣子朝遂老晉侯謂韓無忌仁使掌公族大夫

冬十月衛侯使孫林父來聘壬戌及孫林父盟

左 衛孫文子來聘且拜武子之言而尋孫桓子之盟公登亦登叔孫穆子相趨進曰諸侯之會寡君未嘗後衛君今吾子不後寡君寡君未知所過吾子其少安孫子無辭亦無悛容穆叔曰孫子必亡爲臣而君過而不悛亡之本也詩曰退食自公委蛇委蛇謂從者也衡而委蛇必折

楚公子貞帥師圍陳

十有二月公會晉侯宋公陳侯衛侯曹伯莒子邾子于鄬 鄬或作隔于軌反 鄬鄭地

左 楚子囊圍陳會于鄬以救之

孔氏穎達曰楚既圍陳而陳侯亦列於會者當是圍之不密故陳侯得出會求救也陳侯逃歸陳遂屬楚諸侯不與楚戰各自罷歸不成爲救故不書救也 汪氏克寬曰自是凡會同無陳矣 季氏本曰楚以十月圍陳將歷一冬而悼公始會諸侯遷延鄭地是有畏楚之心而不能急救陳也豈眞有意懷陳者哉

鄭伯髡頑如會未見諸侯丙戌卒于鄵 髡苦門反公穀作髡原鄵七報反公穀作操鄵鄭地

左 鄭僖公之爲大子也於成之十六年與子罕適晉不禮焉又與子豐適楚亦不禮焉及其元年朝于晉子豐欲愬諸晉而廢之子罕止之及將會于鄬子駟相又不禮焉侍者諫不聽又諫殺之及鄵子駟使賊夜弒僖公而以瘧疾赴于諸侯簡公生五年奉而立之

公 操者何鄭之邑也諸侯卒其封內不地此何以地隱之也何隱爾弒也孰弒之其大夫弒之曷爲不言其大夫弒之爲中國諱也曷爲爲中國諱鄭伯將會諸侯于鄬其大夫諫曰中國不足歸也則不若與楚鄭伯曰不可其大夫曰以中國爲義則伐我喪以中國爲彊則不若楚於是弒之鄭伯髡原何以名傷而反未至乎舍而卒也未見諸侯其言如會何致其意也

穀 未見諸侯其曰如會何也致其志也禮諸侯不生名此其生名何也卒之名也卒之名則何爲加之如會之上見以如會卒也其見以如會卒何也鄭伯將會中國其臣欲從楚不勝其臣弒而死其不言弒何也不使夷狄之民加乎中國之君也其地於外也其日未踰竟也日卒時葬正也

劉氏敞曰鄵者何鄭之邑也諸侯卒其封內不地其曰鄭伯髡頑如會未見諸侯卒于鄵何見乎其以如會而卒也何見乎其以如會而卒傳曰弒也孰弒之其大夫公子騑弒之公子騑弒之奈何公子騑執鄭國之政鄭伯不禮焉公子騑怒鄭伯將會諸侯廢之公子騑

欲與楚。鄭伯曰不可。公子騑於是使賊弒鄭伯。此弒也。曷為不言其弒。以卒赴也。以卒赴則曷為遂書之。偏絕其臣子也。曷為偏絕其臣子。臣弒君。凡在官者殺無赦。子弒父。凡在宮者殺無赦。故君弒臣不討賊。命之曰非臣。親弒子不復讎。命之曰非子。非臣非子。大惡莫甚焉。鄭非無臣子也。君子即其所以赴於諸侯而遂書之。見鄭之無臣子也。弒君多矣。曷為獨於此為偏絕其臣子。曰趙盾之弒其君也。董狐書之以示於朝。赴於諸侯。仲尼曰良史也。崔杼之弒其君也。太史書之。崔杼殺之。其弟又書之。又殺之。其弟又書之。乃舍之。然後以赴於諸侯。曰崔杼弒其君也。弒君有四。有絕其君者。有絕其臣者。有非所絕而絕之者。有舉其臣子而絕之者。此之謂也。

案經書鄭伯卒。而三傳皆曰被弒。趙氏匡信經而疑傳。似亦有見。然左氏去聖未遠。公穀皆原本於聖門。當日必有所據。明年。鄭羣公子以僖公之死謀子駟。則子駟之弒君可知矣。劉氏敞謂從赴書卒。以見鄭無臣子。是也。公羊以為諱。穀梁以為君不勝其臣。皆非經旨。

陳侯逃歸

左 陳人患楚。慶虎慶寅謂楚人曰。吾使公子黃往而執之。楚人從之。二慶使告陳侯於會曰。楚人執公子黃矣。君若不來。羣臣不忍社稷宗廟。懼有二圖。陳侯逃歸。

穀 以其去諸侯。故逃之也。

案陳侯以國難逃歸。說者以背晉從楚為陳罪。持論甚正。而其實晉之不欲有陳。固已早有成算矣。晉之圖霸。汲汲於得宋得鄭。而陳在所緩。范宣子曰。陳非吾事。無之而後可。故五年楚伐陳。晉合諸侯以救之。猶有恤患之意。七年楚圍陳。晉雖再合諸侯而不成救。鄬之會陳侯逃歸。邢丘之盟陳侯不至。晉皆置若罔聞。晉之謀陳者日以疎。而楚之謀陳者日以迫。則陳之從楚。乃晉之棄陳也。春秋書之。亦以譏晉伯之不振焉耳。

丙申 靈王七年 **八年** 晉悼八年。齊靈十七年。衛獻十二年。蔡景二十七年。鄭簡公嘉元年。曹成十三年。陳哀四年。杞孝二年。宋平十一年。秦景十二年。楚共二十六年。吳壽夢二十一年。

春王正月公如晉

左 八年。春。公如晉。朝。且聽朝聘之數。

汪氏克寬曰。襄公嗣位甫及八年。而三朝於晉。自宣公媚齊之外。春秋事霸之禮。未有若是其勤也。晉悼立未十年。而魯君四朝。豈非倍於諸侯事天子五年一朝之制乎。悼公改命朝聘之數。其亦知過矣。

夏葬鄭僖公

附錄左 鄭羣公子以僖公之死也。謀子駟。子駟先之。夏。四月。庚辰。辟殺子狐。子熙。子侯。子丁。孫擊孫惡出奔衛。

公 賊未討。何以書葬。為中國諱也。

案鄭僖被弒。經既從赴而書卒。則自當書葬。

鄭人侵蔡獲蔡公子燮（燮、穀作濕。後同。）

【左】庚寅。鄭子國子耳。侵蔡。獲蔡司馬公子燮。鄭人皆喜。唯子產不順。曰。小國無文德而有武功。禍莫大焉。楚人來討。能勿從乎。從之。晉師必至。晉楚伐鄭。自今鄭國不四五年弗得寧矣。子國怒之曰。爾何知。國有大命。而有正卿。童子言焉。將為戮矣。

【公】此侵也。其言獲何。侵而言獲者。適得之也。

【穀】人。微者也。侵。淺事也。而獲公子。公子病矣。

杜氏預曰。鄭侵蔡。欲以求媚於晉。既無晉命。又無直辭。主少興師。動而無謀。以生國患。故貶之稱人。

季孫宿會晉侯鄭伯齊人宋人衛人邾人于邢丘

【左】五月甲辰。會于邢邱。以命朝聘之數。使諸侯之大夫聽命。季孫宿齊高厚宋向戌衛甯殖邾大夫會之。鄭伯獻捷於會。故親聽命。大夫不書。尊晉侯也。

【穀】見魯之失正也。公在而大夫會也。

胡傳曰。大夫稱人。貶之也。昔周公戒成王。以繼自今我其立政立事。夫不自為政。而委於臣下。是以國之利器示人而不知寶也。朝聘事之大者。重煩諸侯。而使大夫聽命。無乃以姑息愛人而不由德乎。使政在大夫。而諸侯失國。又豈所以愛之也。後此八年。溴梁之會。悼公初沒。諸侯皆在。而大夫獨盟。君若贅旒。夫豈一朝一夕之故哉。故邢邱之事。魯公在晉。而季孫宿會。見魯之失政也。諸侯之大夫貶而稱人。謹其始也。　孔氏穎達曰。公以正月如晉。此會之下。始云公至。則晉侯適會。公乃歸魯。季孫蓋從公朝晉。即從晉赴會。　卓氏爾康曰。邢邱之會。以命朝聘。胡傳以重煩諸侯。而使大夫聽命。是謂姑息愛人。非也。此正悼公之以謹嚴馭眾也。諸侯與國為我敵體。惟大夫可以命令之。君指撝。臣攝伏。聽則與。違則執。我法可行。彼勢可受。不失尊重之常。又於政體甚便。雖以魯襄在晉。特不令其與會也。不令魯襄與會者。優之也。

【案】邢邱之會。重煩諸侯。而使大夫聽命。胡傳謂姑息愛人。不自為政。而委於臣下者。防微之論也。悼公霸業修舉。豈有權移於下之事。卓氏爾康謂馭眾謹嚴。正在於此。其說亦通。今並存之。穀梁謂公在而大夫會。杜注孔疏皆同。蓋季孫從公朝晉。遂由晉而赴邢邱耳。經於會後始書公至。則季孫往會之時。公尚在晉也。劉氏敞謂公已反而復遣季孫。似未可信。

公至自晉

莒人伐我東鄙

【左】莒人伐我東鄙。以疆鄫田。

秋九月大雩

【左】秋。九月。大雩。旱也。

冬楚公子貞帥師伐鄭

左 冬楚子囊伐鄭討其侵蔡也子駟子國子耳欲從楚子孔子蟜子展欲待晉子駟曰周詩有之曰俟河之清人壽幾何兆云詢多職競作羅謀之多族民之多違事滋無成民急矣姑從楚以紓吾民晉師至吾又從之敬共幣帛以待來者小國之道也犧牲玉帛待於二竟以待彊者而庇民焉寇不爲害民不罷病不亦可乎子展曰小所以事大信也小國無信兵亂日至亡無日矣五會之信今將背之雖楚救我將安用之親我無成鄙我是欲不可從也不如待晉晉君方明四軍無闕八卿和睦必不棄鄭楚師遼遠糧食將盡必將速歸何患焉舍之聞之杖莫如信完守以老楚杖信以待晉不亦可乎子駟曰詩云謀夫孔多是用不集發言盈庭誰敢執其咎如匪行邁謀是用不得於道請從楚騑也受其咎乃及楚平使王子伯駢告於晉曰君命敝邑修而車賦儆而師徒以討亂略蔡人不從敝邑之人不敢寧處悉索敝賦以討於蔡獲司馬燮獻于邢丘今楚來討曰女何故稱兵於蔡焚我郊保馮陵我城郭敝邑之衆夫婦男女不遑啟處以相救也翦焉傾覆無所控告民死亡者非其父兄即其子弟夫人愁痛不知所庇民知窮困而受盟於楚孤也與其二三臣不能禁止不敢不告知武子使行人子員對之曰君有楚命亦不使一介行李告於寡君而即安於楚君之所欲也誰敢違君寡君將帥諸侯以見於城下唯君圖之

晉侯使士匄來聘

左 晉范宣子來聘且拜公之辱告將用師於鄭公享之宣子賦摽有梅季武子曰誰敢哉今譬於草木寡君在君君之臭味也歡以承命何時之有武子賦角弓賓將出武子賦彤弓宣子曰城濮之役我先君文公獻功於衡雍受彤弓於襄王以爲子孫藏匄也先君守官之嗣也敢不承命君子以爲知禮

丁酉 靈王八年 **九年** 晉悼九年齊靈十八年衛獻十三年蔡景二十八年鄭簡二年曹成十四年陳哀五年杞孝三年宋平十二年秦景十三年楚共二十七年吳壽夢二十二年

春宋災 災公作火

左 九年春宋災樂喜爲司城以爲政使伯氏司里火所未至徹小屋塗大屋陳畚挶具綆缶備水器量輕重蓄水潦積土塗巡丈城繕守備表火道使華臣具正徒令隧正納郊保奔火所使華閱討右官官庀其司向戌討左亦如之使樂遄庀刑器亦如之使皇鄖命校正出馬工正出車備甲兵庀武守使西鉏吾庀府守令司宮巷伯儆宮二師令四鄉正敬享祝宗用馬於四墉祀盤庚於西門之外晉侯問於士弱曰吾聞之宋災於是乎知有天道何故對曰古之火正或食於心或食於咮以出內火是故咮爲鶉火心爲大火陶唐氏之火正閼伯居商丘祀大火而火紀時焉相土因之故商主大火商人閱其禍敗之釁必始於火是以日知其有天道也公曰可必乎對曰在道國亂無象不可知也

公 曷爲或言災或言火大者曰災小者曰火然則內何以不言火內不言火者甚之也何以書記災也外災不書此何以書爲王者之後記災也

【穀】外災不志。此其志何也。故宋也。【案】宋災書者。宋來告也。當以杜氏預爲正。公穀以爲外災不書者。非也。至謂宋爲王者之後。孔子之先。故書其災。則鑿矣。昭十八年。衞陳鄭與宋同日而災。果如公穀之言。春秋獨書宋可也。何以合四國備書之乎。

夏季孫宿如晉

【左】夏。季武子如晉。報宣子之聘也。

高氏閌曰。公朝晉。而晉來聘。又使報焉。事大國之禮勤矣。

五月辛酉夫人姜氏薨

【左】穆姜薨於東宮。始往而筮之。遇艮之八。史曰。是謂艮之隨。隨其出也。君必速出。姜曰。亡。是於周易曰。隨。元亨利貞。无咎。元。體之長也。亨。嘉之會也。利。義之和也。貞。事之幹也。體仁足以長人。嘉德足以合禮。利物足以和義。貞固足以幹事。然故不可誣也。是以雖隨无咎。今我婦人。而與於亂。固在下位。而有不仁。不可謂元。不靖國家。不可謂亨。作而害身。不可謂利。棄位而姣。不可謂貞。有四德者。隨而无咎。我皆無之。豈隨也哉。我則取惡。能無咎乎。必死於此。弗得出矣。

【附錄左】秦景公使士雃乞師於楚。將以伐晉。楚子許之。子囊曰。不可。當今吾不能與晉爭。晉君類能而使之。舉不失選。官不易方。其卿讓於善。其大夫不失守。其士競於教。其庶人力於農穡。商工皁隸。不知遷業。韓厥老矣。知罃稟焉以爲政。范匄少於中行偃而上之。使佐中軍。韓起少於欒黶。而欒黶士魴上之。使佐上軍。魏絳多功。以趙武爲賢而爲之佐。君明臣忠。上讓下競。當是時也。晉不可敵。事之而後可。君其圖之。王曰。吾既許之矣。雖不及晉。必將出師。秋。楚子師於武城。以爲秦援。秦人侵晉。晉饑。弗能報也。

秋八月癸未葬我小君穆姜（公作繆姜。）

家氏鉉翁曰。穆姜爲行父所幽而死。魯國之大。無有如頴考叔之悟其君者。畏季氏也。行父取穆姜喪具以葬齊姜。其心可誅矣。〇

冬公會晉侯宋公衞侯曹伯莒子邾子滕子薛伯杞伯小邾子齊世子光伐鄭十有二月己亥同盟于戲（戲。許宜反。）

戲。鄭地。成十七年。諸侯伐鄭。自戲童至於曲洧。即此也。

【左】冬。十月。諸侯伐鄭。庚午。季武子。齊崔杼。宋皇鄖。從荀罃。士匄。門於鄟門。衞北宮括。曹人。邾人。從荀偃。韓起。門於師之梁。滕人。薛人。從欒黶。士魴。門於北門。杞人。郳人。從趙武。魏絳。斬行栗。甲戌。師于氾。令於諸侯曰。修器備。盛餱糧。歸老幼。居疾於虎牢。肆眚。圍鄭。鄭人恐。乃行成。中行獻子曰。遂圍之。以待楚人之救也。而與之戰。不然無成。知武子曰。許之盟而還師。以敝楚人。吾三分四軍。與諸侯之銳。以逆來者。於我未病。楚不能矣。猶愈於戰。暴骨以逞。不可以爭。大勞未艾。君子勞心。小人勞力。先王之制也。諸侯皆不欲戰。乃許鄭成。十一月。己亥。同盟于戲。鄭服也。將

盟鄭六卿公子騑公子發公子嘉公孫輒公孫蠆公孫舍之及其大夫門子皆從鄭伯晉士莊子爲載書曰自今日既盟之後鄭國而不唯晉命是聽而或有異志者有如此盟公子騑趨進曰天禍鄭國使介居二大國之間大國不加德音而亂以要之使其鬼神不獲歆其禋祀其民人不獲享其土利夫婦辛苦墊隘無所底告自今日既盟之後鄭國而不唯有禮與彊可以庇民者是從而敢有異志者亦如之荀偃曰改載書公孫舍之曰昭大神要言焉若可改也大國亦可叛也知武子謂獻子曰我實不德而要人以盟豈禮也哉非禮何以主盟姑盟而退修德息師而來終必獲鄭何必今日我之不德民將棄我豈惟鄭若能休和遠人將至何恃於鄭乃盟而還晉人不得志於鄭以諸侯復伐之十二月癸亥門其三門閏月戊寅濟於陰阪侵鄭次於陰口而還子孔曰晉師可擊也師老而勞且有歸志必大克之子展曰不可 汜鄭之東汜陰阪洧津陰口鄭地

附錄左 公送晉侯晉侯以公宴於河上問公年季武子對曰會于沙隨之歲寡君以生晉侯曰十二年矣是謂一終一星終也國君十五而生子冠而生子禮也君可以冠矣大夫盍爲冠具武子對曰君冠必以祼享之禮行之以金石之樂節之以先君之祧處之今寡君在行未可具也請及兄弟之國而假備焉晉侯曰諾公還及衛冠於成公之廟假鐘磬焉禮也

穀 不異言鄭善得鄭也不致恥不能據鄭也

呂氏大圭曰案左氏同盟于戲鄭與焉然柯陵之盟亦書於伐鄭之後則鄭服未可知今以經考之盟柯陵之後諸侯再伐鄭則其未得志於鄭可知盟戲之後楚子伐鄭則爲鄭服可知十一年同盟亳城北此亦鄭受盟也會于蕭魚亦鄭與會也皆書於伐鄭之後比事而觀可見矣 汪氏克寬曰齊桓之時在於服楚晉文之時在於勝楚晉悼之時在於敝楚蓋召陵以前楚人加兵於鄭及次陘之伐屈完來盟而鄭無楚患矣城濮之前楚滅黃而霸主不能恤敗徐而諸大夫不能救執盟主而在會者不敢與之爭既又成穀逼齊合兵圍宋威動天下及得臣敗績而楚頓懾服矣迨夫晉師敗邲之後楚復陵駕北方既縣陳入鄭又滅蕭圍宋于蜀之會奄然以大夫主盟諸侯而聽命者十有一國卒之保鄭以爲已有厲公敗之於鄢陵三假王命以伐鄭而終不服悼公復伯鄭與於五會之信而猶叛焉悼公欲直擣方城漢水之境繼齊桓帖荊之績則楚寖彊盛未肯服義而昔者處父之伐不足以屈其力也欲與之決勝復文公館穀之捷則暴骨以逞克不可命而先君鄢陵之勝不足以服其心也於是數伐鄭而不與楚戰使楚人疲於奔命而莫能爭鄭既有以挫其暴狠之鋒又有以摧其憑陵之志桓文以降於斯爲盛故于戲亳北雖書同盟以惡鄭之反覆而會于蕭魚特筆以著其美也然悼公四駕伐鄭惟盟戲不致者因子駟之言而未得志於鄭是以不書至穀梁子所謂恥不能據鄭者是也亦猶會鄬謀陳不成救而不書至會耳悼公九合諸侯獨於于鄬于戲不致春秋豈無意哉

楚子伐鄭

左 楚子伐鄭子駟將及楚平子孔子蟜曰與大國盟口血未乾而背之可乎子駟子展曰吾盟固云唯彊是從今楚師至晉不我救則楚彊矣盟誓之言豈敢背之且要盟無質神弗臨也所臨唯信信者言之瑞也善之主也是故臨之明神不蠲要盟背之可也乃及楚平公子

罷戎入盟。同盟於中分。楚莊夫人卒。王未能定鄭而歸。中分。鄭城中里名。

附錄 左 晉侯歸。謀所以息民。魏絳請施舍。輸積聚以貸。自公以下。苟有積者。盡出之。國無滯積。亦無困人。公無禁利。亦無貪民。祈以幣更。賓以特牲。器用不作。車服從給。行之期年。國乃有節。三駕而楚不能與爭。

戊戌 靈王九年

十年

晉悼十年。齊靈十九年。衛獻十四年。蔡景二十九年。鄭簡三年。曹成十五年。陳哀六年。杞孝四年。宋平十三年。秦景十四年。楚共二十八年。吳壽夢二十三年。

春公會晉侯宋公衛侯曹伯莒子邾子滕子薛伯杞伯小邾子齊世子光會吳于柤

柤。莊加反。柤。楚地。

左 十年。春。會于柤。會吳子壽夢也。三月。癸丑。齊高厚相太子光。以先會諸侯於鍾離。不敬。士莊子曰。高子相太子以會諸侯。將社稷是衛。而皆不敬。棄社稷也。其將不免乎。夏。四月。戊午。會于柤。

穀 會又會外之也。

案 晉悼之時。楚氛方熾。晉合諸侯以攘之。猶懼不足以集事。於是通吳以為犄角之勢。及鄭已服。晉而楚不敢爭。則晉不復恃吳矣。故吳伐楚喪。范宣子數其不德以退之。蓋用吳而不肯為吳用。晉之君臣。早有成算。說者必以會吳為悼公伯業之累。不亦過乎。

夏五月甲午遂滅偪陽

偪。音福。又彼力反。穀作傅。偪陽。彭城傅陽縣也。章懷太子曰。偪陽故城。在丞縣南。

左 晉荀偃。士匄。請伐偪陽。而封宋向戌焉。荀罃曰。城小而固。勝之不武。弗勝為笑。固請。丙寅。圍之。弗克。孟氏之臣。秦堇父。輦重如役。偪陽人啟門。諸侯之士門焉。縣門發。郰人紇抉之。以出門者。狄虒彌建大車之輪。而蒙之以甲。以為櫓。左執之。右拔戟。以成一隊。孟獻子曰。詩所謂有力如虎者也。主人縣布。堇父登之。及堞而絕之。隊則又縣之。蘇而復上者三。主人辭焉。乃退。帶其斷以徇於軍。三日。諸侯之師。久於偪陽。荀偃。士匄。請於荀罃曰。水潦將降。懼不能歸。請班師。知伯怒。投之以机。出於其間。曰。女成二事。而後告余。余恐亂命。以不女違。女既勤君。而興諸侯。牽帥老夫。以至於此。既無武守。而又欲易余罪。曰。是實班師。不然。克矣。余羸老也。可重任乎。七日不克。必爾乎取之。五月。庚寅。荀偃。士匄。帥卒攻偪陽。親受矢石。甲午。滅之。書曰。遂滅偪陽。言自會也。以與向戌。向戌辭曰。君若猶辱鎮撫宋國。而以偪陽光啟寡君。羣臣安矣。其何貺如之。若專賜臣。是臣興諸侯以自封也。其何罪大焉。敢以死請。乃予宋公。宋公享晉侯於楚丘。請以桑林。荀罃辭。荀偃。士匄曰。諸侯宋魯。於是觀禮。魯有禘樂。賓祭用之。宋以桑林享君。不亦可乎。舞師題以旌夏。晉侯懼而退入於房。去旌。卒享而還。及著雍。疾。卜。桑林見。荀偃。士匄欲奔請禱焉。荀罃不可。曰。我辭禮矣。彼則以之。猶有鬼神。於彼加之。晉侯有間。以偪陽子歸。獻於武宮。謂之夷俘。偪陽。妘姓也。使周內史選其族嗣。納諸霍人。禮也。師歸。孟獻子以秦堇父為右。生秦丕茲。事仲尼。郰。郰邑。魯縣東南莝城是也。霍人。晉邑。

穀 遂。直遂也。其曰遂何。不以中國從夷狄也。汪氏克寬曰。偪陽國及柤地。皆在沛縣。乃吳入北方之要衝。則悼公之會吳于柤。蓋謀滅偪陽而通吳也。齊桓之霸。滅譚滅遂。降鄣遷陽。晉文之霸。執曹伯。逐衛侯。悼公之霸。滅偪陽。皆功不揜過。此孟子所以謂五霸者三王之罪人也。

公至自會

【穀】會夷狄不致。惡事不致。此其致何也。存中國也。中國有善事則并焉。無善事則異之存之也。汲鄭伯。逃歸陳侯。致柤之會。存中國也。

楚公子貞鄭公孫輒帥師伐宋

【左】六月。楚子囊鄭子耳伐宋。師於訾毋。庚午。圍宋。門於桐門。　訾毋。宋地。

晉師伐秦

【左】晉荀罃伐秦。報其侵也。

【附錄左】衞侯救宋。師於襄牛。鄭子展曰。必伐衞。不然。是不與楚也。得罪於晉。又得罪於楚。國將若之何。子駟曰。國病矣。子展曰。得罪於二大國。必亡。病不猶愈於亡乎。諸大夫皆以爲然。故鄭皇耳帥師侵衞。楚令也。孫文子卜追之。獻兆於定姜。姜氏問繇。曰。兆如山陵。有夫出征。而喪其雄。姜氏曰。征者喪雄。禦寇之利也。大夫圖之。衞人追之。孫蒯獲鄭皇耳於犬丘。秋七月。楚子囊鄭子耳伐我西鄙。還。圍蕭。八月。丙寅。克之。九月。子耳侵宋北鄙。孟獻子曰。鄭其有災乎。師競已甚。周猶不堪競。況鄭乎。有災。其執政之三士乎。

秋莒人伐我東鄙

【左】莒人間諸侯之有事也。故伐我東鄙。

汪氏克寬曰。莒屢同晉悼之盟。而乘間加兵於魯。其無忌憚亦甚矣。

公會晉侯宋公衞侯曹伯莒子邾子齊世子光滕子薛伯杞伯小邾子伐鄭　此三駕之一。

【左】諸侯伐鄭。齊崔杼使大子光先至於師。故長於滕。己酉。師於牛首。

汪氏克寬曰。齊世子光同盟雞澤。會戚救陳。盟戲會柤。皆序小邾子之下。惟此年伐鄭序滕薛杞小邾子之上。而傳稱光先至於師。明年兩伐鄭。又序莒邾之上。傳亦云齊太子光。宋向戌先至於鄭。杜氏皆云爲盟主所尊。故進之。夫諸侯之世子。誓於天子而攝其君者。下其君之禮一等。則侯國世子。宜次於伯爵之君之下。齊光未誓於天子。而可序於薛伯杞伯之上乎。成十五年。宋世子成序齊大夫之上。昭四年。宋世子佐序小邾子之下。以上公世子。而次於子爵。是則世子未誓於天子。以皮帛繼子男之常制也。齊光序諸侯之上。是晉悼以私意之向背。謂莒邾薛杞國弱而卑。齊光國大而彊。故紊周班而進之也。況自晉悼之伯。莒邾以子爵而常在薛伯杞伯之上。則班爵之等。又安可以先王舊制論之哉。據事直書。義自見矣。

冬盜殺鄭公子騑公子發公孫輒　騑。公穀作斐。書盜始此。

【左】初。子駟與尉止有爭。將禦諸侯之師。而黜其車。尉止獲。又與之爭。子駟抑尉止曰。爾車非禮也。遂弗使獻。初。子駟爲田洫。司氏。堵氏。侯氏。子師氏。皆喪田焉。故五族聚羣不逞之人。因公子之徒以作亂。於是子駟當國。子國爲司馬。子耳爲司空。子孔爲司徒。冬。十月。戊辰。尉止。司臣。侯晉。堵女父。子師僕帥賊以入。晨攻執政於西宮之朝。殺子駟。子國。子耳。劫鄭伯以如北宮。子孔知之。故不死。書曰盜。言無大夫焉。子西聞盜。不儆而出。尸而追盜。盜入於北宮。乃歸授甲。臣妾多逃。器用多喪。子產聞盜。爲門者。庀羣司。閉府庫。愼閉藏。完守備。成列而後出。兵車十七乘。尸而攻盜於北宮。子蟜帥國人助之。殺尉止。子師僕。盜衆盡死。侯晉奔晉。堵女父。司臣。尉翩。司齊奔宋。子孔當國。爲載書。以位序。聽政辟。大夫諸司門子弗順。將誅之。子產止之。請爲之焚書。子孔不可。曰。爲書以定國。衆怒而焚之。是衆爲政也。國不亦難乎。子產曰。衆怒難犯。專欲難成。合二難以安國。危之道也。不如焚書以安衆。子得所欲。衆亦得安。不亦可乎。專欲無成。犯衆興禍。子必從之。乃焚書於倉門之外。衆而後定。

穀　稱盜以殺大夫。弗以上下道。惡上也。

孔氏穎達曰。若國家討而殺之。則舉國名。言殺其大夫。若非國討。兩下相殺。則兩書名氏。主札子殺。召伯毛伯是也。此非國討。亦當兩書名氏。但殺之者尉止司臣之徒。皆非卿也。非卿則名氏不合見經。故稱之爲盜。凡言其者。是其所有也。君是臣之君。故書弑其君。臣是君之臣。故書殺其大夫。盜者寇賊之名。賤之不繫於國。被殺者非盜之所有。既以盜爲文。故不得言其大夫。　劉氏敞曰。穀梁曰。稱盜以殺大夫。弗以上下道。惡上也。非也。若以盜者指其君乎。殺其臣而謂之盜。是不正名也。若以盜者固盜賊乎。稱盜乃宜矣。又何云弗以上下道也。如穀梁之意。以上下道。則曰盜殺其大夫乎。則是大夫爲盜之臣。盜爲大夫之君。乃可耳。

案　鄭三卿之死。經書盜殺。胡傳本程子說。以爲失卿職者。非也。身爲國卿。而駢首受戮於盜。則不能其職明矣。何待削其大夫。而始爲當官失職者之戒乎。杜注孔疏。謂以盜爲文。故不得言其大夫。於義爲長。

戍鄭虎牢。楚公子貞帥師救鄭。

左　諸侯之師城虎牢而戍之。晉師城梧及制。士魴。魏絳戍之。書曰。戍鄭虎牢。非鄭地也。言將歸焉。鄭及晉平。楚子囊救鄭。十一月。諸侯之師還鄭而南。至於陽陵。楚師不退。知武子欲退。曰。今我逃楚。楚必驕。驕則可與戰矣。欒黶曰。逃楚。晉之恥也。合諸侯以益恥。不如死。我將獨進。師遂進。己亥。與楚師夾潁而軍。子蟜曰。諸侯既有成行。必不戰矣。從之將退。不從亦退。退。楚必圍我。猶將退也。不如從楚。亦以退之。宵涉潁。與楚人盟。欒黶欲伐鄭師。荀罃不可。曰。我實不能禦楚。又不能庇鄭。鄭何罪。不如致怨焉而還。今伐其師。楚必救之。戰而不克。爲諸侯笑。克不可命。不如還也。丁未。諸侯之師還。侵鄭北鄙而歸。楚人亦還。　梧。鄭舊地也。陽陵。鄭地。

公　孰戍之。諸侯戍之。曷爲不言諸侯戍之。離至不可得而序。故言我也。諸侯已取之矣。曷爲繫之鄭。諸侯莫之主有。故反繫之鄭。

穀　其曰鄭虎牢。決鄭乎虎牢也。

劉氏敞曰。穀梁曰。其曰鄭虎牢。決鄭乎虎牢也。非也。城人之邑。戍人之都。勢必繫其國而言。有不繫其國者。乃變例也。如其繫國矣。此乃常文。又何決哉。

案　胡傳謂虎牢繫鄭。爲罪諸侯。非也。既城虎牢而不戍。何貴乎城。諸侯合兵以戍之。所以庇鄭而抗楚。三駕之績。實本於此。何非之有焉。又謂楚師救鄭。春秋以救許楚。亦非也。此年書楚救鄭。與僖二十八年書楚救衛義同。葢以見晉伯之方興。而楚不能爭耳。今故不主胡氏說。

公至自伐鄭

附錄左 王叔陳生與伯輿爭政。王右伯輿。王叔陳生怒而出奔。及河。王復之。殺史狡以說焉。不入。遂處之。晉侯使士匄平王室。王叔與伯輿訟焉。王叔之宰與伯輿之大夫瑕禽坐獄於王庭。士匄聽之。王叔之宰曰。篳門閨竇之人而皆陵其上。其難為上矣。瑕禽曰。昔平王東遷。吾七姓從王。牲用備具。王賴之。而賜之騂旄之盟。曰。世世無失職。若篳門閨竇。其能來東底乎。且王何賴焉。今自王叔之相也。政以賄成。而刑放於寵。官之師旅不勝其富。吾能無篳門閨竇乎。唯大國圖之。下而無直。則何謂正矣。范宣子曰。天子所右。寡君亦右之。所左。亦左之。使王叔氏與伯輿合要。王叔氏不能舉其契。王叔奔晉。不書。不告也。單靖公為卿士。以相王室。

紀 靈王十年 **十有一年** 晉悼十一年。齊靈二十年。衛獻十五年。蔡景三十年。鄭簡四年。曹成十六年。陳哀七年。杞孝五年。宋平十四年。秦景十五年。楚共二十九年。吳壽夢二十四年。

春王正月作三軍

左 十一年。春。季武子將作三軍。告叔孫穆子曰。請為三軍。各征其軍。穆子曰。政將及子。子必不能。武子固請之。穆子曰。然則盟諸。乃盟諸僖閎。詛諸五父之衢。正月。作三軍。三分公室。而各有其一。三子各毀其乘。季氏使其乘之人。以其役邑入者無征。不入者倍征。孟氏使半為臣。若子若弟。叔孫氏使盡為臣。不然不舍。

公 三軍者何。三卿也。作三軍何以書。譏。何譏爾。古者上卿。下卿。上士。下士。

穀 作。為也。古者天子六師。諸侯一軍。作三軍。非正也。

胡傳曰。三軍。魯之舊也。古者大國三軍。次國二軍。小國一軍。魯侯封於曲阜。地方數百里。天下莫強焉。及僖公時。能復周公之宇。而史克作頌。其詩曰。公車千乘。說者以為大國之賦也。又曰。公徒三萬。說者以為大國之軍也。故知三軍。魯之舊爾。然車而謂之公車。則臣下無私乘也。徒而謂之公徒。則臣下無私民也。若有侵伐。諸卿更帥以出。事畢則將歸於朝。車復於甸。甲散於邱。卒還於邑。將皆公家之臣。兵皆公家之眾。不相繫也。文宣以來。政在私門。襄公幼弱。季氏益張。廢公室之三軍。而三家各有其一。季氏盡征焉。而舊法亡矣。是以謂之作。其明年。季孫宿救台。遂入鄆。又其後。享范獻子。而公臣不能具三耦。民不屬公可知矣。春秋書其作舍。以見昭公失國。定公無正。而兵權不可去公室。有天下國家者之所宜鑒也。杜氏預曰。魯本無中軍。唯上下二軍。皆屬於公。有事。三卿更帥以征伐。季氏欲專其民人。故假立中軍。因以改作。

案 魯頌公徒三萬。鄭箋以為舉成數而言。費誓三郊三遂。說者亦以為大國三軍。故胡傳以三軍為魯之舊也。考伯禽受封。為東方之望國。周公有大勳勞於天下。得用天子禮樂。則舊有三軍。何何疑乎。杜氏預因昭五年舍中軍。遂謂魯惟上下二軍。季氏欲專其民人。增立中軍。葢昭五年之所舍。即此年之所立也。其說似非無據。今主胡傳。而杜注亦附存之。

夏四月四卜郊不從乃不郊

穀 夏。四月。不時也。四卜。非禮也。

鄭公孫舍之帥師侵宋

左 鄭人患晉楚之故。諸大夫曰。不從晉。國幾亡。楚弱於晉。晉不吾疾也。晉疾。楚將辟之。何爲而使晉師致死於我。楚弗敢敵。而後可固與也。子展曰。與宋爲惡。諸侯必至。吾從之盟。楚師至。吾又從之。則晉怒甚矣。晉能驟來。楚將不能。吾乃固與晉。大夫說之。使疆埸之司惡於宋。宋向戌侵鄭。大獲。子展曰。師而伐宋可矣。若我伐宋。諸侯之伐我必疾。吾乃聽命焉。且告於楚。楚師至。吾又與之盟。而重賂晉師。乃免矣。夏。鄭子展侵宋。

鄭氏王曰。鄭諸大夫旣知楚弱於晉。不從晉國幾亡。郎當勇於從晉。堅於却楚。而乃妄興大衆。侵犯大國。萬一事有不然。輕則喪師。重則覆國。春秋書之。見鄭之無謀。罪其大夫之過舉也。

公會晉侯宋公衛侯曹伯齊世子光莒子邾子滕子薛伯杞伯小邾子伐鄭 此三駕之一。

左 四月。諸侯伐鄭。己亥。齊大子光。宋向戌先至於鄭。門於東門。其莫。晉荀罃至於西郊。東侵舊許。衛孫林父侵其北鄙。六月。諸侯會於北林。師於向。右還。次於瑣。圍鄭。觀兵於南門。西濟於濟隧。　舊許。許之舊國。鄭新邑。案成十五年許遷于葉。則許之舊國。爲鄭所有。故謂之曹許。向地在穎川長社縣東北。瑣滎陽宛陵縣西有瑣侯亭。濟隧。水名。水經注。濟水伏流。自河而出陰溝上源。濟隧絕焉。世謂之十字溝。

秋七月己未同盟于亳城北 亳。蒲洛反。公穀作京。亳城。鄭地。

左 鄭人懼。乃行成。秋。七月。同盟于亳。范宣子曰。不愼。必失諸侯。諸侯道敝而無成。能無貳乎。乃盟。載書曰。凡我同盟。毋蘊年。毋壅利。毋保姦。毋留慝。救災患。恤禍亂。同好惡。獎王室。或間茲命。司愼司盟。名山名川。羣神羣祀。先王先公。七姓十二國之祖。明神殛之。俾失其民。隊命亡氏。踣其國家。

程子曰。鄭服而同盟也。隱復從楚伐宋。云同。見其反覆。

公至自伐鄭

穀 不以後致。盟後復伐鄭也。

楚子鄭伯伐宋

左 楚子囊乞旅於秦。秦右大夫詹。帥師從楚子。將以伐鄭。鄭伯逆之。丙子。伐宋。

公會晉侯宋公衛侯曹伯齊世子光莒子邾子滕子薛伯杞伯小邾子伐鄭會于蕭魚 此三駕之三。蕭魚。

鄭地。路史。少昊後。嬴姓國。修魚。即蕭魚也。

左 九月。諸侯悉師以復伐鄭。諸侯之師。觀兵于鄭東門。鄭人使王子伯駢行成。甲戌。晉趙武入盟鄭伯。冬。十月。丁亥。鄭子展出盟晉侯。十二月。戊寅。會于蕭魚。庚辰。赦鄭囚。皆禮而歸之。納斥侯禁侵掠。晉侯使叔肸告於諸侯。公使臧孫紇對曰。凡我同盟。小國有罪。大國致討。苟有以藉手。鮮不赦宥。寡君聞命矣。鄭人賂晉侯以師悝、師觸、師蠲。廣車、軘車淳十五乘。甲兵備。凡兵車百乘。歌鐘二肆。及其鎛磬。女樂二八。晉侯以樂之半賜魏絳。曰。子教寡人和諸戎狄以正諸華。八年之中。九合諸侯。如樂之和。無所不諧。請與子樂之。辭曰。夫和戎狄。國之福也。八年之中。九合諸侯。諸侯無慝。君之靈也。二三子之勞也。臣何力之有焉。抑臣願君安其樂而思其終也。詩曰。樂旨君子。殿天子之邦。樂旨君子。福祿攸同。便蕃左右。亦是帥從。夫樂以安德。義以處之。禮以行之。信以守之。仁以厲之。而後可以殿邦國。同福祿。來遠人。所謂樂也。書曰。居安思危。思則有備。有備無患。敢以此規。公曰。子之教。敢不承命。抑微子。寡人無以待戎。不能濟河。夫賞。國之典也。藏在盟府。不可廢也。子其受之。魏絳於是乎始有金石之樂。禮也。

【公】此伐鄭也。其言會于蕭魚。何。蓋鄭與會爾。

胡傳曰。程氏曰。會于蕭魚。鄭又服而請會也。不書鄭會。謂其不可信也。而晉悼公推至誠以待人。信鄭不疑。禮其四而歸焉。納斥候。禁侵掠。遣叔肸告於諸侯。而鄭自此不復背晉者。二十四年。至哉誠之能感人也。自悼公能謀於魏絳以息民。聽於知武子而不與楚戰。故三駕而楚不能與之爭。雖城濮之績。不越是矣。　汪氏克寬曰。會于蕭魚。與盟于召陵書法正同。皆一經之特筆。所以序二霸之績。鄭之服晉。不著鄭會。而書會于蕭魚。公至自會。楚人執鄭行人良霄於伐鄭之下。得鄭可知矣。又曰。晉趙武入盟鄭伯。鄭子展出盟晉侯。經皆畧之。謂鄭不可信。而小信不足恃也。齊桓霸業至葵邱而盛。桓公束牲載書而不歃血。天下諸侯。咸喻乎桓公之志。晉悼伯業至蕭魚而盛。悼公信鄭不疑。不復以諸侯同盟。而鄭自此不復叛。蓋要之以信。使人彊從。不若待之以誠。使人自服也。

公至自會

【穀】伐而後會。不以伐鄭致。得鄭伯之辭也。

楚人執鄭行人良霄

良霄　穀作良宵。

【左】鄭人使良霄、大宰石㚟如楚。告將服于晉。曰。孤以社稷之故。不能懷君。君若能以玉帛綏晉。不然。則武震以攝威之。孤之願也。楚人執之。書曰行人。言使人也。

【穀】行人者。挈國之辭也。

季氏本曰。書楚人執鄭行人良霄。則鄭之服可知矣。悼公之善於屈楚。於此可見矣。

冬秦人伐晉

【左】秦庶長鮑、庶長武帥師伐晉以救鄭。鮑先入晉地。士魴禦之。少秦師而弗設備。壬午。武濟自輔氏。與鮑交伐晉師。己丑。秦晉戰於櫟。晉師敗績。易秦故也。　櫟。晉地。是時秦師濟自輔氏而敗晉於櫟。則櫟乃河上之邑也。有謂臨潼縣北有櫟鄉城。即此櫟者。不知櫟鄉去河甚遠。非此櫟也。

家氏鉉翁曰。晉爲秦所敗。春秋畧敗而不書。不與秦人之爲楚而救鄭也。

【庚子】靈王十一年 **十有二年** 晉悼十二年。齊靈二十一年。衛獻十六年。蔡景三十一年。鄭簡五年。曹成十七年。陳哀八年。杞孝六年。宋平十五年。秦景十六年。楚共三十年。吳壽夢二十五年。

春王三月莒人伐我東鄙圍台 台。穀作邰下同。台。琅邪費縣南有台亭。

【公】邑不言圍。此其言圍何。伐而言圍者。取邑之辭也。伐而不言圍者。非取邑之辭也。

【穀】伐國不言圍邑。舉重也。取邑不書圍。安足書也。

劉氏敞曰。公羊云。伐而言圍者。取邑之辭也。非也。伐。一事也。圍。一事也。取。一事也。三者不相亂。而猶云云。不亦惑乎。又穀梁云。取邑不書圍。安足書也。亦非也。取邑不書。有所避爾。

季孫宿帥師救台遂入鄆 鄆。公作運。鄆。莒邑。案文十二年。季孫行父帥師城諸及鄆。即此也。蓋季孫城鄆時。鄆方屬魯。後入於莒。是年雖入鄆。而未能有之。昭元年。季孫宿伐莒取鄆。則又屬魯矣。

【左】十二年。春。莒人伐我東鄙。圍台。季武子救台。遂入鄆。取其鐘。以為公盤。

【公】大夫無遂事。此其言遂何。公不得為政爾。

【穀】遂。繼事也。受命而救台。不受命而入鄆。惡季孫宿也。

夏晉侯使士魴來聘

【左】夏。晉士魴來聘。且拜師。

秋九月吳子乘卒 吳始書卒。

【左】秋。吳子壽夢卒。臨於周廟。禮也。凡諸侯之喪。異姓臨於外。同姓於宗廟。同宗於祖廟。同族於禰廟。是故魯為諸姬。臨於周廟。為邢凡蔣茅胙祭。臨於周公之廟。

冬楚公子貞帥師侵宋

【左】冬。楚子囊。秦庶長無地。伐宋。師於楊梁。以報晉之取鄭也。楊梁。梁國睢陽縣東有地名楊梁。水經注。渙水東逕陽亭北。即楊梁也。

【附錄左】靈王求后於齊。齊侯問對於晏桓子。桓子對曰。先王之禮辭有之。天子求后於諸侯。諸侯對曰。夫婦所生若而人。妾婦之子若而人。無女而有姊妹。及姑姊妹。則曰。先守某公之遺女若而人。齊侯許昏。王使陰里結之。

汪氏克寬曰。傳言伐。而經書侵。貶之也。

公如晉

【左】公如晉朝。且拜士魴之辱。禮也。

【附錄左】秦嬴歸於楚。楚司馬子庚聘於秦。為夫人寧。禮也。

【辛丑】靈王十二年 **十有三年** 晉悼十三年。齊靈二十二年。衛獻十七年。蔡景三十二年。鄭簡六年。曹成十八年。陳哀九年。杞孝七年。宋平十六年。秦景十七年。楚共三十一年。吳諸樊遏元年。

春公至自晉

左 十三年。春。公至自晉。孟獻子書勞於廟。禮也。

夏取邿 邿音詩。公作詩。邿。任城亢父縣有邿亭。

左 夏。邿亂。分為三。師救邿。遂取之。凡書取。言易也。用大師焉。曰滅。弗地曰入。

附錄左 荀罃士魴卒。晉侯蒐於綿上以治兵。使士匄將中軍。辭曰。伯游長。昔臣習於知伯。是以佐之。非能賢也。請從伯游。荀偃將中軍。士匄佐之。使韓起將上軍。辭以趙武。又使欒黶。辭曰。臣不如韓起。韓起願上趙武。君其聽之。使趙武將上軍。韓起佐之。欒黶將下軍。魏絳佐之。新軍無帥。晉侯難其人。使其什吏率其卒乘官屬以從於下軍。禮也。晉國之民是以大和。諸侯遂睦。君子曰。讓禮之主也。范宣子讓。其下皆讓。欒黶為汰。弗敢違也。晉國以平。數世賴之。刑善也夫。一人刑善。百姓休和。可不務乎。書曰。一人有慶。兆民賴之。其寧惟永。其是之謂乎。周之興也。其詩曰。儀刑文王。萬邦作孚。言刑善也。及其衰也。其詩曰。大夫不均。我從事獨賢。言不讓也。世之治也。君子尚能而讓其下。小人農力以事其上。是以上下有禮而讒慝黜遠。由不爭也。謂之懿德。及其亂也。君子稱其功以加小人。小人伐其技以馮君子。是以上下無禮。亂虐竝生。由爭善也。謂之昏德。國家之敝。恆必由之。

公 詩者何。邿婁之邑也。曷為不繫乎邿婁。諱亟也。

楊氏士勛曰。公羊以邿為邿婁之邑。此傳雖無說。蓋從左氏為國也。劉氏敞曰。左氏曰。凡書取。言易也。用大師曰滅。弗地曰入。非也。春秋之興。褒善貶惡。所以示後世法。非記難易而已也。難易何足紀乎。

秋九月庚辰楚子審卒

左 楚子疾。告大夫曰。不穀不德。少主社稷。生十年而喪先君。未及習師保之教訓。而應受多福。是以不德。而亡師於鄢。以辱社稷。為大夫憂。其宏多矣。若以大夫之靈。獲保首領以歿於地。惟是春秋窀穸之事。所以從先君於禰廟者。請為靈若厲。大夫擇焉。莫對。及五命。乃許。秋。楚共王卒。子囊謀謚。大夫曰。君有命矣。子囊曰。君命以共。若之何毀之。赫赫楚國。而君臨之。撫有蠻夷。奄征南海。以屬諸夏。而知其過。可不謂共乎。請謚之共。大夫從之。

附錄左 吳侵楚。養由基奔命。子庚以師繼之。養叔曰。吳乘我喪。謂我不能師也。必易我而不戒。子為三覆以待我。我請誘之。子庚從之。戰於庸浦。大敗吳師。獲公子黨。君子以吳為不弔。詩曰。不弔昊天。亂靡有定。 庸浦。楚地。

冬城防

左 冬。城防。書事時也。於是將早城。臧武仲請俟畢農事。禮也。

附錄左 鄭良霄。大宰石㚟猶在楚。石㚟言於子囊曰。先王卜征五年。而歲習其祥。祥習則行。不習則增修德而改卜。今楚實不競。行人何罪。止鄭一卿。以除其偪。使睦而疾楚。以固於晉。

焉用之。使歸而廢其使。怨其君以疾其大夫。而相牽引也。不猶愈乎。楚人歸之。

〔壬寅〕靈王十三年　二年

十有四年 晉悼十四年。齊靈二十三年。衛獻十八年。蔡景三十三年。鄭簡七年。曹成十九年。陳哀十年。杞孝八年。宋平十七年。秦景十八年。楚康王昭元年。吳諸樊

春王正月季孫宿叔老會晉士匄齊人宋人衛人鄭公孫蠆曹人莒人邾人滕人薛人杞人小邾人會吳于向 蠆丑邁反。公作蠆後同。

左 十四年。春。吳告敗于晉。會于向。爲吳謀楚故也。范宣子數吳之不德也。以退吳人。執莒公子務婁。以其通楚使也。將執戎子駒支。范宣子親數諸朝。曰。來。姜戎氏。昔秦人迫逐乃祖吾離于瓜州。乃祖吾離被苫蓋。蒙荊棘。以來歸我先君。我先君惠公。有不腆之田。與女剖分而食之。今諸侯之事我寡君。不如昔者。蓋言語漏洩。則職女之由。詰朝之事。爾無與焉。與將執女。對曰。昔秦人負恃其衆。貪于土地。逐我諸戎。惠公蠲其大德。謂我諸戎。是四嶽之裔胄也。毋是翦棄。賜我南鄙之田。狐狸所居。豺狼所嗥。我諸戎除翦其荊棘。驅其狐狸豺狼。以爲先君不侵不叛之臣。至于今不貳。昔文公與秦伐鄭。秦人竊與鄭盟而舍戍焉。於是乎有殽之師。晉禦其上。戎亢其下。秦師不復。我諸戎實然。譬如捕鹿。晉人角之。諸戎犄之。與晉踣之。戎何以不免。自是以來。晉之百役。與我諸戎相繼于時。以從執政。猶殽志也。豈敢離遏。今官之師旅。無乃實有所闕。以攜諸侯。而罪我諸戎。我諸戎飲食衣服。不與華同。贄幣不通。言語不達。何惡之能爲。不與於會。亦無瞢焉。賦青蠅而退。宣子辭焉。使即事於會。成愷悌也。於是子叔齊子爲季武子介以會。自是晉人輕魯幣。而益敬其使。

附錄左 吳子諸樊既除喪。將立季札。季札辭曰。曹宣公之卒也。諸侯與曹人不義曹君。將立子臧。子臧去之。遂弗爲也。以成曹君。君子曰。能守節。君義嗣也。誰敢奸君。有國。非吾節也。札雖不才。願附於子臧。以無失節。固立之。棄其室而耕。乃舍之。

劉氏敞曰。傳曰。將執戎子駒支。范宣子親數於朝。曰。今諸侯之事我寡君不如昔者。言語漏洩。則職女之由。此皆不實也。諸侯解體。非此戎之過審矣。范宣子豈不知邪。何以誣之哉。去年蒐于綿上。傳曰。晉國由是大和。諸侯遂睦。到此一年。爾何故遽有言語漏洩。不如昔者之事邪。言與事不相應矣。又曰。宣子辭焉。使即事於會。以成愷悌。然則是姜戎列於會矣。經何以不序乎。汪氏克寬曰。卿使則大夫爲介。大夫使則士爲介。昭二十三年。叔孫婼如晉。曰寡君之命介子服回在。婼卿而回大夫也。今魯以二卿會晉。而晉列二卿於會。晉魯俱失禮矣。且自蕭魚而後。凡役皆大夫。悼公之怠。而霸業之衰也。

二月乙未朔日有食之

夏四月叔孫豹會晉荀偃齊人宋人衛北宮括鄭公孫蠆曹人莒人邾人滕人薛人杞人小邾人伐秦 晉秦兵爭止此。

【左】夏諸侯之大夫從晉侯伐秦以報櫟之役也晉侯待於竟使六卿帥諸侯之師以進及涇不濟叔向見叔孫穆子穆子賦匏有苦葉叔向退而具舟魯人莒人先濟鄭子蟜見衛北宮懿子曰與人而不固取惡莫甚焉若社稷何懿子說二子見諸侯之師而勸之濟濟涇而次秦人毒涇上流師人多死鄭司馬子蟜帥鄭師以進師皆從之至于棫林不獲成焉荀偃令曰雞鳴而駕塞井夷竈惟余馬首是瞻欒黶曰晉國之命未是有也余馬首欲東乃歸下軍從之左史謂魏莊子曰不待中行伯乎莊子曰夫子命從帥欒伯吾帥也吾將從之從帥所以待夫子也伯游曰吾令實過悔之何及多遺秦禽乃命大還晉人謂之遷延之役欒鍼曰此役也報櫟之敗也役又無功晉之恥也吾有二位於戎路敢不恥乎與士鞅馳秦師死焉士鞅反欒黶謂士匄曰余弟不欲往而子召之余弟死而子來是而子殺余之弟也弗逐余亦將殺之士鞅奔秦於是齊崔杼宋華閱仲江會伐秦不書惰也向之會亦如之衛北宮括不書於向書於伐秦攝也秦伯問於士鞅曰晉大夫其誰先亡對曰其欒氏乎秦伯曰以其汰乎對曰然欒黶汰虐已甚猶可以免其在盈乎秦伯曰何故對曰武子之德在民如周人之思召公焉愛其甘棠況其子乎欒黶死盈之善未能及人武子所施沒矣而黶之怨實章將於是乎在秦伯以爲知言爲之請於晉而復之　棫林秦地案棫林即舊鄭咸林也

趙氏匡曰左氏云齊宋大夫不書惰也向之會亦如之衛北宮括書於伐秦攝也案經意以事之邪正褒貶不爲其小小斡舉惰怠生文

已未衛侯出奔齊 公作衛侯衎

【左】衛獻公戒孫文子甯惠子食皆服而朝日旰不召而射鴻於囿二子從之不釋皮冠而與之言二子怒孫文子如戚孫蒯入使公飲之酒使大師歌巧言之卒章大師辭師曹請爲之初公有嬖妾使師曹誨之琴師曹鞭之公怒鞭師曹三百故師曹欲歌之以怒孫子以報公公使歌之遂誦之蒯懼告文子文子曰君忌我矣弗先必死并帑於戚而入見蘧伯玉曰君之暴虐子所知也大懼社稷之傾覆將若之何對曰君制其國臣敢奸之雖奸之庸知愈乎遂行從近關出公使子蟜子伯子皮與孫子盟于丘宮孫子皆殺之四月己未子展奔齊公如鄄使子行於孫子孫子又殺之公出奔齊孫氏追之敗公徒于阿澤鄄人執之初尹公佗學射於庾公差庾公差學射於公孫丁二子追公公孫丁御公子魚曰射爲背師不射爲戮射爲禮乎射兩軥而還尹公佗曰子爲師我則遠矣乃反之公孫丁授公轡而射之貫臂子鮮從公及竟公使祝宗告亡且告無罪定姜曰無神何告若有不可誣也有罪若何告無舍大臣而與小臣謀一罪也先君有冢卿以爲師保而蔑之二罪也余以巾櫛事先君而暴妾使余三罪也告亡而已無告無罪公使厚成叔弔於衛曰寡君使瘠聞君不撫社稷而越在他竟若之何不弔以同盟之故使瘠敢私於執事曰有君不弔有臣不敏君不赦宥臣亦不帥職增淫發洩其若之何衛人使大叔儀對曰羣臣不佞得罪於寡君寡君不以即刑而悼棄之以爲君憂君不忘先君之好辱弔羣臣又重恤之敢拜君命之辱重拜大貺厚孫歸復命語臧武仲曰衛君其必歸乎有大叔儀以守有母弟鱄以出或撫其內或營其外能無歸乎齊人以郲寄衛侯及其復也以郲糧歸右宰穀從而逃歸衛人將殺之辭曰余不說初矣余狐裘而羔袖乃赦之衛人立公孫剽孫林父甯殖相之以聽命於諸侯衛侯在郲臧紇如

齊。唁衛侯。衛侯與之言虐。退而告其人曰。衛侯其不得入矣。其言糞土也。亡而不變。何以復國。子展子鮮聞之。見臧紇。與之言道。臧孫說。謂其人曰。衛君必入。夫二子者。或輓之。或推之。欲無入得乎。郈宮。近臧地。阿澤。濟北東阿縣西南有大澤。郲。齊所滅郲國。

王氏樵曰。案春秋惟弒君書某弒其君。至於君為其下所出。止書出奔而已。如臣見逐。亦上書某奔某也。胡傳謂舊史書孫林父甯殖出其君。而仲尼筆削稱衛侯出奔。恐無此理。出之為言。不容而見逐之謂也。臣子施於君父。而史官直書於策。則非辭也。故但言出奔而已。言出奔。則或君無道。或臣彊。皆可推上下比事而見之矣。專以為歸罪其君者。害教之言也。嚴氏啟隆曰。胡傳曰。不書所逐之臣。而以自奔為名。所以警乎人君為後世鑒。又曰。所為見逐。無乃肆於民上。縱其淫虐。以棄天地之性。然則經書衛侯出奔齊。全乎責衎之意。而於林父竟無責乎。率天下之人而為弒君逐君之事者。必此之言矣。

案春秋於衛侯之出。不書逐君之賊。而以自奔為文。杜注孔疏皆以為貴其君。而胡傳因之。非經旨也。人臣而出其君。罪莫大焉。乃謂聖人專責其君。有是理乎。故王氏樵嚴氏啟隆皆駁之。

附錄左 師歸自伐秦。晉侯舍新軍。禮也。成國不過半天子之軍。周為六軍。諸侯之大者三軍可也。於是知朔生盈而死。盈生六年而武子卒。彘裘亦幼。皆未可立也。新軍無帥。故舍之。師曠侍於晉侯。晉侯曰。衛人出其君。不亦甚乎。對曰。或者其君實甚。良君將賞善而刑淫。養民如子。蓋之如天。容之如地。民奉其君。愛之如父母。仰之如日月。敬之如神明。畏之如雷霆。其可出乎。夫君。神之主而民之望也。若困民之主。匱神乏祀。百姓絕望。社稷無主。將安用之。弗去何為。天生民而立之君。使司牧之。勿使失性。有君而為之貳。使師保之。勿使過度。是故天子有公。諸侯有卿。卿置側室。大夫有貳宗。士有朋友。庶人工商皁隸牧圉皆有親暱。以相輔佐也。善則賞之。過則匡之。患則救之。失則革之。自王以下。各有父兄子弟。以補察其政。史為書。瞽為詩。工誦箴諫。大夫規誨。士傳言。庶人謗。商旅於市。百工獻藝。故夏書曰。遒人以木鐸徇于路。官師相規。工執藝事以諫。正月孟春。於是乎有之。諫失常也。天之愛民甚矣。豈其使一人肆於民上。以從其淫。而棄天地之性。必不然矣。

案是時晉悼伯業漸衰。無復勵精之志。執政大夫如荀偃輩皆以孫甯為黨。故師曠承望風旨。而有其君實甚之言。得罪於名教多矣。

莒人侵我東鄙

汪氏克寬曰。溴梁之執。蓋有由矣。

秋楚公子貞帥師伐吳

左 秋。楚子為庸浦之役故。子囊師於棠以伐吳。吳不出而還。子囊殿。以吳為不能而弗儆。吳人自皋舟之隘要而擊之。楚人不能相救。吳人敗之。獲楚公子宜穀。棠。楚地。寰宇記。六合棠邑。

附錄左 王使劉定公賜齊侯命。曰。昔伯舅大公右我先王。股肱周室。師保萬民。世胙大師。以表東海。王室之不壞。緊伯舅是賴。今余命女環。茲率舅氏之典。纂乃祖考。無忝乃舊。敬之哉。無廢朕命。

冬季孫宿會晉士匄宋華閱衛孫林父鄭公孫蠆莒人邾人于戚闕音悅。

左 晉侯問衛故於中行獻子。對曰。不如因而定之。衛有君矣。伐之未可以得志。而勤諸侯。史佚有言曰。因重而撫之。仲虺有言曰。亡者侮之。亂者取之。推亡固存。國之道也。君其定衛以待時乎。冬。會于戚。謀定衛也。范宣子假羽毛於齊而弗歸。齊人始貳。

附錄左 楚子囊還自伐吳。卒。將死。遺言謂子庚。必城郢。君子謂子囊忠。君薨不忘增其名。將死不忘衛社稷。可不謂忠乎。忠。民之望也。詩曰。行歸于周。萬民所望。忠也。

癸卯 靈王十四年 **十有五年** 晉悼十五年。齊靈二十四年。衛獻十九年。殤公剽元年。蔡景三十四年。鄭簡八年。曹成二十年。陳哀十一年。杞孝九年。宋平十八年。秦景十九年。楚康二年。吳諸樊三年。

春宋公使向戌來聘二月己亥及向戌盟于劉劉。孔氏穎達曰。釋例地闕。蓋魯城外之近地。

左 十有五年。春。宋向戌來聘。且尋盟。見孟獻子。尤其室。曰。子有令聞而美其室。非所望也。對曰。我在晉。吾兄為之。毀之重勞。且不敢間。

劉夏逆王后于齊

左 官師從單靖公。逆王后于齊。卿不行。非禮也。

附錄左 楚公子午為令尹。公子罷戎為右尹。蔿子馮為大司馬。公子櫜師為右司馬。公子成為左司馬。屈到為莫敖。公子追舒為箴尹。屈蕩為連尹。養由基為宮廄尹。以靖國人。君子謂楚於是乎能官人。官人。國之急也。能官人。則民無覦心。詩云。嗟我懷人。寘彼周行。能官人也。王及公侯伯子男。甸采衛大夫。各居其列。所謂周行也。鄭尉氏司氏之亂。其餘盜在宋。鄭人以子西伯有子產之故。納賂於宋。以馬四十乘。與師茷師慧。三月。公孫黑為質焉。司城子罕以堵女父尉翩司齊與之。良司臣而逸之。託諸季武子。武子寘諸下。鄭人醢之。三人也。師慧過宋朝。將私焉。其相曰。朝也。慧曰。無人焉。相曰。朝也。何故無人。慧曰。必無人焉。若猶有人。豈其以千乘之相。易淫樂之矇。必無人焉故也。子罕聞之。固請而歸之。

公 劉夏者何。天子之大夫也。劉者何。邑也。其稱劉何。以邑氏也。外逆女不書。此何以書。過我也。

穀 過我故志之也。

劉氏敞曰。穀梁曰。過我故志之。非也。王后尊矣。禮自當志。豈與諸侯一例以過我而書哉。然則他王后不見者。太子立則妃為后。自無緣見耳。 孫氏覺曰。天子無親迎之禮。逆后則使三公。春秋書逆后者二。祭公行得禮而又書之者。譏遂事也。劉夏之逆。則以非三公譏之。春秋周王十二。而逆后者惟二。是知非禮則書也。

夏齊侯伐我北鄙圍成公救成至遇遇。魯地。

公 其言至遇何。不敢進也。

季孫宿叔孫豹帥師城成郛

【左】夏。齊侯圍成。貳於晉故也。於是乎城成郛。
高氏閌曰。此孟孫之邑。而季孫叔孫帥師以城之者。見三家相黨以備齊爲名。而與役之衆。故其城堅固可守。卒爲魯患。而不可墮也。　張氏洽曰。先事之無備。敵去而後城。亦已晚矣。

秋八月丁巳日有食之

邾人伐我南鄙

【左】秋。邾人伐我南鄙。使告於晉。晉將爲會。以討邾莒。晉侯有疾。乃止。冬。晉悼公卒。遂不克會。

冬十有一月癸亥晉侯周卒

【附錄左】鄭公孫夏如晉奔喪。子蟜送葬。　宋人或得玉。獻諸子罕。子罕弗受。獻玉者曰。以示玉人。玉人以爲寶也。故敢獻之。子罕曰。我以不貪爲寶。爾以玉爲寶。若以與我。皆喪寶也。不若人有其寶。稽首而告曰。小人懷璧。不可以越鄉。納此以請死也。子罕寘諸其里。使玉人爲之攻之。富而後使復其所。　十二月。鄭人奪堵狗之妻。而歸諸范氏。

【甲辰】靈王十五年　**十有六年**　晉平公彪元年。齊靈二十五年。衛獻二十年。殤二年。蔡景三十五年。鄭簡九年。曹成二十一年。陳哀十二年。杞孝十年。宋平十九年。秦景二十年。楚康三年。吳諸樊四年。

春王正月葬晉悼公

三月公會晉侯宋公衛侯鄭伯曹伯莒子邾子薛伯杞伯小邾子于溴梁戊寅大夫盟　溴。古闃反。溴梁。溴水。出河內軹縣東南至溫入河。案爾雅。梁莫大于溴梁。溴梁。水隄也。

【左】平公即位。羊舌肸爲傅。張君臣爲中軍司馬。祁奚韓襄欒盈士鞅爲公族大夫。虞丘書爲乘馬御。改服修官。烝於曲沃。警守而下。會于溴梁。命歸侵田。晉侯與諸侯宴於溫。使諸大夫舞。曰。歌詩必類。齊高厚之詩不類。荀偃怒。且曰。諸侯有異志矣。使諸大夫盟高厚。高厚逃歸。於是叔孫豹晉荀偃宋向戌衛甯殖鄭公孫蠆小邾之大夫盟曰。同討不庭。

【公】諸侯皆在是。其言大夫盟何。信在大夫也。何言乎信在大夫。徧刺天下之大夫也。曷爲徧刺天下之大夫。君若贅旒然。

【穀】溴梁之會。諸侯失正矣。諸侯會。而曰大夫盟。正在大夫也。諸侯在。而不曰諸侯之大夫。大夫不臣也。

胡傳曰。牡丘之會。諸侯既次于匡。則書曰。公孫敖帥師及諸侯之大夫救徐。雞澤之會。諸侯既盟。而陳侯使袁僑如會。則書曰。叔孫豹及諸侯之大夫及陳袁僑盟。今溴梁之會。諸侯皆在是。若欲使大夫盟者。則書魯卿及諸侯之大夫盟可也。而獨書大夫何也。諸侯失政。大夫皆不臣也。上二年春正月。會于向。十有四國之大夫也。夏四月。會伐秦。十有三國之大夫也。冬。會于戚。七國之大夫也。此三會。皆國之大事也。而使大夫皆專之。而諸侯皆不與焉。是列國之君不自爲政。弗躬弗親。禮樂征伐已自大夫出矣。況悼公既沒。晉平初立。無先公之明也。君若贅旒。而大夫張。亦宜矣。夫豈一朝一夕之故哉。善惡積於至微而不可掩。常情忽於未兆而不預謀。荀偃怒。大夫盟。而晉靖公廢。趙籍韓虔魏斯爲諸侯之勢見矣。有國者謹於禮而不敢忽。此春秋以待後世之意也。杜氏預曰。不書高厚逃歸故也。諸大夫本欲盟高厚。高厚逃歸。故遂自共盟。雞澤會重序諸侯。今此間無異事。即上諸侯大夫可知。孔氏穎達曰。案傳荀偃怒。使諸侯大夫盟高厚。以君臣不敵。故使大夫盟之。君使之盟。非自專也。以齊人既有二心。高厚歌詩不類。知小國必有從齊者也。諸侯大夫本意欲盟高厚。高厚雖已逃歸。仍恐餘國有二。故大夫遂自共盟。使同會之國皆一其志也。雞澤之會。又隔袁僑如會。故重言諸侯之大夫。今此間無異事。直言大夫。即是上會諸侯之大夫。不言諸侯。可知故也。朱子曰。五霸既衰。溴梁之會。諸侯出會。而大夫自盟。這箇自是差異不好。

案 溴梁之會。諸侯在而大夫盟。公穀皆以權移於大夫。胡傳及朱子俱從之。蓋經書大夫而不係於諸侯。與壯邱雞澤不同。則君若贅旒。而大夫之不臣可知矣。杜注孔疏。謂大夫欲盟高厚。高厚逃而大夫共盟。非大夫之專。與公穀異。揆之當時情事亦合。今兩存其說。

晉人執莒子邾子以歸 執以歸始此。

左 以我故執邾宣公。莒犂比公。且曰通齊楚之使。高氏閌曰。諸侯有罪。執之以歸。而不歸京師。己則不臣。而以討人。非正也。故稱晉人而二君不名。

齊侯伐我北鄙

夏公至自會

五月甲子地震

叔老會鄭伯晉荀偃衞甯殖宋人伐許

左 許男請遷於晉。諸侯遂遷許。許大夫不可。晉人歸諸侯。鄭子蟜聞將伐許。遂相鄭伯以從諸侯之師。穆叔從公。齊子帥師會晉荀偃。書曰。會鄭伯。爲夷故也。夏。六月。次於棫林。庚寅。伐許。次於函氏。晉荀偃欒黶帥師伐楚。以報宋揚梁之役。楚公子格帥師。及晉師戰於湛阪。楚師敗績。晉師遂侵方城之外。復伐許而還。棫林。函氏。俱許地。湛阪。襄城昆陽縣北有湛水。東入汝。水經注。湛水出犨縣北魚齒山。東南流爲湛浦。卽此。劉氏敞曰。左氏云。書曰會鄭伯爲夷故也。言諸侯之卿。可以會伯子男。故示之義云爾。非也。主兵者居上。自其班列同者也。諸侯與諸侯相從。卿大夫與卿大夫相從。若名位不敵卿雖主兵。猶序諸侯之下。貴王爵也。去諸侯而言主兵者。自可見爾。何疑哉。

秋齊侯伐我北鄙圍成左作圍郕。

左 秋。齊侯圍郕。孟孺子速徼之。齊侯曰是好勇。去之以爲之名。速遂塞海陘而還。海陘。魯隘道。

大雩

冬叔孫豹如晉

左 冬。穆叔如晉聘。且言齊故。晉人曰以寡君之未禘祀。與民之未息。不然。不敢忘。穆叔曰以齊人之朝夕。釋憾於敝邑之地。是以大請。敝邑之急。朝不及夕。引領西望曰庶幾乎。比執事之閒恐無及也。見中行獻子。賦圻父。獻子曰偃知罪矣。敢不從執事以同恤社稷。而使魯及此。見范宣子。賦鴻鴈之卒章。宣子曰。匄在此。敢使魯無鳩乎。

乙巳靈王十六年。**十有七年**晉平二年。齊靈二十六年。衛獻二十一年。殤三年。蔡景三十六年。鄭簡十年。曹成二十二年。陳哀十三年。杞孝十一年。宋平二十年。秦景二十一年。楚康四年。吳諸樊五年。

春王二月庚午邾子牼卒牼。苦耕反。公穀作瞷。音閑。

蘇氏轍曰不書其歸。不告也。

宋人伐陳

左 十七年。春。宋莊朝伐陳。獲司徒卬。卑宋也。

家氏鉉翁曰宋撓楚也。十一年。楚鄭伐宋。撓晉也。今宋人伐陳以撓楚。春秋貴之。

夏衛石買帥師伐曹

左 衛孫蒯田於曹隧。飲馬於重丘。毀其瓶。重丘人閉門而詢之。曰親逐而君。爾父爲厲。是之不憂。而何以田爲。夏。衛石買孫蒯伐曹。取重丘。曹人愬於晉。重丘曹邑。寰宇記重丘在乘氏縣東北。

趙氏鵬飛曰賢方伯在上。諸侯無敢妄加侵伐。衛無故而伐曹。晉之累也。故明年晉人執衛行人石買。

秋齊侯伐我北鄙圍桃齊高厚帥師伐我北鄙圍防桃。公作洮。高厚上左無齊字。

左 齊人以其未得志於我故。秋。齊侯伐我北鄙。圍桃。高厚圍臧紇於防。師自陽關逆臧孫。至於旅松。郰叔紇臧疇臧賈帥甲三百。宵犯齊師。送之而復。齊師去之。齊人獲臧堅。齊侯使夙沙衛唁之。且曰無死。堅稽首曰拜命之辱。抑君賜不終。姑又使其刑臣禮於士。以杙抉其傷而死。陽關在泰山鉅平縣東。旅松。近防地也。

家氏鉉翁曰自鞌之戰。齊屈於晉。而內懷不平。每欲釋憾於魯以致晉師。今君臣異道而進。魯三家束手無策。春秋不惟責齊。亦閔魯也。

九月大雩

宋華臣出奔陳

左 宋華閱卒。華臣弱皋比之室。使賊殺其宰華吳。賊六人以鈹殺諸盧門合左師之後。左師懼曰。老夫無罪。賊曰。皋比私有討於吳。遂幽其妻。曰。畀余而大璧。宋公聞之。曰。臣也不唯其宗室是暴。大亂宋國之政。必逐之。左師曰。臣也。亦卿也。大臣不順。國之恥也。不如蓋之。乃舍之。左師爲己短策。苟過華臣之門。必騁。十一月甲午。國人逐瘈狗。瘈狗入於華臣氏。國人從之。華臣懼。遂奔陳。

杜氏預曰。暴亂宗室。懼而出奔。實以冬出。書秋者。以始作亂時來告。

冬邾人伐我南鄙

左 冬。邾人伐我南鄙。爲齊故也。

附錄 左 宋皇國父爲大宰。爲平公築臺。妨於農收。子罕請俟農功之畢。公弗許。築者謳曰。澤門之晳。實興我役。邑中之黔。實慰我心。子罕聞之。親執扑。以行築者。而抶其不勉者。曰。吾儕小人。皆有闔廬。以辟燥濕寒暑。今君爲一臺而不速成。何以爲役。謳者乃止。或問其故。子罕曰。宋國區區。而有詛有祝。禍之本也。齊晏桓子卒。晏嬰麤縗斬。苴絰帶杖。菅屨。食鬻。居倚廬。寢苫枕草。其老曰。非大夫之禮也。曰。唯卿爲大夫。

丙午 靈王十七年。 **十有八年** 晉平三年。齊靈二十七年。衛獻二十二年。殤四年。蔡景三十七年。鄭簡十一年。曹成二十三年。陳哀十四年。杞孝十二年。宋平二十一年。秦景二十一年。楚康五年。吳諸樊六年。

春白狄來

左 公 十八年。春。白狄始來。

白狄者何。夷狄之君也。何以不言朝。不能朝也。

高氏閌曰。春秋書白狄於是焉止。白狄之來。與介葛盧同。

夏晉人執衛行人石買

左 夏。晉人執衛行人石買於長子。執孫蒯於純留。爲曹故也。長子。純留。二縣皆屬上黨郡。純。地理志作屯。

穀 稱行人。怨接于上也。

張氏洽曰。石買之執。有三失焉。舍大而治小。一也。行人非所執。二也。不歸於京師。三也。三者有一。不得爲伯討。而況於兼而有之乎。

秋齊師伐我北鄙 穀作齊侯。

許氏翰曰。四年之中。六伐鄙而四圍邑。又縱邾莒以助其虐。諸侯之陵暴。未有若是之甚者也。是以動天下之兵。幾亡其國。

冬十月公會晉侯宋公衛侯鄭伯曹伯莒子邾子滕子薛伯杞伯小邾子同圍齊

左　秋。齊侯伐我北鄙。中行獻子將伐齊。夢與厲公訟。弗勝。公以戈擊之。首隊於前。跪而戴之。奉之以走。見梗陽之巫皋。他日見諸道。與之言同。巫曰。今茲主必死。若有事於東方。則可以逞。獻子許諾。晉侯伐齊。將濟河。獻子以朱絲係玉二瑴而禱曰。齊環怙恃其險。負其衆庶。棄好背盟。陵虐神主。曾臣彪將率諸侯以討焉。其官臣偃實先後之。苟捷有功。無作神羞。官臣偃無敢復濟。唯爾有神裁之。沈玉而濟。冬十月。會於魯濟。尋湨梁之言。同伐齊。齊侯禦諸平陰。塹防門而守之。廣里。夙沙衛曰。不能戰。莫如守險。弗聽。諸侯之士門焉。齊人多死。范宣子告析文子曰。吾知子。敢匿情乎。魯人莒人皆請以車千乘。自其鄉入。既許之矣。若入。君必失國。子盍圖之。子家以告公。公恐。晏嬰聞之。曰。君固無勇。而又聞是。弗能久矣。齊侯登巫山以望晉師。晉人使司馬斥山澤之險。雖所不至。必旆而疏陳之。使乘車者左實右僞。以旆先。輿曳柴而從之。齊侯見之。畏其衆也。乃脫歸。丙寅晦。齊師夜遁。師曠告晉侯曰。鳥烏之聲樂。齊師其遁。邢伯告中行伯曰。有班馬之聲。齊師其遁。叔向告晉侯曰。城上有烏。齊師其遁。十一月丁卯朔。入平陰。遂從齊師。夙沙衛連大車以塞隧而殿。殖綽郭最曰。子殿國師。齊之辱也。子姑先乎。乃代之殿。衛殺馬於隘以塞道。晉州綽及之。射殖綽中肩。兩矢夾脰。曰。止。將爲三軍獲。不止。將取其衷。顧曰。爲私誓。州綽曰。有如日。乃弛弓而自後縛之。其右具丙亦舍兵而縛郭最。皆衿甲面縛。坐於中軍之鼓下。晉人欲逐歸者。魯衛請攻險。己卯。荀偃士匄以中軍克京茲。乙酉。魏絳欒盈以下軍克邿。趙武韓起以上軍圍盧。弗克。十二月戊戌。及秦周伐雍門之萩。范鞅門於雍門。其御追喜以戈殺犬於門中。孟莊子斬其橁以爲公琴。己亥。焚雍門及西郭南郭。劉難士弱率諸侯之師焚申池之竹木。壬寅。焚東郭北郭。范鞅門於揚門。州綽門於東閭。左驂迫。還於東門中。以枚數闔。齊侯駕。將走郵棠。太子與郭榮扣馬。曰。師速而疾略也。將退矣。君何懼焉。且社稷之主。不可以輕。輕則失衆。君必待之。將犯之。太子抽劍斷鞅。乃止。甲辰。東侵及濰。南及沂。

梗陽晉邑。在太原晉陽縣南。平陰在濟北盧縣東北。其城南有防。防有門。於門外作塹。平陰古城在縣東北三十五里。巫山在盧縣東北。有孝堂山。即齊侯望晉師處也。京茲在平陰城東南。邿平陰西有邿山。郵棠齊邑。濰。水經注。濰水出琅琊箕縣。過東武平昌高密淳于。逕都昌入海。沂。沂水出東莞蓋縣。至下邳入泗。

穀梁　非圍而曰圍。齊有大焉。亦有病焉。非大而足同焉。諸侯同罪之也。亦病矣。

劉氏敞曰。穀梁曰。非圍而曰圍。非也。春秋信史也。若未圍而言圍。豈得爲信史哉。鄭氏玉曰。莒邾嘗病魯矣。滕薛小邾嘗屬齊矣。今圍齊莫敢不同者。晉人以大義驅之也。

曹伯負芻卒于師

穀梁　閔之也。

劉氏敞曰。穀梁曰。閔之也。非也。是亦記事而已矣。何閔之有。

楚公子午帥師伐鄭

左 鄭子孔欲去諸大夫，將叛晉而起楚師以去之。使告子庚，子庚弗許。楚子聞之，使揚豚尹宜告子庚曰：國人謂不穀主社稷而不出師，死不從禮。不穀即位，於今五年，師徒不出，人其以不穀為自逸而忘先君之業矣。大夫圖之，其若之何。子庚歎曰：君王其謂午懷安乎。吾以利社稷也。見使者，稽首而對曰：諸侯方睦於晉，臣請嘗之。若可，君而繼之。不可，收師而退，可以無害，君亦無辱。子庚帥師治兵於汾。於是子蟜、伯有、子張從鄭伯伐齊，子孔、子展、子西守。二子知子孔之謀，完守入保。子孔不敢會楚師。楚師伐鄭，次於魚陵。右師城上棘，遂涉潁，次於旃然。蔿子馮、公子格率銳師侵費滑、胥靡、獻于、雍梁，右回梅山，侵鄭東北，至於蟲牢而反。子庚門于純門，信於城下而還。涉於魚齒之下，甚雨及之，楚師多東，役徒幾盡。晉人聞有楚師，師曠曰：不害。吾驟歌北風，又歌南風，南風不競，多死聲，楚必無功。董叔曰：天道多在西北，南師不時，必無功。叔向曰：在其君之德也。 汾，襄城縣東北有汾邱城。水經注：潁水東歷罡邱城南。故汾邱城也。魚陵，魚齒山也，在南陽犨縣北，鄭地。水經注：湛水源於魚齒山。上棘，郡縣志：陽翟有上棘城。旃然，旃然水出滎陽成皋縣，東入汴。水經注：索水出京縣西南嵩渚山，即古旃然水也。嵩渚山在滎陽縣東南三十五里。胥靡、獻于，俱鄭地。雍梁，鄭邑，河南陽翟縣東北有雍氏城。梅山在滎陽密縣東北。

薛氏季宣曰：楚公子午之伐，間鄭伯之出也，乘人不備，而迄無成功，黷武而已矣。 李氏廉曰：此蔿魚之後，楚兵又至鄭也。

【丁未】靈王十八年。

十有九年

晉平四年。齊靈二十八年。衛獻二十三年。蔡景三十八年。鄭簡十二年。曹武公滕元年。陳哀十五年。杞孝十三年。宋平二十二年。秦景二十三年。楚康六年。吳諸樊七年。

春王正月，諸侯盟于祝柯

柯，公作阿。案禮記：武王封黃帝之後於祝，即此也。 祝柯，祝柯縣，今屬濟南郡。

左 十九年春，諸侯還自沂上，盟於督揚，曰：大毋侵小。 督揚，即祝柯也。

晉人執邾子

左 執邾悼公，以其伐我故。 高氏閌曰：既來同會，又與同盟，而乃執之，非伯討也，故稱人。

公至自伐齊

公 此同圍齊也，何以致伐？未圍齊也。未圍齊，則其言圍齊何？抑齊也。曷為抑齊？為其亟伐也。或曰：為其驕蹇，使其世子處乎諸侯之上也。

穀 春秋之義，已伐而盟復伐者，則以伐致。盟不復伐者，則以會致。祝柯之盟，盟復伐齊與？曰：非也。然則何為以伐致也？曰：與人同事，或執其君，或取其地。

劉氏敞曰：此圍也，其以伐致何？圍而以伐致者，以伐告也。又曰：十九年公至自伐齊，公羊曰：何以致伐？未圍齊也。非也。若諸侯實未嘗圍齊者，春秋何得書之乎？又曰：穀梁曰：春秋已盟而復伐者，則以伐致。盟不復伐者，則以會致。祝柯之盟，盟復伐齊與？曰：非也。然則何為以伐致也。曰。與人同事。或執其君。或取其地。非也。執君取地邾事也。以伐齊致齊事也。今欲以齊明邾。以邾明齊乎。無義以通之。且書晉人執邾子。貶晉已明矣。取泲田自漷水刺魯已明矣。又何不足而以齊明邾乎。

取邾田自漷水 漷好虢反。又音郭。漷水。漷水出東海合鄉縣西南。經魯國至高平湖陸縣入泗。

左 遂次於泗上。疆我田。取邾田。自漷水。歸之於我。晉侯先歸。公享晉六卿於蒲圃。賜之三命之服。軍尉司馬司空輿尉候奄皆受一命之服。賄荀偃束錦加璧乘馬。先吳壽夢之鼎。荀偃癉疽。生瘍於頭。濟河及著雍病。目出。大夫先歸者皆反。士匄請見。弗內。請後。曰鄭甥可。二月甲寅卒。而視。不可含。宣子盥而撫之。曰。事吳敢不如事主。猶視。欒懷子曰。其為未卒事於齊故也乎。乃復撫之。曰。主苟終。所不嗣事於齊者。有如河。乃瞑。受含。宣子出。曰。吾淺之為丈夫也。蒲圃。場圃名。

公 其言自漷水何。以漷為竟也。何言乎以漷為竟。漷移也。

穀 軋辭也。其不日。惡盟也。

劉氏敞曰。其曰取邾田自漷水何。非所取也。漷水非所自也。魯人之君而制其國。介人之威而私其利。晉魯之惡又甚焉。交譏之。又曰。公羊曰。漷移也。非也。向者執邾子。乃為此爾。且如公羊言。魯以漷自移而取田。春秋乃坐其君以盜地乎。何悖也。　蘇氏轍曰。成二年晉人敗齊于鞌。使齊人歸我汶陽之田。書曰。取汶陽田。不言齊魯地也。本以晉命取田於邾。故書曰。取邾田自漷水。言非魯地也。

季孫宿如晉

左 季武子如晉。拜師。晉侯享之。范宣子為政。賦黍苗。季武子興。再拜稽首。曰小國之仰大國也。如百穀之仰膏雨焉。若常膏之。其天下輯睦。豈惟敝邑。賦六月。

葬曹成公

夏衛孫林父帥師伐齊

左 晉欒魴帥師從衛孫文子伐齊。

附錄左 季武子以所得於齊之兵。作林鐘而銘魯功焉。臧武仲謂季孫曰。非禮也。夫銘。天子令德。諸侯言時計功。大夫稱伐。今稱伐則下等也。計功則借人也。言時則妨民多矣。何以為銘。且夫大伐小。取其所得以作彝器。銘其功烈以示子孫。昭明德而懲無禮也。今將借人之力以救其死。若之何銘之。小國幸於大國。而昭所獲焉以怒之。亡之道也。

高氏閔曰。十四年。林父逐衛侯。衎奔於齊。故獨伐齊。林父逐君。伯主所當討。而與之會伐。則晉平伯業可知矣。

秋七月辛卯齊侯環卒 環公作瑗。

左 齊侯娶於魯。曰顏懿姬。無子。其姪鬷聲姬生光。以為大子。諸子仲子。戎子。戎子嬖。仲子生牙。屬諸戎子。戎子請以爲大子。許之。仲子曰。不可。廢常不祥。間諸侯難。光之立也。列於諸侯矣。今無故而廢之。是專黜諸侯。而以難犯不祥也。君必悔之。公曰。在我而已。遂東大子光。使高厚傅牙以爲大子。夙沙衛爲少傅。齊侯病。崔杼微逆光。疾病而立之。光殺戎子。尸諸朝。非禮也。婦人無刑。雖有刑。不在朝市。夏五月。壬辰晦。齊靈公卒。莊公即位。執公子牙於句瀆之丘。以夙沙衛易已。衛奔高唐以叛。 句瀆之邱。地名。襄九年。執公子買於句瀆之邱。即此。高唐在祝柯縣西北。漢置高唐縣。

晉士匄帥師侵齊至穀聞齊侯卒乃還

左 晉士匄侵齊。及穀。聞喪而還。禮也。

附錄 左 四月丁未。鄭公孫蠆卒。赴於晉大夫。范宣子言於晉侯。以其善於伐秦也。六月。晉侯請於王。王追賜之大路。使以行。禮也。

公 還者何。善辭也。何善爾。大其不伐喪也。此受命乎君而伐齊。則何大乎其不伐喪。大夫以君命出。進退在大夫也。

穀 還者。事未畢之辭也。受命而誅生。死無所加其怒。不伐喪。善之也。善之則何爲未畢也。君不尸小事。臣不專大名。善則稱君。過則稱已。則民作讓矣。士匄外專君命。故非之也。然則爲士匄者宜奈何。宜墠帷而歸命乎介。

杜氏預曰。詳錄所至及還者。善得禮。 陸氏淳曰。穀梁曰。匄宜墠帷而歸命於介。案不伐喪。常禮也。更待君命。是詐讓小善。非人臣盡忠之道也。 朱子曰。春秋分明處。只是晉士匄侵齊。至穀聞卒乃還。這分明是與他。

八月丙辰仲孫蔑卒

齊殺其大夫高厚

左 秋八月。齊崔杼殺高厚於灑藍。而兼其室。書曰。齊殺其大夫。從君於昏也。 灑藍。齊地。當在臨淄郊外。

張氏洽曰。殺高厚者。崔杼也。杼雖擅誅殺之柄。亦莊公之所欲也。以累上之辭言之。可謂著明矣。 汪氏克寬曰。微崔杼之力。莊公固不得立。然杼殺高厚。慶封討夙沙衛。明年復使慶佐爲大夫。而誅牙餘黨。崔慶自是專權。而射股之禍兆於此矣。

鄭殺其大夫公子嘉 嘉公作喜。

左 鄭子孔之爲政也專。國人患之。乃討西宮之難。與純門之師。子孔當罪。以其甲及子革。子良氏之甲守。甲辰。子展子西帥國人伐之。殺子孔而分其室。書曰。鄭殺其大夫。專也。子然子孔。宋子之子也。士子孔。圭嬀之子也。圭嬀之班亞宋子。而相親也。士子孔亦相親也。僖之四年。子然卒。簡之元年。士子孔卒。司徒孔實相子革子良之室。三室如一。故及於難。子革子良出奔楚。子革爲右尹。鄭人使子展當國。子西聽政。立子產爲卿。

胡傳曰。案左氏。初盜殺鄭三卿於西宮之朝。公子嘉知而不言。既又欲起楚師以去諸大夫故楚人伐鄭。至於純門而返。至是嘉之爲政也專。國人患之。乃討西宮之難與純門之師。子展子西率國人殺嘉而分其室。不稱鄭人者。嘉則有罪矣。而子展子西不能正以王法。肆諸市朝。與衆同棄。乃利其室而分之。有私意焉。故稱國以殺。而不去其官。此春秋原情定罪之意。

冬葬齊靈公

附錄左 齊慶封圍高唐。弗克。冬十一月。齊侯圍之。見衛在城上。號之。乃下。問守備焉。以無備告。揖之。乃登。聞師將傅。食高唐人。殖綽工僂會夜縋納師。醢衛於軍。

城西郛

左 城西郛。懼齊也。

汪氏克寬曰。郛乃外城。此云西郛。實國都外城之西郛。而所謂中城。爲魯國都之內城可知矣。

叔孫豹會晉士匄于柯

左 齊及晉平。盟於大隧。故穆叔會范宣子于柯。穆叔見叔向。賦載馳之四章。叔向曰。肸敢不承命。大隧地闕。

湛氏若水曰。懼齊而援晉之權臣以自固。非禮也。

城武城

武城。太山南武城縣。

通典。費縣有古武城。

左 穆叔歸曰。齊猶未也。不可以不懼。乃城武城。

列錄左 衛石共子卒。悼子不哀。孔成子曰。是謂蹷其本。必不有其宗。

家氏鉉翁曰。國不能用賢。紀綱陵遲。百度廢弛。寇至則危矣。多城何益。

〔戊申〕靈王十九年。

二十年 晉平五年。齊莊公光元年。衛獻二十四年。蔡景三十九年。鄭簡十三年。曹武二年。陳哀十六年。杞孝十四年。宋平二十三年。秦景二十四年。楚康七年。吳諸樊八年。

春王正月辛亥仲孫速會莒人盟于向 速公作遬。後同。

左 二十年春。及莒平。孟莊子會莒人盟于向。督揚之盟故也。

高氏閌曰。向本莒邑。宣四年取之者也。莒魯結好。自是十五年不交兵。速代父爲卿。未練而從政。無復三年之喪也。

夏六月庚申公會晉侯齊侯宋公衛侯鄭伯曹伯莒子邾子滕子薛伯杞伯小邾子盟于澶淵

澶市然反。澶淵。衛地。在頓丘縣南。水經注。浮水故瀆上承大河於頓丘縣而北出。東逕繁陽故城。案浮水。即澶淵也。

左 夏盟于澶淵。齊成故也。

孔氏穎達曰於經服異則書同盟此齊成而盟不言同者往年齊與晉平盟于大隧已服非於此始服故不言同也　薛氏季宣曰齊之無道諸侯圍之而不服以士匄聞喪而還師遂會于澶淵修德來遠不誣也哉

秋公至自會

仲孫速帥師伐邾

左　邾人驟至以諸侯之事弗能報也秋孟莊子伐邾以報之

許氏翰曰祝柯之會既執邾子又取其田報亦足矣而復伐之譏已甚矣且澶淵在彼何以盟爲

蔡殺其大夫公子燮蔡公子履出奔楚　燮穀作濕

左　蔡公子燮欲以蔡之晉蔡人殺之公子履其母弟也故出奔楚

家氏鉉翁曰燮奉文侯遺言求成於晉不克而死春秋稱國而不去其官錄之也

陳侯之弟黃出奔楚　黃公穀作光後同

左　陳慶虎慶寅畏公子黃之偪愬諸楚曰與蔡司馬同謀楚人以爲討公子黃出奔楚初蔡文侯欲事晉曰先君與於踐土之盟晉不可棄且兄弟也畏楚不能行而卒楚人使蔡無常公子燮求從先君以利蔡不能而死書曰蔡殺其大夫公子燮言不與民同欲也陳侯之弟黃出奔楚言非其罪也公子黃將出奔呼於國曰慶氏無道求專陳國暴蔑其君而去其親五年不滅是無天也

穀　諸侯之尊弟兄不得以屬通其弟云者親之也親而奔之惡也

高氏閌曰黃與履何以奔楚自理也黃以寵任太過權逼其卿慶氏譖之而陳侯不能爲之辨明是以一國之大不能容一弟也　程氏端學曰異姓大夫不得於君有可去之義同姓無可去之道況兄弟乎爲人弟而出奔天倫絕矣　李氏廉曰杜釋例曰兄而害弟者稱弟以章兄罪此例可施於陳黃秦鍼衞鱄宋辰弟而害兄則去弟以罪弟此例可施於鄭段然於通例不甚合又左氏以爲罪公子燮不與民同欲者謬矣

案　陳黃書弟先儒多主穀梁以爲陳侯不容其弟春秋惡之程氏端學謂兄弟無可去之道則以書奔爲罪黃二說相兼其義始備故竝存焉

叔老如齊

左　齊子初聘於齊禮也

杜氏預曰齊魯有怨朝聘禮絕今復繼好息民

冬十月丙辰朔日有食之

季孫宿如宋

左 冬。季武子如宋。報向戌之聘也。褚師段逆之以受享。賦常棣之七章以卒。宋人重賄之。歸。復命。公享之。賦魚麗之卒章。公賦南山有臺。武子去所曰。臣不堪也。

附錄左 衞甯惠子疾。召悼子曰。吾得罪於君。悔而無及也。名藏在諸侯之策。曰。孫林父甯殖出其君。君入則掩之。若能掩之。則吾子也。若不能。猶有鬼神。吾有餒而已。不來食矣。悼子許諾。惠子遂卒。

汪氏克寬曰。魯自蕭魚以後。連歲與彊齊邾莒交兵。是以不遑朝聘往來之事。雖向戌來聘。而亦未之報也。今始平於齊。遂交好鄰國以尋舊好耳。

春秋卷之十一

己酉 靈王二十年 **二十有一年** 晉平六年。齊莊二年。衛獻二十五年。殤七年。蔡景四十年。鄭簡十四年 曹武三年。陳哀十七年。杞孝十五年。宋平二十四年。秦景二十五年。楚康八年。吳諸樊九年。

春王正月公如晉

[左] 二十一年。春。公如晉。拜師。及取邾田也

湛氏若水曰。書公如晉。著其如之非禮也。朝聘會同。禮有常期。襄公特附晉之彊兵。取邾之田而往拜之。是相交以利而不以義矣。

邾庶其以漆閭丘來奔 漆閭丘。邾二邑名。

[左] 邾庶其以漆閭丘來奔。季武子以公姑姊妻之。皆有賜於其從者。於是魯多盜。季孫謂臧武仲曰。子盍詰盜。武仲曰。不可詰也。紇又不能。季孫曰。我有四封。而詰其盜。何故不可。子爲司寇。將盜是務去。若之何不能。武仲曰。子召外盜而大禮焉。何以止吾盜。子爲正卿而來外盜。使紇去之。將何以能。庶其竊邑於邾以來。子以姬氏妻之。而與之邑。其從者皆有賜焉。若大盜禮焉。以君之姑姊。與其大邑。其次皁牧輿馬。其小者衣裳劍帶。是賞盜也。賞而去之。其或難焉。紇也聞之。在上位者。洒濯其心。壹以待人。軌度其信。可明徵也。而後可以治人。夫上之所爲。民之歸也。上所不爲。而民或爲之。是以加刑罰焉。而莫敢不懲。若上之所爲而民亦爲之。乃其所也。又可禁乎。夏書曰。念茲在茲。釋茲在茲。名言茲在茲。允出茲在茲。惟帝念功。將謂由己壹也。信由己壹。而後功可念也。庶其非卿也。以地來。雖賤必書。重地也。

[公] 邾婁庶其者何。邾婁大夫也。邾婁無大夫。此何以書。重地也。

[穀] 以者。不以者也。來奔者不言出。舉其接我者也。漆閭丘不言及。小大敵也。

夏公至自晉

[附錄左] 齊侯使慶佐爲大夫。復討公子牙之黨。執公子買於句瀆之丘。公子鉏來奔。叔孫還奔燕。夏。楚子庚卒。楚子使薳子馮爲令尹。訪於申叔豫。叔豫曰。國多寵而王弱。國不可爲也。遂以疾辭。方暑。闕地下冰而牀焉。重繭衣裘。鮮食而寢。楚子使醫視之。復曰。瘠則甚矣。而血氣未動。乃使子南爲令尹。

秋晉欒盈出奔楚

[左] 欒桓子娶於范宣子。生懷子。范鞅以其亡也。怨欒氏。故與欒盈爲公族大夫而不相能。桓子卒。欒祁與其老州賓通。幾亡室矣。懷子患之。祁懼其討也。愬諸宣子曰。盈將爲亂。以范氏爲死桓主。而專政矣。曰。吾父逐鞅也。不怒而以寵報之。又與吾同官而專之。吾父死而益富。死吾父而專於國。有死而已。吾蔑從之矣。其謀如是。懼害於主。吾不敢不言。范鞅爲之徵。懷子好施。士多歸之。宣子畏其多士也。信之。懷子爲下卿。宣子使城著而遂逐之。秋。欒盈出奔

是宣子殺箕遺黃淵嘉父司空靖邴豫董叔邴師申書羊舌虎叔羆囚伯華叔向籍偃人謂叔向曰子離於罪其爲不知乎叔向曰與其死亡若何詩曰優哉游哉聊以卒歲知也樂王鮒見叔向曰吾爲子請叔向弗應出不拜其人皆咎叔向叔向曰必祁大夫室老聞之曰樂王鮒言於君無不行求赦吾子吾子不許祁大夫所不能也而曰必由之何也叔向曰樂王鮒從君者也何能行祁大夫外舉不棄讐內舉不失親其獨遺我乎詩曰有覺德行四國順之夫子覺者也晉侯問叔向之罪於樂王鮒對曰不棄其親其有焉於是祁奚老矣聞之乘馹而見宣子曰詩曰惠我無疆子孫保之書曰聖有謩勳明徵定保夫謀而鮮過惠訓不倦者叔向有焉社稷之固也猶將十世宥之以勸能者今壹不免其身以棄社稷不亦惑乎鯀殛而禹興伊尹放大甲而相之卒無怨色管蔡爲戮周公右王若之何其以虎也棄社稷子爲善誰敢不勉多殺何爲宣子說與之乘以言諸公而免之不見叔向而歸叔向亦不告免焉而朝初叔向之母妒叔虎之母美而不使其子皆諫其母其母曰深山大澤實生龍蛇彼美余懼其生龍蛇以禍女女敝族也國多大寵不仁人間之不亦難乎余何愛焉使往視寢生叔虎美而有勇力欒懷子嬖之故羊舌氏之族及於難欒盈過於周周西鄙掠之辭於行人曰天子陪臣盈得罪於王之守臣將逃罪罪重於郊甸無所伏竄敢布其死昔陪臣書能輸力於王室王施惠焉其子黶不能保任其父之勞大君若不棄書之力亡臣猶有所逃若棄書之力而思黶之罪臣戮餘也將歸死於尉氏不敢還矣敢布四體唯大君命焉王曰尤而效之其又甚焉使司徒禁掠欒氏者歸所取焉使候出諸轘轅 著晉邑轘轅轘轅關在緱氏東南輿地志其阪有十二曲道將去復還故名

劉氏敞曰不以范匄逐之爲文而以盈之自出爲說使盈無可逐之釁則匄不得逐矣匄之罪易見盈之失難知此春秋所以深探其情而大正其本也 高氏閌曰盈不能防閑其母遂爲范匄所逐既取奔亡復有作亂之志故特奔於楚焉以楚彊大今日可恃以逃難他日可挾以復歸也

九月庚戌朔日有食之冬十月庚辰朔日有食之

曹伯來朝

左 冬曹武公來朝始見也

公會晉侯齊侯宋公衛侯鄭伯曹伯莒子邾子于商任 任音壬 商任地闕

左 會于商任錮欒氏也齊侯衛侯不敬叔向曰二君者必不免會朝禮之經也禮政之輿也政身之守也怠禮失政失政不立是以亂也知起中行喜州綽邢蒯出奔齊皆欒氏之黨也樂王鮒謂范宣子曰盍反州綽邢蒯勇士也宣子曰彼欒氏之勇也余何獲焉王鮒曰子爲彼欒氏乃亦子之勇也齊莊公朝指殖綽郭最曰是寡人之雄也州綽曰君以爲雄誰敢不雄然臣不敏平陰之役先二子鳴莊公爲勇爵殖綽郭最欲與焉州綽曰東閭之役臣左驂迫還於門中識其枚數其可以與於此乎公曰子爲晉君也對曰臣爲隸新然二子者譬於禽獸臣食其肉而寢處其皮矣

十有一月。庚子。孔子生。

附錄公 十有一月。庚子。孔子生。

附錄穀 庚子。孔子生。

案公羊傳襄公二十一年。十一月庚子。孔子生。穀梁傳襄公二十一年冬十月庚子。孔子生。史記襄公二十二年孔子生。三家不同。朱子論語集注序。採用孔子世家。則專以史記爲憑也。宋氏濂作孔子生卒歲月辨。力主公穀。而亦無確然不易之證。但謂史記紀載多失實。公穀以次相授。必有據依耳。胡氏洪基曰。孔子生於襄二十二年。至哀十六年。乃爲七十三歲。史記所紀正得其實。公羊書月。已誤。豈盡可據。宋濂乃從公穀。作七十四歲。似乎駭聞。夏氏之見卓矣。通鑑前編謂襄公二十一年。日再食。非生聖人之年。亦頗有理。蓋孔子生於庚戌。卒於壬戌。相傳已久。今折衷於朱子。而參以夏氏及通鑑前編之說。則史記良不誣也。聖人生年。自宜附見於春秋。而二十二年無傳可附。故仍存公穀而論之如此。

二十有二年

庚戌 靈王二十一年。晉平七年。齊莊三年。衛獻二十六年。蔡景四十一年。鄭簡十五年。曹武四年。陳哀十八年。杞孝十六年。宋平二十五年。秦景二十六年。楚康九年。吳諸樊十年。

春王正月。公至自會。

附錄左 二十二年。春。臧武仲如晉。雨。過御叔。御叔在其邑。將飲酒。曰。焉用聖人。我將飲酒而已。雨行。何以聖爲。穆叔聞之曰。不可使也。而傲使人。國之蠹也。令倍其賦。

夏四月。

附錄左 夏。晉人徵朝於鄭。鄭人使少正公孫僑對曰。在晉先君悼公九年。我寡君於是卽位。卽位八月。而我先大夫子駟從寡君以朝於執事。執事不禮於寡君。寡君懼。因是行也。我二年六月朝於楚。晉是以有戲之役。楚人猶競。而申禮於敝邑。敝邑欲從執事。而懼爲大尤。曰晉其謂我不共有禮。是以不敢攜貳於楚。我四年三月。先大夫子蟜又從寡君以觀釁於楚。晉於是乎有蕭魚之役。謂我敝邑。邇在晉國。譬諸草木。吾臭味也。而何敢差池。楚亦不競。寡君盡其土實。重之以宗器。以受齊盟。遂帥羣臣隨於執事。以會歲終。貳於楚者。子侯石盂。歸而討之。溴梁之明年。子蟜老矣。公孫夏從寡君以朝於君。見於嘗酎。與執燔焉。間二年。聞君將靖東夏。四月又朝。以聽事期。不朝之間。無歲不聘。無役不從。以大國政令之無常。國家罷病。不虞荐至。無日不惕。豈敢忘職。大國若安定之。其朝夕在庭。何辱命焉。若不恤其患。而以爲口實。其無乃不堪任命。而翦爲仇讎。敝邑是懼。其敢忘君命。委諸執事。執事實重圖之。

秋七月辛酉。叔老卒。

附錄左 秋。欒盈自楚適齊。晏平仲言於齊侯曰。商任之會。受命於晉。今納欒氏。將安用之。小所以事大。信也。失信不立。君其圖之。弗聽。退告陳文子曰。君人執信。臣人執共。忠信篤敬。上下同之。天之道也。君自棄也。弗能久矣。 九月。鄭公孫黑肱有疾。歸邑於公。召室老宗人立段。而使黜官薄祭。祭以特羊。殷以少牢。足以共祀。盡歸其餘邑。曰。吾聞之。生於亂世。貴而能貧。民無求焉。可以後亡。敬共事君。與二三子。生在敬戒。不在富也。己巳。伯張卒。君子曰。善戒。詩曰。愼爾侯度用戒不虞。鄭子張其有焉。

冬公會晉侯齊侯宋公衛侯鄭伯曹伯莒子邾子薛伯杞伯小邾子于沙隨邾子下。公穀有滕子。

左 冬。會于沙隨。復錮欒氏也。欒盈猶在齊。晏子曰。禍將作矣。齊將伐晉。不可以不懼。

汪氏克寬曰。屈巫將聘於齊。而竊妻以逃。其廢君命。亦可誅矣。欒盈特以父之汰侈而多怨。遂爲姣母所讒而見逐。未有犯上可誅之實。其罪視屈巫。蓋薄乎云爾。晉平用范匄之謀。屢會諸侯。以錮之。幾致亂國。楚莊雖不聽子反錮巫臣之請。而嗣君卒滅其族。亦致通吳之禍。人君之不明。而眩於權臣。其患豈淺淺哉。

公至自會

楚殺其大夫公子追舒

左 楚觀起有寵於令尹子南。未益祿。而有馬數十乘。楚人患之。王將討焉。子南之子棄疾。爲王御士。王每見之。必泣。棄疾曰。君三泣臣矣。敢問誰之罪也。王曰。令尹之不能。爾所知也。國將討焉。爾其居乎。對曰。父戮子居。君焉用之。洩命重刑。臣亦不爲。王遂殺子南於朝。轘觀起於四竟。子南之臣謂棄疾。請徙子尸於朝。曰。君臣有禮。唯二三子。三日。棄疾請尸。王許之。既葬。其徒曰。行乎。曰。吾與殺吾父。行將焉入。曰。然則臣王乎。曰。棄父事讐。吾弗忍也。遂縊而死。復使薳子馮爲令尹。公子齮爲司馬。屈建爲莫敖。有寵於薳子者八人。皆無祿而多馬。他日朝。與申叔豫言。弗應而退。從之。入於人中。又從之。遂歸。退朝。見之。曰。子三困我於朝。吾懼。不敢不見。吾過。子姑告我。何疾我也。對曰。吾不免是懼。何敢告子。曰。何故。對曰。昔觀起有寵於子南。子南得罪。觀起車裂。何故不懼。自御而歸。不能當道。至。謂八人者曰。吾見申叔夫子。所謂生死而肉骨也。知我者。如夫子則可。不然請止。辭八人者。而後王安之。

附錄 左 十二月。鄭游眅將如晉。未出竟。遭逆妻者。奪之。以館於邑。丁巳。其夫攻子明殺之。以其妻行。子展廢良。而立大叔。曰。國卿。君之貳也。民之主也。不可以苟。請舍子明之類。求亡妻者。使復其所。使游氏勿怨。曰。無昭惡也。

高氏閌曰。追舒寵近小人。故及於難。然以楚國之力。除一寵嬖之大夫。顧豈難哉。而康王始則與人之子圖其父。終則殺之。轘其黨於四竟。由威柄失於上。故刑不足以馭下也。夫威柄既立。則責譙足以折姦臣之鋒。及其失之。則刀鋸不足以當姦臣之罪。其怨毒所鍾。遂發於靈王之世。楚之不亡者。幸而已。

[辛亥]靈王二十二年 **二十有三年** 晉平八年。齊莊四年。衛獻二十七年。殤九年。蔡景四十二年。鄭簡十六年。曹武五年。陳哀十九年。杞孝十七年。宋平二十六年。秦景二十七年。楚康十年。吳諸樊十一年。

春王二月癸酉朔日有食之

三月己巳杞伯匄卒

夏邾畀我來奔 公作鼻我。

左 春。杞孝公卒。晉悼夫人喪之。平公不徹樂。非禮也。禮爲鄰國闕。

公 邾婁鼻我者何。邾婁大夫也。邾婁無大夫。此何以書。以近書也。

劉氏敞曰。公羊云以近書也。此文過飾非之辭爾。家氏鉉翁曰。魯受庶其二邑。復納其黨。天王不問。方伯無討。春秋再書。責魯也。亦責晉也。

葬杞孝公

陳殺其大夫慶虎及慶寅

左 陳侯如楚。公子黃愬二慶於楚。楚人召之。使慶樂往。殺之。慶氏以陳叛。夏屈建從陳侯圍陳。陳人城。板隊而殺人。役人相命。各殺其長。遂殺慶虎慶寅。楚人納公子黃。君子謂慶氏不義。不可肆也。故書曰惟命不于常。

穀 稱國以殺。罪累上也。及慶寅。慶寅累也。

劉氏敞曰。其言及慶寅何。以罪及之也。寅慶虎之族也。杜氏云言及史異辭。則是春秋非復聖人之法也。專用史而已。豈其然哉。家氏鉉翁曰。導陳侯以叛晉卽楚者。二慶也。奔母弟黃於楚者。亦二慶也。楚人討而殺之。納黃于陳。二慶之誅。黃之復楚皆專之。春秋書法如此。若陳人之自殺之。自復之。不與楚之專制也。

陳侯之弟黃自楚歸于陳

晉欒盈復入于晉入于曲沃

左 晉將嫁女於吳。齊侯使析歸父媵之。以藩載欒盈及其士。納諸曲沃。欒盈夜見胥午而告之。對曰。不可。天之所廢。誰能興之。子必不免。吾非愛死也。知不集也。盈曰。雖然。因子而死。吾無悔矣。我實不天。子無咎焉。許諾。伏之。而觴曲沃人。樂作。午言曰。今也得欒孺子何如。對曰。得主而爲之死。猶不死也。皆歎。有泣者。爵行。又言。皆曰。得主何貳之有。盈出。徧拜之。四月。欒盈帥曲沃之甲。因魏獻子。以晝入絳。初。欒盈佐魏莊子於下軍。獻子私焉。故因之。趙氏以原屛之難怨欒氏。韓趙方睦。中行氏以伐秦之役怨欒氏。而固與范氏和親。知悼子少。而聽於中行氏。程鄭嬖於公。唯魏氏及七輿大夫與之。樂王鮒侍坐於范宣子。或告曰。欒氏至矣。宣子懼。桓子曰。奉君以走固宮。必無害也。且欒氏多怨。子爲政。欒氏自外。子在位。其利多矣。既有利權。又執民柄。將何懼焉。欒氏所得。其唯魏氏乎。而可彊取也。夫克亂在權。子無懈矣。公有姻喪。王鮒使宣子墨縗冒絰。二婦人輦以如公。奉公以如固宮。范鞅逆魏舒。則成列既乘。將逆欒氏矣。趨進曰。欒氏帥賊以入。鞅之父與二三子在君所矣。使鞅逆吾子。鞅請驂乘。持帶。遂超乘。右撫劍。左援帶。命驅之出。僕請。鞅曰。之公。宣子逆諸階。執其手。賂之以曲沃。初。斐豹隸也。著於丹書。欒氏之力臣曰督戎。國人懼之。斐豹謂宣子曰。苟焚丹書。我殺督戎。宣子喜曰。而殺之。所不請於君焚丹書者。有如日。乃出豹而閉之。督戎從之。踰隱而待之。督戎踰入。豹自後擊而殺之。范氏之徒在臺後。欒氏乘公門。宣子謂鞅曰。矢及君屋。死之。鞅用劍以帥卒。欒氏退。攝車從之。遇欒樂。曰。樂免之。死將訟女於天。樂射之。不中。又注。則乘槐本而覆。或以戟鉤之。斷肘而死。欒魴傷。欒盈奔曲沃。晉人圍之。

[公]曲沃者何。晉之邑也。其言入于晉。入于曲沃何。欒盈將入晉。晉人不納。由乎曲沃而入也。

杜氏諤曰。春秋之法。復入重於入。入重於復歸。復歸重於歸。然則復入者。惡甚之辭。家氏鉉翁曰。盈挾齊之援。復入于晉。將不利於宗國。非晉臣矣。春秋猶書晉欒盈者。一以明君臣之分而討之。亦以閔欒氏爲晉世臣。而自絶於晉耳。宋魚石義與此同。汪氏克寬曰。朱子謂不仁之人。不能容之。則必致亂。蓋不仁之人。力能誅則誅之。苟不能誅。而徒疾之。使之無所容其身。事窮勢迫。則必爲悖逆爭鬬之事矣。況欒盈非有弒父與君之大惡。逐之去國。則亦已矣。何至動天下之諸侯。一再會聚而禁錮之哉。鋌而走險。急何能擇。盈之復入于晉。實晉有以激之耳。

[案]經書復入于晉。入于曲沃。公羊曰。由乎曲沃而入也。非也。盈雖帥曲沃之甲以入晉。而兵敗之後。仍入曲沃。故春秋據其實而書之也。如公羊之言。當先書入曲沃。後書入晉矣。

秋齊侯伐衛遂伐晉

[左]秋。齊侯伐衛。先驅。穀榮御王孫揮。召揚爲右。申驅。成秩御莒恒。申鮮虞之傅摯爲右。曹開御戎。晏父戎爲右。貳廣。上之登御邢公。盧蒲癸爲右。啓。牢成御襄罷師。狼蘧疏爲右。胠。商子車御侯朝。桓跳爲右。大殿。商子游御夏之御寇。崔如爲右。燭庸之越駟乘。自衛將遂伐晉。晏平仲曰。君恃勇力以伐盟主。若不濟。國之福也。不德而有功。憂必及君。崔杼諫曰。不可。臣聞之。小國間大國之敗而毀焉。必受其咎。君其圖之。弗聽。陳文子見崔武子曰。將如君何。武子曰。吾言於君。君弗聽也。以爲盟主。而利其難。羣臣若急。君於何有。子姑止之。文子退。告其人曰。崔子將死乎。謂君甚。而又過之。不得其死。過君以義。猶自抑也。況以惡乎。齊侯遂伐晉。取朝歌。爲二隊。入孟門。登大行。張武軍於熒庭。戍郫邵。封少水。以報平陰之役。乃還。趙勝帥東陽之師以追之。獲晏氂。朝歌屬汲郡。孟門晉臨道。司馬貞曰。在朝歌東北。太行。地理志。在河內郡野王縣西北。熒庭。郫邵。晉邑。少水。卽滄水也。東陽。晉之山東魏郡廣平以北。

汪氏克寬曰。齊莊本意在伐晉。而伐衛以先之。亦猶齊桓本意在伐楚。而侵蔡以先之也。討從楚之與國。而後討彊楚。善之大者也。伐從霸之與國。而果於陵霸主。惡之大者也。春秋之書遂。其中有大美惡焉。

[案]上書欒盈入曲沃。而繼書齊侯伐晉。則盈之爲齊所納可知矣。

八月叔孫豹帥師救晉次于雍榆

雍。於用反。榆。公穀作渝。雍榆。晉地。汲郡朝歌縣東有雍城。郡邑志。黎陽縣有雍城。卽古雍榆也。

[左]八月。叔孫豹帥師救晉。次于雍榆。禮也。

[公]曷爲先言救而後言次。先通君命也。

[穀]言救後次。非救也。

劉氏敞曰。非救攻之道也。杜云待命于雍榆。故書次。非也。救者。赴急之師也。受命待焉。卽待晉命者。豈救人之急。方待命而行哉。公羊曰。先救後次。先通君命也。非命而出。豈有君命而不通哉。

孫氏覺曰。不救則懼晉之討。往救則畏齊之彊。

案伯國被伐魯自當救救而書次則遲回觀望非能救者也春秋譏之左氏以為禮公羊以為先通君命皆誤矣

己卯仲孫速卒

左 季武子無適子公彌長而愛悼子欲立之訪於申豐曰彌與紇吾皆愛之欲擇才焉而立之申豐趨退歸盡室將行他日又訪焉對曰其然將具敝車而行乃止訪於臧紇臧紇曰飲我酒吾為子立之季氏飲大夫酒臧紇為客既獻臧孫命北面重席新樽絜之召悼子降逆之大夫皆起及旅而召公鉏使與之齒季孫失色季氏以公鉏為馬正慍而不出閔子馬見之曰子無然禍福無門唯人所召為人子者患不孝不患無所敬共父命何常之有若能孝敬富倍季氏可也姦回不軌禍倍下民可也公鉏然之敬共朝夕恪居官次季孫喜使飲己酒而以具往盡舍旃故公鉏氏富又出為公左宰孟孫惡臧孫季孫愛之孟氏之御騶豐點好羯也曰從余言必為孟孫再三云羯從之孟莊子疾豐點謂公鉏苟立羯請讎臧氏公鉏謂季孫曰孺子秩固其所也若羯立則季氏信有力於臧氏矣弗應己卯孟孫卒公鉏奉羯立於戶側季孫至入哭而出曰秩焉在公鉏曰羯在此矣季孫曰孺子長公鉏曰何長之有唯其才也且夫子之命也遂立羯秩奔邾臧孫入哭甚哀多涕出其御曰孟孫之惡子也而哀如是季孫若死其若之何臧孫曰季孫之愛我疾疢也孟孫之惡我藥石也美疢不如惡石夫石猶生我疢之美其毒滋多孟孫死吾亡無日矣

汪氏克寬曰魯自仲遂殺適立庶公室於是乎失政魯卿自季孫宿以私意廢長立幼於是家臣效尤孟氏之豐點廢秩立羯叔孫氏之豎牛殺孟丙而立舍皆託廢立以擅其權而三桓微矣作俑之禍其流弊可勝言哉

冬十月乙亥臧孫紇出奔邾

左 孟氏閉門告於季孫曰臧氏將為亂不使我葬季孫不信臧孫聞之戒冬十月孟氏將辟藉除於臧氏臧孫使正夫助之除於東門甲從己而視之孟氏又告季孫季孫怒命攻臧氏乙亥臧紇斬鹿門之關以出奔邾初臧宣叔娶於鑄生賈及為而死繼室以其姪穆姜之姨子也生紇長於公宮姜氏愛之故立之臧賈臧為出在鑄臧武仲自邾使告臧賈且致大蔡焉曰紇不佞失守宗祧敢告不弔紇之罪不及不祀子以大蔡納請其可賈曰是家之禍也非子之過也賈聞命矣再拜受龜使為以納請遂自為也臧孫如防使來告曰紇非能害也知不足也非敢私請苟守先祀無廢二勳敢不辟邑乃立臧為臧紇致防而奔齊其人曰其盟我乎臧孫曰無辭將盟臧氏季孫召外史掌惡臣而問盟首焉對曰盟東門氏也曰毋或如東門遂不聽公命殺適立庶盟叔孫氏也曰毋或如叔孫僑如欲廢國常蕩覆公室季孫曰臧孫之罪皆不及此孟椒曰盍以其犯門斬關季孫用之乃盟臧氏曰無或如臧孫紇干國之紀犯門斬關臧孫聞之曰國有人焉誰居其孟椒乎 鑄鑄國濟北蛇邱縣所治

穀 其曰正臧孫紇之出也蘧伯玉曰不以道事其君者其出乎

家氏鉉翁曰季宿之納邾盜也臧紇所與言者為何如今乃以媚道自結於季孫亦何異於盜季宿自亂己之嫡庶復亂人之嫡庶又蔽罪臧紇而逐之紇固有罪宿之恣睢不度亦甚矣

晉人殺欒盈

左 晉人克欒盈於曲沃。盡殺欒氏之族黨。欒魴出奔宋。書曰。晉人殺欒盈。不言大夫。言自外也。

公 曷爲不言殺其大夫。非其大夫也。

穀 惡之。弗有也。

案 盈爲權臣所逐。畏罪出奔。幸保其身足矣。乃恃齊之援以入晉。又入曲沃。而阻兵相攻。則無君之罪大矣。橫國以殺。而削其大夫。所以深罪盈也。士匄逐盈。兩年之中。再合諸侯以錮之。既克曲沃。則盡其族而殲之。晉國之大權。皆匄所操。而晉侯徒擁虛器也。春秋據事直書。而晉侯之失政。士匄之擅權。不待貶而自見矣。

齊侯襲莒

左 齊侯還自晉。不入。遂襲莒。門於且于。傷股而退。明日。將復戰。期於壽舒。杞殖。華還載甲夜入且于之隧。宿於莒郊。明日。先遇莒子於蒲侯氏。莒子重賂之。使無死。曰。請有盟。華周對曰。貪貨棄命。亦君所惡也。昏而受命。日未中而棄之。何以事君。莒子親鼓之。從而伐之。獲杞梁。莒人行成。齊侯歸。遇杞梁之妻於郊。使弔之。辭曰。殖之有罪。何辱命焉。若免於罪。猶有先人之敝廬在。下妾不得與郊弔。齊侯弔諸其室。〔且于。壽舒。莒邑。蒲侯氏。近莒之邑。〕

附錄左 齊侯將爲臧紇田。臧孫聞之。見齊侯。與之言伐晉。對曰。多則多矣。抑君似鼠。夫鼠晝伏夜動。不穴於寢廟。畏人故也。今君聞晉之亂。而後作焉。寧將事之。非鼠何如。乃弗與田。仲尼曰。知之難也。有臧武仲之知。而不容於魯國。抑有由也。作不順。而施不恕也。夏書曰。念在茲。順事。恕施也。

家氏鉉翁曰。齊人還自晉襲莒。無名之師也。著爵而書襲。賤之也。

〔壬子〕〔靈王二十三年〕二十有四年 〔晉平九年。齊莊五年。衛獻二十八年。蔡景四十三年。鄭簡十七年。曹武六年。陳哀二十年。杞文公益姑元年。宋平二十七年。秦景二十八年。楚康十一年。吳諸樊十二年。〕

春叔孫豹如晉

左 二十四年。春。穆叔如晉。范宣子逆之。問焉。曰。古人有言曰。死而不朽。何謂也。穆叔未對。宣子曰。昔匄之祖。自虞以上爲陶唐氏。在夏爲御龍氏。在商爲豕韋氏。在周爲唐杜氏。晉主夏盟爲范氏。其是之謂乎。穆叔曰。以豹所聞。此之謂世祿。非不朽也。魯有先大夫曰臧文仲。既沒。其言立。其是之謂乎。豹聞之。大上有立德。其次有立功。其次有立言。雖久不廢。此之謂不朽。若夫保姓受氏。以守宗祊。世不絕祀。無國無之。祿之大者。不可謂不朽。〔陶唐。堯所治地。豕韋。國名。東郡白馬縣東南有韋城。唐杜。殷末豕韋國於唐。周成王滅唐。遷之於杜。范。晉邑。戰國時爲齊地。孟子自范之齊是也。〕

附錄左 范宣子爲政。諸侯之幣重。鄭人病之。二月。鄭伯如晉。子產寓書於子西。以告宣子。曰。子爲晉國。四鄰諸侯不聞令德。而聞重幣。僑也惑之。僑聞君子長國家者。非無賄之患。而無令名之難。夫諸侯之賄。聚於公室。則諸侯貳。若吾子賴之。則晉國貳。諸侯貳。則晉國壞。晉國貳。則子之家壞。何沒沒也。將焉用賄。夫令名。德之輿也。德。國家之基也。有基無壞。無亦是務乎。有德則樂。樂則能久。詩云。樂只君子。邦家之基。有令德也夫。上帝臨女。無貳爾心。有令名也夫。恕思以明德。則令名載而行之。是以遠至邇安。毋寧使人謂子。子實生我。而謂子浚我以生乎。象有齒以焚其身。賄也。宣子說。乃輕幣。是行也。鄭伯朝晉。爲重幣故。且請伐陳也。鄭伯稽首。宣子辭。子西相。曰。以陳國之介恃大國。而陵虐於敝邑。寡君是以請罪焉。敢不稽首。杜氏預曰。賀克欒氏也。

仲孫羯帥師侵齊

左 孟孝伯侵齊。晉故也

高氏閌曰。齊之伐晉也。魯使叔孫豹救之。次于雍榆無功於晉。故孟孝伯帥師侵齊。爲晉報焉。蓋懼晉之疑也。羯代速爲卿。未練而帥師。亦無復三年之喪。

夏楚子伐吳

左 夏。楚子爲舟師以伐吳。不爲軍政。無功而還。

高氏閌曰。於是見楚弱而吳之張也。襄十一年楚失鄭。十四年伐吳。自是舍鄭而不爭。又十年而一再伐吳。急吳而後他國也。

秋七月甲子朔日有食之既

齊崔杼帥師伐莒

左 齊侯既伐晉。而懼。將欲見楚子。楚子使薳啓彊如齊聘。且請期。齊社。蒐軍實使客觀之。陳文子曰。齊將有寇。吾聞之。兵不戢必取其族。秋。齊侯聞將有晉師。使陳無宇從薳啓彊如楚。辭且乞師。崔杼帥師送之。遂伐莒。侵介根。介根。莒邑。

高氏閌曰。去年齊侯襲莒。已與莒平。今崔杼因帥師送使者如楚。而遂伐莒。是見利則乘。齊人之無信也。

大水

八月癸巳朔日有食之

公會晉侯宋公衞侯鄭伯曹伯莒子邾子滕子薛伯杞伯小邾子于夷儀 夷儀。公作陳儀。後同。

左 會于夷儀。將以伐齊。水。不克。

高氏閌曰。自盟于柯陵之後。齊有輕晉之心。會齊侯環卒而光新立。乃受盟于澶淵。及商任沙隨之會。晉失其令。齊於是復貳。明年乃伐衞。遂伐晉。又再加兵於莒。晉侯爲是故會于夷儀。帥十二諸侯之師。將以討齊。然會而不伐。是有畏也。國勢不競。衆志不一也。曰水不克者特辭不能伐爾。下書崔杼伐我西鄙。蓋知晉之無能爲也。 汪氏克寬曰。晉會諸侯。欲伐齊而不能伐。故書會而不書伐。以著其大合十二國之君。而無所事也。蓋進則憚齊之彊。退又憂楚之伐鄭。是以一會而徒返耳。平陰之役。鄭伯在會。楚亦間之以伐鄭。而公子午孤軍入境。未足撓鄭。今此鄭伯亦在會。而楚子帥諸侯之師以攻鄭。諸侯是以去齊而救鄭焉。伐而不果。救不及事。晉伯之衰。亦可知矣。春秋所以不書諸侯之救鄭也。

冬。楚子蔡侯陳侯許男伐鄭

左 冬。楚子伐鄭以救齊。門於東門。次於棘澤。諸侯還救鄭。晉侯使張骼。輔躒致楚師。求御於鄭。鄭人卜宛射犬。吉。子大叔戒之曰。大國之人。不可與也。對曰。無有衆寡。其上一也。大叔曰。不然。部婁無松柏。二子在幄。坐射犬於外。既食而後食之。使御廣車而行。已皆乘乘車。將及楚師。而後從之乘。皆踞轉而鼓琴。近不告而馳之。皆取胄於櫜而胄。入壘。皆下。搏人以投。收禽挾囚。弗待而出。皆超乘。抽弓而射。既免。復踞轉而鼓琴。曰。公孫。同乘。兄弟也。胡再不謀。對曰。曩者志入而已。今則怯也。皆笑曰。公孫之亟也。楚子自棘澤還。使薳啓彊帥師送陳無宇。吳人爲楚舟師之役故。召舒鳩人。舒鳩人叛楚。楚子師於荒浦。使沈尹壽與師祁犂讓之。舒鳩子敬逆二子。而告無之。且請受盟。二子復命。王欲伐之。薳子曰。不可。彼告不叛。且請受盟。而又伐之。伐無罪也。姑歸息民。以待其卒。卒而不貳。吾又何求。若猶叛我。無辭。有庸。乃還。棘澤在開封府新鄭縣東南。舒鳩楚屬國。荒浦。舒鳩地。

汪氏克寬曰。晉陽處父伐楚以救江。則書伐書救。此書伐鄭。不書以救齊。不予楚人之救也。

公至自會

陳鍼宜咎出奔楚鍼。其廉反。

左 陳人復討慶氏之黨。鍼宜咎出奔楚。

叔孫豹如京師

左 齊人城郟。穆叔如周聘。且賀城。王嘉其有禮也。賜之大路。

高氏閌曰。襄公即位二十有四年。如晉者五。出會諸侯者十有三。未嘗朝天子也。是時穀洛鬬。毀王宮。而齊侯叛晉。求媚於天子。故爲王城之。於是叔孫豹始如京師聘。且賀焉。

大饑

附錄 左 晉侯嬖程鄭。使佐下軍。鄭行人公孫揮如晉聘。程鄭問焉。曰。敢問降階何由。子羽不能對。歸以語然明。然明曰。是將死矣。不然將亡。貴而知懼。懼而思降。乃得其階。下人而已。又何問焉。且夫既登而求降階者。知人也。不在程鄭。其有亡釁乎。不然。其有惑疾。將死而憂也。

穀 五穀不升爲大饑。一穀不升謂之嗛。二穀不升謂之饑。三穀不升謂之饉。四穀不升謂之康。五穀不升謂之大侵。大侵之禮。君食不兼味。臺榭不塗。弛侯。廷道不除。百官布而不制。鬼神禱而不祀。此大侵之禮也。

汪氏克寬曰。襄公享國二十有四年。當有八年之積。是年水災所及雖廣。然未嘗壞宗廟。毀宮室。隳城郭。則倉廩之所備。固無恙也。今無一年之畜而遽至大饑。則見其備荒之無素矣。春秋書大有年大饑各一。大有年者。異天道之反常。大饑者。著人事之不能處變也。書大旱者二。大水者八。水旱非大不書。

癸丑 靈王二十四年

二十有五年 晉平十年。齊莊六年。衛獻二十九年。殤十一年。蔡景四十四年。鄭簡十八年。曹武七年。陳哀二十一年。杞文二年。宋平二十八年。秦景二十九年。楚康十二年。吳諸樊十三年。

春齊崔杼帥師伐我北鄙

左 報孝伯之師也。公患之。使告於晉。孟公綽曰。崔子將有大志。不在病我。必速歸。何患焉。其來也不寇。使民不嚴。異於他日。齊師徒歸。

夏五月乙亥齊崔杼弑其君光

左 齊棠公之妻。東郭偃之姊也。東郭偃臣崔武子。棠公死。偃御武子以弔焉。見棠姜而美之。使偃取之。偃曰。男女辨姓。今君出自丁。臣出自桓。不可。武子筮之。遇困之大過。史皆曰吉。示陳文子。文子曰。夫從風。風隕妻。不可娶也。且其繇曰。困于石。據于蒺藜。入于其宮。不見其妻。凶。困于石。往不濟也。據于蒺藜。所恃傷也。入于其宮。不見其妻。凶。無所歸也。崔子曰。嫠也何害。先夫當之矣。遂取之。莊公通焉。驟如崔氏。以崔子之冠賜人。侍者曰。不可。公曰。不爲崔子。其無冠乎。崔子因是。又以其間伐晉也。曰。晉必將報。欲弑公以說於晉。而不獲間。公鞭侍人賈舉。而又近之。乃爲崔子間公。夏。五月。莒爲且于之役故。莒子朝於齊。甲戌。饗諸北郭。崔子稱疾不視事。乙亥。公問崔子。遂從姜氏。姜入於室。與崔子自側戶出。公拊楹而歌。侍人賈舉止衆從者。而入。閉門。甲興。公登臺而請。弗許。請盟。弗許。請自刃於廟。弗許。皆曰。君之臣杼疾病。不能聽命。近於公宮。陪臣干掫有淫者。不知二命。公踰牆。又射之。中股。反隊。遂弑之。賈舉。州綽。邴師。公孫敖。封具。鐸父。襄伊。僂堙。皆死。祝佗父祭於高唐。至。復命。不說弁而死於崔氏。申蒯。侍漁者。退。謂其宰曰。爾以帑免。我將死。其宰曰。免。是反子之義也。與之皆死。崔氏殺鬷蔑於平陰。晏子立於崔氏之門外。其人曰。死乎。曰。獨吾君也乎哉。吾死也。曰。行乎。曰。吾罪也乎哉。吾亡也。曰。歸乎。曰。君死安歸。君民者。豈以陵民。社稷是主。臣君者。豈爲其口實。社稷是養。故君爲社稷死則死之。爲社稷亡則亡之。若爲己死而爲己亡。非其私暱。誰敢任之。且人有君而弑之。吾焉得死之。而焉得亡之。將庸何歸。門啓而入。枕尸股而哭。興。三踊而出。人謂崔子。必殺之。崔子曰。民之望也。舍之得民。盧蒲癸奔晉。王何奔莒。叔孫宣伯之在齊也。叔孫還納其女於靈公。嬖。生景公。丁丑。崔杼立而相之。慶封爲左相。盟國人於大宮。曰。所不與崔慶者。晏子仰天歎曰。嬰所不唯忠於君。利社稷者是與。有如上帝。乃歃。辛巳。公與大夫及莒子盟。大史書曰。崔杼弑其君。崔子殺之。其弟嗣書。而死者二人。其弟又書。乃舍之。南史氏聞大史盡死。執簡以往。聞既書矣。乃還。閭丘嬰以帷縛其妻而載之。與申鮮虞乘而出。鮮虞推而下之。曰。君昏不能匡。危不能救。死不能死。而知匿其暱。其誰納之。行及弇中。將舍。嬰曰。崔慶其追我。鮮虞曰。一與一。誰能懼我。遂舍。枕轡而寢。食馬而食。駕而行。出弇中。謂嬰曰。速驅之。崔慶之衆。不可當也。遂來奔。崔氏側莊公於北郭。丁亥。葬諸士孫之里。四翣。不蹕。下車七乘。不以兵甲。弇中。狹道。

穀 莊公失言。淫於崔氏。

案 齊莊之弒。晏嬰謂其爲己死。而非私暱者不敢任。其說非也。宋之殤閔。其死不爲社稷而孔父仇牧。豈二君之私暱耶。莊公被弒之禍。嬰固早知之矣。納欒氏。則以爲弗能久。代衛晉。則以爲憂必及。預策其必敗。以示先見之哲。而一旦有事。則假社稷爲重。而自明其不必死。使天下之貪生而忘義者。皆得藉口以爲苟免之計。畔道傷教。安可訓也。陳文子有馬十乘。棄而違之。聖人許其清。晏嬰齊之公族。世爲國卿。與亂賊並立於朝。而不聞有討逆之謀。其負慚多矣。

胡氏安國。以賈舉等從君於昏。不得以死節稱。引嬰言以證之。非通方之論也。

公會晉侯宋公衛侯鄭伯曹伯莒子邾子滕子薛伯杞伯小邾子于夷儀

左 晉侯濟自泮。會于夷儀伐齊。以報朝歌之役。齊人以莊公說。使隰鉏請成。慶封如師。男女以班。賂晉侯以宗器樂器自六正。五吏。三十帥。三軍之大夫。百官之正長。師旅。及處守者。皆有賂。晉侯許之。使叔向告於諸侯。公使子服惠伯對曰。君舍有罪。以靖小國。君之惠也。寡君聞命矣。 泮闕。

附錄左 晉侯使魏舒宛沒逆衛侯。將使衛與之夷儀。崔子止其帑。以求五鹿。

劉氏敞曰。杜氏曰。不譏受賂者。齊有喪師自宜退。非也。若齊侯以壽沒。師退可也。今臣弒其君。爲惡大矣。何故退乎。假使晉遂討齊。破其城。殺其賊。汙其宮。未可謂之伐喪也。且夫弒君而謂之喪。諸侯其無討賊者矣。 黃氏仲炎曰。齊取朝歌者。晉人之私憾也。杼弒其君。天下之大惡也。今晉會于夷儀伐齊。以報朝歌之役。齊人以弒君說。而遂釋之。是知有一己之私憾。而不知有天下之大惡也。

六月壬子鄭公孫舍之帥師入陳 舍如字。

左 初。陳侯會楚子伐鄭。當陳隧者。井堙木刊。鄭人怨之。六月。鄭子展。子產。帥車七百乘伐陳。宵突陳城。遂入之。陳侯扶其大子偃師奔墓。遇司馬桓子。曰載余。曰將巡城。遇賈獲。載其母妻。下之。而授公車。公曰。舍而母。辭曰。不祥。與其妻扶其母以奔墓。亦免。子展命師無入公宮。與子產親御諸門。陳侯使司馬桓子賂以宗器。陳侯免。擁社。使其眾男女別而纍。以待於朝。子展執縶而見。再拜稽首。承飲而進獻。子美入。數俘而出。祝祓社。司徒致民。司馬致節。司空致地。乃還。

高氏閌曰。去秋夷儀之會。楚與陳蔡許三國同伐鄭。今歲復會于夷儀。鄭慮楚之復來也。故先帥師入陳。以奪其心。觀左氏所載。入人之國。未有若子展子產之有禮者也。故春秋無貶辭。

秋八月己巳諸侯同盟于重丘 重。直龍反。 重丘。齊地。寰宇記。聊城縣東北有重丘。襄二十五年。諸侯會盟處。

左 秋。七月。己巳。同盟于重丘。齊成故也。

附錄左 趙文子爲政。令薄諸侯之幣。而重其禮。穆叔見之。謂穆叔曰。自今以往。兵其少弭矣。齊崔慶新得政。將求善於諸侯。武也知楚令尹。若敬行其禮。道之以文辭。以靖諸侯。兵可以弭。

胡傳曰。崔杼既弒其君。晉侯受其賂而許之成。故盟于重丘。特書曰同。 孔氏穎達曰。傳云七月。經言八月。杜以長歷校之。七月十二日有己巳。如是經誤也。

公至自會

汪氏克寛曰。此書至會。著其黨惡附姦之罪也。

衞侯入于夷儀

左衞獻公入于夷儀。

公陳儀者何。衞之邑也。曷爲不言入于衞。諼君以弑也。

劉氏敞曰。衞侯入于陳儀。公羊曰。曷爲不言入于衞。諼君以弑也。非也。衎雖失位。非剽臣也。剽雖得國。非衎君也。春秋豈謂衎爲諼君乎哉。 呂氏大圭曰。夏五月。會夷儀之衞侯剽也。此入于夷儀之衞侯。衎也。不嫌兩君名實相亂乎。曰。衎雖無道。非臣當逐。剽亦非臣下所得立。故衎入不名。鄭伯突入于櫟。何以名。曰。突不當立者。衎當立者。 家氏鉉翁曰。春秋之世。內外二君者。鄭忽與突。衞衎與剽也。忽之君國。正也。祭仲以突簒之。衎之君國。正也。孫林父以剽簒之。忽既復位。突乃賊也。是故突之入櫟以名。衎入衞地。剽猶居位。剽乃賊也。是故衎入夷儀不名。及剽死衎入。然後名衎以正其失國之罪。

楚屈建帥師滅舒鳩

左楚薳子馮卒。屈建爲令尹。屈蕩爲莫敖。舒鳩人卒叛。楚令尹子木伐之。及離城。吳人救之。子木遽以右師先。子彊息桓子捷子駢子盂帥左師以退。吳人居其間七日。子彊曰。久將墊隘。隘乃禽也。不如速戰。請以私卒誘之。簡師陳以待我。我克則進。奔則亦視之。乃可以免。不然必爲吳禽。從之。五人以其私卒先擊吳師。吳師奔。登山以望。見楚師不繼。復逐之。傅諸其軍。簡師會之。吳師大敗。遂圍舒鳩。舒鳩潰。八月。楚滅舒鳩。離城。舒鳩城。

家氏鉉翁曰。楚不能制吳而殘暴小國以逞其敗衂之憾。春秋惡之。是故國雖小而必紀其亡。以著楚人滅國之罪。

冬鄭公孫夏帥師伐陳

夏。公作蠆。

左鄭子產獻捷於晉。戎服將事。晉人問陳之罪。對曰。昔虞閼父爲周陶正。以服事我先王。我先王賴其利器用也。與其神明之後也。庸以元女大姬配胡公。而封諸陳。以備三恪。則我周之自出。至於今是賴。桓公之亂。蔡人欲立其出。我先君莊公奉五父而立之。蔡人殺之。我又與蔡人奉戴厲公。至於莊宣。皆我之自立。夏氏之亂。成公播蕩。又我之自入。君所知也。今陳忘周之大德。蔑我大惠。棄我姻親。介恃楚衆。以馮陵我敝邑。不可億逞。我是以有往年之告。未獲成命。則有我東門之役。當陳隧者。井堙木刊。敝邑大懼不競。而恥大姬。天誘其衷。啓敝邑心。陳知其罪。授手于我。用敢獻功。晉人曰。何故侵小。對曰。先王之命。唯罪所在。各致其辟。且昔天子之地一圻。列國一同。自是以衰。今大國多數圻矣。若無侵小。何以至焉。晉人曰何故戎服。對曰。我先君武莊爲平桓卿士。城濮之役。文公布命曰。各復舊職。命我文公戎服輔王。以授楚捷。不敢廢王命故也。士莊伯不能詰。復於趙文子。文子曰。其辭順。犯順不祥。乃受之。冬十月。子展相鄭伯如晉。拜陳之功。子西復伐陳。陳及鄭平。仲尼曰。志有之。言以足志。文以足言。不言。誰知其志。言之無文。行而不遠。晉爲伯。鄭入陳。非文辭不爲功。愼辭哉。

附錄 **左** 楚蔿掩爲司馬。子木使庀賦。數甲兵。甲午。蔿掩書土田。度山林。鳩藪澤。辨京陵。表淳鹵。數疆潦。規偃豬。町原防。牧隰皐。井衍沃。量入修賦。賦車籍馬。賦車兵徒卒甲楯之數。既成。以授子木。禮也。

家氏鉉翁曰。陳叛晉卽楚。幾年於茲。晉人置而不問。鄭從晉既久。至是又能一歲再出師伐陳以撓楚。春秋書之無貶辭。與之也。

十有二月。吳子遏伐楚。門于巢。卒。

遏於葛反。公穀作謁。

左 十二月。吳子諸樊伐楚。以報舟師之役。門于巢。巢牛臣曰。吳王勇而輕。若啟之。將親門。我獲射之。必殪。是君也死。疆其少安。從之。吳子門焉。牛臣隱於短牆以射之。卒。

附錄 **左** 楚子以滅舒鳩賞子木。辭曰。先大夫蔿子之功也。以與蔿掩。　晉程鄭卒。子產始知然明。問爲政焉。對曰。視民如子。見不仁者誅之。如鷹鸇之逐鳥雀也。子產喜。以語子大叔。且曰。他日吾見蔑之面而已。今吾見其心矣。子大叔問政於子產。子產曰。政如農功。日夜思之。思其始而成其終。朝夕而行之。行無越思。如農之有畔。其過鮮矣。　衛獻公自夷儀使與甯喜言。甯喜許之。大叔文子聞之。曰。烏乎。詩所謂我躬不說。皇恤我後者。甯子可謂不恤其後矣。將可乎哉。殆必不可。君子之行。思其終也。思其復也。書曰。愼始而敬終。終以不困。詩曰。夙夜匪解。以事一人。今甯子視君不如奕棋。其何以免乎。奕者舉棋不定。不勝其耦。而況置君而弗定乎。必不免矣。九世之卿族。一舉而滅之。可哀也哉。　會于夷儀之歲。齊人城郟。其五月。秦晉爲成。晉韓起如秦涖盟。秦伯車如晉涖盟。成而不結。

公 門于巢卒者何。入門乎巢而卒也。入門乎巢而卒者何。入巢之門而卒也。吳子謁何以名。傷而反。未至乎舍而卒也。

穀 以伐楚之事門于巢卒也。于巢者。外乎楚也。門于巢。乃伐楚也。諸侯不生名。取卒之名加之伐楚之上者。見以伐楚卒也。其見以伐楚卒何也。古者大國過小邑。小邑必飾城而請罪。禮也。吳子謁伐楚至巢。入其門。門人射吳子。有矢創。反舍而卒。古者雖有文事。必有武備。非巢之不飾城而請罪。非吳子之自輕也。

孔氏穎達曰。諸侯不生名。此吳子名在伐楚上者。爲卒書名。主之以省文也。趙氏匡曰。此與七年鄭伯髡頑如會卒于鄵文義正同。皆以便文耳。公穀之說非也。

甲寅 靈王二十五年。

二十有六年

晉平十一年。齊景公杵臼元年。衛獻三十年。殤十二年。蔡景四十五年。鄭簡十九年。曹武八年。陳哀二十二年。杞文三年。宋平二十九年。秦景三十年。楚康十三年。吳餘祭元年。

春

附錄 **左** 二十六年。春。秦伯之弟鍼如晉修成。叔向命召行人子員。行人子朱曰。朱也。當御。三云。叔向不應。子朱怒曰。班爵同。何以黜朱於朝。撫劍從之。叔向曰。秦晉不和久矣。今日之事。幸而集。晉國賴之。不集。三軍暴骨。子員道二國之言無私。子常易之。姦以事君者。吾所能御也。拂衣從之。人救之。平公曰。晉其庶乎。吾臣之所爭者大。師曠曰。公室懼卑。臣不心競而力爭。不務德而爭善。私欲已侈。能無卑乎。

王二月辛卯衛甯喜弑其君剽剽。四妙反。

左衛獻公使子鮮爲復。辭。敬姒強命之。對曰。君無信。臣懼不免。敬姒曰。雖然。以吾故也。許諾。初獻公使與甯喜言。甯喜曰。必子鮮在。不然必敗。故公使子鮮。子鮮不獲命於敬姒。以公命與甯喜言曰。苟反。政由甯氏。祭則寡人。甯喜告蘧伯玉。伯玉曰。瑗不得聞君之出。敢聞其入。遂行。從近關出。告右宰穀。右宰穀曰。不可。獲罪於兩君。天下誰畜之。悼子曰。吾受命於先人。不可以貳。穀曰。我請使焉而觀之。遂見公於夷儀。反曰。君淹恤在外十二年矣。而無憂色。亦無寬言。猶夫人也。若不已。死無日矣。悼子曰。子鮮在。右宰穀曰。子鮮在何益。多而能亡。於我何爲。悼子曰。雖然。弗可以已。孫文子在戚。孫嘉聘於齊。孫襄居守。二月庚寅。甯喜右宰穀伐孫氏。不克。伯國傷。甯子出舍於郊。伯國死。孫氏夜哭。國人召甯子。甯子復攻孫氏。克之。辛卯。殺子叔及大子角。書曰。甯喜弑其君剽。言罪之在甯氏也。

穀此不正。其日何也。殖也立之。喜也君之。正也。劉氏敞曰。穀梁曰。此不正。其日何也。殖也立之。喜也君之。正也。非也。文王事紂。武王滅之。亦爲不正乎。言春秋者。要論其行事邪正而已矣。衎也於殖。其獨非君。而逐之何哉。張氏洽曰。或問甯喜弑衛侯剽。既有其父之命矣。經於衎之出。不以名書。是其位未嘗絕也。曷爲書喜之罪。不從末減乎。愚以爲人臣夙夜匪懈。以事一人。不可以二者也。殖既從林父之逐衎。共立剽而臣事之。十餘年矣。其可以反易天常。而命其子乎。君臣之分。如天冠地屨。不可一日易者也。殖之命其子。可謂悖矣。故太叔儀責其視置君不如弈棋。而知其身之不免。以及其宗也。喜也輕徇父命。而不知諫。躬犯大惡。書以弑君。辭而不可得矣。故春秋者。所以定天下之大分。而示萬世臣子之法。不可不審思而明辨之也。

衛孫林父入于戚以叛書叛始此。

左孫林父以戚如晉。書曰。入于戚以叛。罪孫氏也。臣之祿。君實有之。義則進。否則奉身而退。專祿以周旋。戮也。孫氏復曰。獻公之奔齊也。孫林父逐之。甯喜弑剽以納獻公。故林父懼。入于戚以叛。高氏閌曰。叛甚於奔。前此諸大夫。有不利於己。則奔而已。未有若林父之叛者。故書叛自林父始。

甲午衛侯衎復歸于衛

左甲午。衛侯入。書曰。復歸。國納之也。大夫逆於竟者。執其手而與之言。道逆者。自車揖之。逆於門者。頷之而已。公至。使讓大叔文子曰。寡人淹恤在外。二三子皆使寡人朝夕聞衛國之言。吾子獨不在寡人。古人有言曰。非所怨。勿怨。寡人怨矣。對曰。臣知罪矣。臣不佞。不能負羈紲以從扞牧圉。臣之罪一也。有出者。有居者。臣不能貳。通外內之言以事君。臣之罪二也。有二罪。敢忘其死。乃行。從近關出。公使止之。

附錄左衛人侵戚東鄙。孫氏愬於晉。晉戍茅氏。殖綽伐茅氏。殺晉戍三百人。孫蒯追之。弗敢擊文子曰。厲之不如。遂從衞師。敗之圉。雍鉏獲殖綽。復愬於晉。鄭伯賞入陳之功。三月甲寅朔。享子展。賜之先路。三命之服。先八邑。賜子產次路。再命之服。先六邑。子產辭邑。曰。自上以下。隆殺以兩。禮也。臣之位在四。且子展之功也。臣不敢及賞禮。請辭邑。公固予之。乃受三邑。公孫揮曰。子產其將知政矣。讓不失禮。　茅氏。戚東鄙。圉。衞地。

【公】此譏君以弒也。其言復歸何。惡剽也。曷爲惡剽。剽之立於是未有說也。然則曷爲不言剽之立。不言剽之立者。以惡衞侯也。

【穀】日歸見知弒也。

孫氏復曰。先言辛卯衞甯喜弒其君剽。後言甲午衞侯衎復歸于衞者。以見衎待弒而歸也。【案】十四年。衞侯衎出奔齊。前年入于夷儀。今喜弒剽。四日而復歸于衞。此待弒而歸可知也。汪氏克寬曰。書歸易辭也。喜弒剽。則其歸無難矣。書復歸。其位未絕也。書名。著其不足以有國也。抑揚予奪。春秋之精義也。王氏樵曰。案春秋之義。常以上下比事而見始也。書衞侯衎出奔齊。繼書會于戚。而衞孫林父在焉。則知爲彊臣所逐矣。終也。書甯喜弒其君剽。孫林父入于戚以叛。繼書衞侯衎復歸于衞。則知復歸之故。由甯喜矣。

【案】衎不足爲君。且入不以正。故春秋書名以罪之。杜氏預孔氏穎達謂名與不名傳無義者非也。公羊以復歸爲罪剽。又以剽不書立爲惡衞侯。則尤誤矣。衎復其位。故曰復歸。豈罪剽乎。剽立於孫甯之手。與衞人立晉不同。故不書立。豈惡衞侯乎。

夏晉侯使荀吳來聘

【左】晉人爲孫氏故。召諸侯。將以討衞也。夏。中行穆子來聘。召公也。

【附錄左】楚子秦人侵吳。及雩婁。聞吳有備而還。遂侵鄭。五月。至於城麇。鄭皇頡戍之。出與楚師戰。敗。穿封戌囚皇頡。公子圍與之爭之。正於伯州犂。伯州犂曰。請問於囚。乃立囚。伯州犂曰。所爭。君子也。其何不知。上其手曰。夫子爲王子圍。寡君之貴介弟也。下其手曰。此子爲穿封戌。方城外之縣尹也。誰獲子。囚曰。頡遇王子弱焉。戌怒。抽戈逐王子圍。弗及。楚人以皇頡歸。印堇父與皇頡戍城麇。楚人囚之。以獻於秦。鄭人取貨於印氏以請之。子大叔爲令正。以爲請。子產曰。不獲。受楚之功。而取貨於鄭。不可謂國。秦不其然。若曰。拜君之勤鄭國。微君之惠。楚師其猶在敝邑之城下。其可。弗從。遂行。秦人不予。更幣。從子產。而後獲之。　雩婁屬安豐郡。城麇。鄭邑。

家氏鉉翁曰。林父據戚以叛。晉人以兵戍之。黨叛臣也。衞人伐戚。殺晉戍三百人。晉不知自反。乃會諸侯。謀有討於衞侯。使荀吳來召公。當晉平之世。彊臣僭橫。倒行逆施。卒以此失諸侯。

公會晉人鄭良霄宋人曹人于澶淵

【左】六月。公會晉趙武。宋向戌。鄭良霄。曹人于澶淵以討衞。疆戚田。取衞西鄙懿氏六十以與孫氏。趙武不書。尊公也。向戌不書。後也。鄭先宋。不失所也。於是衞侯會之。晉人執甯喜北宮遺。使女齊以先歸。衞侯如晉。晉人執而囚之於士弱氏。秋七月。齊侯鄭伯爲衞侯故如晉。晉侯兼享之。晉侯賦嘉樂。國景子相齊侯。賦蓼蕭。子展相鄭伯。賦緇衣。叔向命晉侯拜二君曰。

寡君敢拜齊君之安我先君之宗祧也敢拜鄭君之不貳也國子使晏平仲私於叔向曰晉君宣其明德於諸侯恤其患而補其闕正其違而治其煩所以爲盟主也今爲臣執君若之何叔向告趙文子文子以告晉侯晉侯言衞侯之罪使叔向告二君國子賦轡之柔矣子展賦將仲子兮晉侯乃許歸衞侯叔向曰鄭七穆罕氏其後亡者也子展儉而壹懿氏戚城西北有懿城

劉氏敞曰左氏曰趙武不書尊公也向戌不書後也鄭先宋不失所也予謂此皆不足信於經無以見之家氏鉉翁曰霸者無他主張名分而已晉自悼公與大夫以伉其君而下陵上替之禍幾遍於列國晉亦坐受其弊矣林父作亂逐君悼公爲之定慝君之位今剽死獻入晉平受賊臣之譖而止獻公因甯喜取衞田以益林父甚愚亦何利而爲此由晉之諸臣各爲私計羽翼諸侯之大夫使交起爲亂以爲彼剖分宗國之地而其君不悟良可嘆也魏趙韓三分晉國悼平實有以啟之耳

秋宋公殺其世子痤

痤才何反穀作座音同

左 初宋芮司徒生女子赤而毛棄諸堤下其姬之妾取以入名之曰棄長而美平公入夕共姬與之食公見棄也而視之尤姬納諸御嬖生佐惡而婉大子痤美而很合左師畏而惡之寺人惠牆伊戾爲大子內師而無寵秋楚客聘於晉過宋大子知之請野享之公使往伊戾請從之公曰夫不惡女乎對曰小人之事君子也惡之不敢遠好之不敢近敬以待命敢有貳心乎縱有共其外莫共其內臣請往也遣之至則欲用牲加書徵之而騁告公曰大子將爲亂既與楚客盟矣公曰爲我子又何求對曰欲速公使視之則信有焉問諸夫人與左師則皆曰固聞之公囚大子大子曰唯佐也能免我召而使請曰日中不來吾知死矣左師聞之聒而與之語過期乃縊而死佐爲大子公徐聞其無罪也乃亨伊戾左師見夫人之步馬者問之對曰君夫人氏也左師曰誰爲君夫人余胡弗知圉人歸以告夫人夫人使饋之錦與馬先之以玉曰君之妾棄使某獻左師改命曰君夫人而後再拜稽首受之

家氏鉉翁曰宋寺人伊戾內連宮禁外結大臣共造讒而殺太子宋平尋知其子之無罪僅亨一伊戾而芮棄之寵愛向戌之權任不爲之衰更立棄之子爲太子此人道之大變春秋謹而識之穀梁所謂目君以著其惡者也

晉人執衞甯喜

附錄左 鄭伯歸自晉使子西如晉聘辭曰寡君來煩執事懼不免於戾使夏謝不敏君子曰善事大國

初楚伍參與蔡大師子朝友其子伍舉與聲子相善也伍舉娶於王子牟王子牟爲申公而亡楚人曰伍舉實送之伍舉奔鄭將遂奔晉聲子將如晉遇之於鄭郊班荊相與食而言復故聲子曰子行也吾必復子及宋向戌將平晉楚聲子通使於晉還如楚令尹子木與之語問晉故焉且曰晉大夫與楚孰賢對曰晉卿不如楚其大夫則賢皆卿材也如杞梓皮革自楚往也雖楚有材晉實用之子木曰夫獨無族姻乎對曰雖有而用楚材實多歸生聞之善爲國者賞不僭而刑不濫賞僭則懼及淫人刑濫則懼及善人若不幸而過寧僭無濫與其失善寧其利淫無善人則國從之詩曰人之云亡邦國殄瘁無善人之謂也故

夏書曰。與其殺不辜。寧失不經。懼失善也。商頌有之曰。不僭不濫。不敢怠皇。命于下國。封建厥福。此湯所以獲天福也。古之治民者。勸賞而畏刑。恤民不倦。賞以春夏。刑以秋冬。是以將賞。為之加膳。加膳則飫賜。此以知其勸賞也。將刑。為之不舉。不舉則徹樂。此以知其畏刑也。夙興夜寐。朝夕臨政。此以知其恤民也。三者。禮之大節也。有禮無敗。今楚多淫刑。其大夫逃死於四方。而為之謀主。以害楚國。不可救療。所謂不能也。子儀之亂。析公奔晉。晉人寘諸戎車之殿。以為謀主。繞角之役。晉將遁矣。析公曰。楚師輕窕。易震蕩也。若多鼓鈞聲。以夜軍之。楚師必遁。晉人從之。楚師宵潰。晉遂侵蔡。襲沈。獲其君。敗申息之師於桑隧。獲申麗而還。鄭於是不敢南面。楚失華夏。則析公之為也。雍子之父兄譖雍子。君與大夫不善是也。雍子奔晉。晉人與之鄐。以為謀主。彭城之役。晉楚遇於靡角之谷。晉將遁矣。雍子發命於軍曰。歸老幼。反孤疾。二人役。歸一人。簡兵蒐乘。秣馬蓐食。師陳焚次。明日將戰。行歸者而逸楚囚。楚師宵潰。晉降彭城而歸諸宋。以魚石歸。楚失東夷。子辛死之。則雍子之為也。子反與子靈爭夏姬而雍害其事。子靈奔晉。晉人與之邢。以為謀主。扞禦北狄。通吳於晉。教吳叛楚。教之乘車。射御驅侵。使其子狐庸為吳行人焉。吳於是伐巢。取駕。克棘。入州來。楚罷於奔命。至今為患。則子靈之為也。若敖之亂。伯賁之子賁皇奔晉。晉人與之苗。以為謀主。鄢陵之役。楚晨壓晉軍而陳。晉將遁矣。苗賁皇曰。楚師之良。在其中軍。王族而已。若塞井夷竈。成陳以當之。欒范易行以誘之。中行二郤。必克二穆。吾乃四萃於其王族。必大敗之。晉人從之。楚師大敗。王夷師熸。子反死之。鄭叛。吳興。楚失諸侯。則苗賁皇之為也。子木曰。是皆然矣。聲子曰。今又有甚於此。椒舉娶於申公子牟。子牟得戾而亡。君大夫謂椒舉。女實遣之。懼而奔鄭。引領南望曰。庶幾赦余。亦弗圖也。今在晉矣。晉人將與之縣。以比叔向。彼若謀害楚國。豈不為患。子木懼。言諸王。益其祿爵而復之。聲子使椒鳴逆之。鄐。晉邑。駕。棘。楚邑。譙國酇縣東北有棘亭。苗。晉邑。

公 此孰有罪。何以不得為伯討。不以其罪執之也。

高氏閌曰。弑君之賊。人人皆得討之。晉人執之。非討其弑君也。討其伐戚而殺晉戍也。家氏鉉翁曰。甯喜可執。坐林父之訴而執之。則悖也。是時趙武為政。叔向為之謀。晉無一事可稱。二子者。崇虛譽而無其實。亦何益於人之國乎。

八月壬午。許男甯卒于楚。

左 許靈公如楚。請伐鄭。曰。師不興。孤不歸矣。八月。卒于楚。

冬。楚子蔡侯陳侯伐鄭。

左 楚子曰。不伐鄭。何以求諸侯。冬。十月。楚子伐鄭。鄭人將禦之。子產曰。晉楚將平。諸侯將和。楚王是故昧於一來。不如使逞而歸。乃易成也。夫小人之性。釁於勇。嗇於禍。以足其性。而求名焉者。非國家之利也。若何從之。子展說。不禦寇。十二月。乙酉。入南里。墮其城。涉於樂氏。門於師之梁。縣門發。獲九人焉。涉於汜而歸。而後葬許靈公。南里。鄭邑。樂氏。津名。新鄭縣境。洧水濟渡處也。

汪氏克寬曰。蕭魚而後。楚三伐鄭。十八年。公子午不得志於鄭。二十四年。諸侯救之。此年諸侯不救。楚得以逞。蓋是時晉平昏庸。大夫專恣。霸業怠矣。楚是以知晉之不在諸侯。而復爲陵駕之舉也。鄭雖未服於楚。明年晉楚爲成。而北方諸侯皆朝楚矣。棘澤之役。四國之君皆至。今此許獨不與者。靈公卒於楚。國弱。不能以兵會也。

葬許靈公

附錄左 衛人歸衛姬於晉。乃釋衛侯。君子是以知平公之失政也。

晉韓宣子聘於周。王使請事。對曰。晉士起將歸時事於宰旅。無他事矣。王聞之曰。韓氏其昌。阜於晉乎。辭不失舊。

齊人城郟之歲。其夏。齊烏餘以廩邱奔晉。襲衛羊角。取之。遂襲我高魚。有大雨。自其竇入。介於其庫。以登其城。克而取之。又取邑於宋。於是范宣子卒。諸侯弗能治也。及趙文子爲政。乃卒治之。文子言於晉侯曰。晉爲盟主。諸侯或相侵也。則討而使歸其地。今烏餘之邑。皆討類也。而貪之。是無以爲盟主也。請歸之。公曰。諾。孰可使也。對曰。胥梁帶能。無用師。晉侯使往。廩邱。東郡廩邱故城是也。羊角。廩邱縣所治羊角城是也。地理志。羊角城。一名義城。蓋取羊角哀爲名。高魚。廩邱縣東北有高魚城。

乙卯 靈王二十六年 **二十有七年** 晉平十二年。齊景二年。衛獻三十一年。蔡景四十六年。鄭簡二十年。曹武九年。陳哀二十三年。杞文四年。宋平三十年。秦景三十一年。楚康十四年。吳餘祭二年。

春

附錄左 二十七年。春。胥梁帶使諸喪邑者具車徒以受地。必周。使烏餘具車徒以受封。烏餘以其衆出。使諸侯僞效烏餘之封者。而遂執之。盡獲之。皆取其邑而歸諸侯。諸侯是以睦於晉。

齊侯使慶封來聘

左 齊慶封來聘。其車美。孟孫謂叔孫曰。慶季之車。不亦美乎。叔孫曰。豹聞之。服美不稱。必以惡終。美車何爲。叔孫與慶封食。不敬。爲賦相鼠。亦不知也。家氏鉉翁曰。齊靈莊相繼。魯受兵無寧日。景公立。始通好。春秋書以美之。李氏廉曰。齊聘魯五。止於此。

夏叔孫豹會晉趙武楚屈建蔡公孫歸生衛石惡陳孔奐鄭良霄許人曹人于宋 屈居勿反。奐公作瑗後同。晉楚始同主盟。

左 宋向戌善於趙文子。又善於令尹子木。欲弭諸侯之兵以爲名。如晉告趙孟。趙孟謀於諸大夫。韓宣子曰。兵民之殘也。財用之蠹。小國之大菑也。將或弭之。雖曰不可。必將許之。弗許。楚將許之。以召諸侯。則我失爲盟主矣。晉人許之。如楚。楚亦許之。如齊。齊人難之。陳文子曰。晉楚許之。我焉得已。且人曰弭兵。而我弗許。則固攜吾民矣。將焉用之。齊人許之。告於秦。秦亦許之。皆告於小國。爲會于宋。五月。甲辰。晉趙武至於宋。丙午。鄭良霄至。六月。丁未。朔。宋人享趙文子。叔向爲介。司馬置折俎。禮也。仲尼使舉是禮也。以爲多文辭。戊申。叔孫豹。齊慶封。陳須無。衛石惡至。甲寅。晉荀盈從趙武至。丙辰。邾悼公至。壬戌。楚公子黑肱先至。成言於晉。丁卯。宋向戌如陳。

從子木成言於楚。戊辰。滕成公至。子木謂向戌。請晉楚之從。交相見也。庚午。向戌復於趙孟。趙孟曰。晉楚齊秦。匹也。晉之不能於齊。猶楚之不能於秦也。楚君若能使秦君辱於敝邑。寡君敢不固請於齊。壬申。左師復言於子木。子木使馹謁諸王。王曰。釋齊秦。他國請相見也。秋。七月。戊寅。左師至。是夜也。趙孟及子皙盟。以齊言。庚辰。子木至自陳。陳孔奐蔡公孫歸生至。曹許之大夫皆至。以藩為軍。晉楚各處其偏。伯夙謂趙孟曰。楚氛甚惡。懼難。趙孟曰。吾左還入於宋。若我何。

杜氏預曰。案傳會者十四國。齊秦不交相見。邾滕為私屬。皆不與盟。宋為主人。地於宋。則與盟可知。故經唯序九國大夫。陳氏傅良曰。此晉楚初同主諸夏盟也。晉楚常盟矣。會于瑣澤之歲。宋華元克合晉楚之成。士燮會公子罷盟於宋西門之外。不書。猶曰特相盟也。兩國之好。而非天下之大變也。以諸侯分為二國之從。而交相見也。於是始。則是南北二伯也。天下之大變也。家氏鉉翁曰。向戌欲弭兵。當請命京師。馳告晉楚。各率其與國朝王而受命盟於王庭。兵庶可弭矣。今俾晉楚之從交相見。而列國乃有二霸。趙武向戌。豈非罪人乎。汪氏克寬曰。荊楚之同主夏盟。皆宋為之也。宋襄圖伯。始進楚人于鹿上之盟。既而孟之會楚書爵。而與宋公竝序於諸侯之上。二伯之端。兆於此矣。故遂有孟之執。泓之敗。而宋不能霸。華元合晉楚之成。盟于宋西門之外。爭霸之業。復起於此。故鄢陵楚子敗績。而鄭終從楚今也向戌為成。使晉楚之從交相見。而兩霸之勢。遂成於此。故于申之會。晉遂退縮不復主諸侯。而宋向戌且獻禮於楚子。由是知荊楚之爭雄於北方。皆宋為之也。

衛殺其大夫甯喜

左 衛甯喜專。公患之。公孫免餘請殺之。公曰。微甯子不及此。吾與之言矣。事未可知。祗成惡名。止也。對曰。臣殺之。君勿與知。乃與公孫無地。公孫臣。謀使攻甯氏。弗克。皆死。公曰。臣也無罪。父子死余矣。夏。免餘復攻甯氏。殺甯喜及右宰穀。尸諸朝。石惡將會宋之盟。受命而出。衣其尸。枕之股而哭之。欲斂以亡。懼不免。且曰。受命矣。乃行。

穀 稱國以殺。罪累上也。甯喜弒君。其以累上之辭言之。何也。嘗為大夫。與之涉公事矣。甯喜由君弒君。而不以弒君之罪罪之者。惡獻公也。

家氏鉉翁曰。剽篡君者也。他人可殺。而甯喜嘗事之以為君。不得殺也。故書弒以正其罪。喜弒君者也。他人可殺。而衛獻因之以入。不得殺也。故稱國以殺。不削其官。

衛侯之弟鱄出奔晉

鱄。市戀反。又音專。穀作專。

左 子鮮曰。逐我者出。納我者死。賞罰無章。何以沮勸。君失其信。而國無刑。不亦難乎。且鱄實使之。遂出奔晉。公使止之。不可。及河。又使止之。止使者而盟於河。託於木門。不鄉衛國而坐。木門大夫勸之仕。不可。曰。仕而廢其事。罪也。從之。昭吾所以出也。將誰愬乎。吾不可以立於人之朝矣。終身不仕。公喪之。如稅服終身。公與免餘邑六十。辭曰。唯卿備百邑。臣六十矣。下有上祿。亂也。臣弗敢聞。且甯子唯多邑。故死。臣懼死之速及也。公固與之。受其半。以為少師。公使為卿。辭曰。大叔儀不貳。能贊大事。君其命之。乃使文子為卿。木門。晉邑。穀梁傳曰。織絇邯鄲。則木門當在邯鄲之境。

【公】衛殺其大夫甯喜。則衛侯之弟鱄曷爲出奔晉。爲殺甯喜出奔也。曷爲爲殺甯喜出奔。衛甯殖與孫林父逐衛侯而立公孫剽。甯殖病將死。謂喜曰。黜公者非吾意也。孫氏爲之。我即死。女能固納公乎。喜曰諾。甯殖死。喜立爲大夫。使人謂獻公曰。黜公者非甯氏也。孫氏爲之。吾欲納公何如。獻公曰。子苟納我。吾請與子盟。喜曰。無所用盟。請使公子鱄約之。獻公謂公子鱄曰。甯氏將納我。吾欲與之盟。其言曰。無所用盟。請使公子鱄約之。子固爲之。我與之約矣。公子鱄辭曰。夫負羈縶執鈇鑕從君東西南北。則是臣僕庶孽之事也。若夫約言爲信。則非臣僕庶孽之所敢與也。獻公怒曰。黜我者非甯氏與孫氏。凡在爾。公子鱄不得已而與之約。已約歸至殺甯喜。公子鱄挈其妻子而去之。將濟於河。挈其妻子而與之盟曰。苟有履衛地食衛粟者。昧雉彼視。

【穀】專喜之徒也。專之爲喜之徒何也。已雖急納其兄。與人之臣謀弒其君。是亦弒君者也。專其曰弟何也。專有是信者。君賂不入乎喜而殺喜。是君不直乎喜也。故出奔晉。織約邯鄲。終身不言衛。專之去。合乎春秋。

趙氏鵬飛曰。鱄不曰公子。而書衛侯之弟。非鱄不弟。衛侯不能弟也。　王氏樵曰。今案書弟。罪衛侯也。書鱄出奔於殺大夫甯喜之後。見鱄爲甯喜出奔。亦以罪鱄也。衛侯無君兄之道。殺喜不以其罪。使鱄至於出奔。其罪昭矣。其罪鱄奈何。曰。信近於義。言可復也。已雖急納其兄。不思剽既立矣。爲復之道。欲兩得而無害。則何地以寘剽。甯喜不願盟。而願得子鮮之一言。重其義也。欲堅其意。豈無君臣之大義可指陳以感動。而乃從獻公。政由甯氏。祭則寡人之云乎。此信之不義。言之必不可復者也。而子鮮爲之。殺甯喜者。固政由甯氏之一言也。夫言必信。行必果。而不雖義之所在。未有不至於敗者也。重於失信。而不知兄弟之恩之尤重也。不忍負甯氏。而不知君之尤不忍離也。爲子鮮者。初決於出。以感悟獻公可也。公再三止之。則可止矣。夫亦念國之無人。公之無恒也。而與太叔儀竭力以輔之。勸公以立甯氏之後。則亦無負於喜矣。乃決於自絕。止使者而盟於河。終身不向衛國而坐。不已甚乎。

【案】甯喜納衛。所信者鱄也。衛人而殺喜。鱄自以失信。避兄而奔。先儒多予之者。獨王氏樵以爲信不近義。必至於敗。而兄弟之恩。不宜決於自絕。則鱄亦不得爲無過也。穀梁謂與謀弒君。則其說刻矣。故並存王氏樵說。而刪節穀梁。

秋七月辛巳。豹及諸侯之大夫盟于宋

【左】辛巳。將盟于宋西門之外。楚人衷甲。伯州犂曰。合諸侯之師。以爲不信。無乃不可乎。夫諸侯望信於楚。是以來服。若不信。是棄其所以服諸侯也。固請釋甲。子木曰。晉楚無信久矣。事利而已。苟得志焉。焉用有信。大宰退。告人曰。令尹將死矣。不及三年。求逞志而棄信。志將逞乎。志以發言。言以出信。信以立志。參以定之。信亡。何以及三。趙孟患楚衷甲。以告叔向。叔向曰。何害也。匹夫一爲不信。猶不可。單斃其死。若合諸侯之卿。以爲不信。必不捷矣。食言者不病。非子之患也。夫以信召人。而以僭濟之。必莫之與也。安能害我。且吾因宋以守病。則夫能致死。與宋致死。雖倍楚可也。子何懼焉。又不及是。曰弭兵以召諸侯。而稱兵以害我。吾庸多矣。非所患也。季武子使謂叔孫以公命曰。視邾滕。既而齊人請邾。宋人請滕。皆不與盟。叔孫曰。

邾滕人之私也。我列國也。何故視之宋衛。吾匹也。乃盟。故不書其族。言違命也。晉楚爭先。晉人曰。晉固為諸侯盟主。未有先晉者也。楚人曰。子言晉楚匹也。若晉常先。是楚弱也。且晉楚狎主諸侯之盟也久矣。豈專在晉。叔向謂趙孟曰。諸侯歸晉之德只。非歸其尸盟也。子務德。無爭先。且諸侯盟。小國固必有尸盟者。楚為晉細。不亦可乎。乃先楚人。書先晉。晉有信也。壬午。宋公兼享晉楚之大夫。趙孟為客。子木與之言。弗能對。使叔向侍言焉。子木亦不能對也。乙酉。宋公及諸侯之大夫盟于蒙門之外。子木問於趙孟曰。范武子之德何如。對曰。夫子之家事治。言於晉國無隱情。其祝史陳信於鬼神無愧辭。子木歸以語王。王曰。尚矣哉。能歆神人。宜其光輔五君以為盟主也。子木又語王曰。宜晉之伯也。有叔向以佐其卿。楚無以當之。不可與爭。晉荀盈遂如楚涖盟。鄭伯享趙孟於垂隴。子展伯有子西子產子大叔二子石從。趙孟曰。七子從君。以寵武也。請皆賦以卒君貺。武亦以觀七子之志。子展賦草蟲。趙孟曰。善哉。民之主也。抑武也不足以當之。伯有賦鶉之賁賁。趙孟曰。牀第之言不踰閾。況在野乎。非使人之所得聞也。子西賦黍苗之四章。趙孟曰。寡君在。武何能焉。子產賦隰桑。趙孟曰。武請受其卒章。子大叔賦野有蔓草。趙孟曰。吾子之惠也。印段賦蟋蟀。趙孟曰。善哉。保家之主也。吾有望矣。公孫段賦桑扈。趙孟曰。匪交匪敖。福將焉往。若保是言也。欲辭福祿。得乎。卒享。文子告叔向曰。伯有將為戮矣。詩以言志。志誣其上。而公怨之。以為賓榮。其能久乎。幸而後亡。叔向曰。然。已侈。所謂不及五稔者。夫子之謂矣。文子曰。其餘皆數世之主也。子展其後亡者也。在上不忘降。印氏其次也。樂而不荒。樂以安民。不淫以使之。後亡。不亦可乎。宋左師請賞。曰。請免死之邑。公與之邑六十。以示子罕。子罕曰。凡諸侯小國。晉楚所以兵威之。畏而後上下慈和。慈和而後能安靖其國家。以事大國。所以存也。無威則驕。驕則亂生。亂生必滅。所以亡也。天生五材。民竝用之。廢一不可。誰能去兵。兵之設久矣。所以威不軌。而昭文德也。聖人以興。亂人以廢。廢興存亡。昏明之術。皆兵之由也。而子求去之。不亦誣乎。以誣道蔽諸侯。罪莫大焉。縱無大討。而又求賞。無厭之甚也。削而投之。左師辭邑。向氏欲攻司城。左師曰。我將亡。夫子存我。德莫大焉。又可攻乎。君子曰。彼已之子。邦之司直。樂喜之謂乎。何以恤我。我其收之。向戌之謂乎。 蒙門。宋城門。

附錄左 齊崔杼生成及彊而寡。娶東郭姜。生明。東郭姜以孤入。曰棠无咎。與東郭偃相崔氏。崔成有疾而廢之。而立明。成請老於崔。崔子許之。偃與无咎弗予。曰。崔宗邑也。必在宗主。成與彊怒。將殺之。告慶封曰。夫子之身。亦子所知也。唯无咎與偃是從。父兄莫得進矣。大恐害夫子。敢以告。慶封曰。子姑退。吾圖之。告盧蒲嫳。盧蒲嫳曰。彼君之讐也。天或者將棄彼矣。彼實家亂。子何病焉。崔之薄。慶之厚也。他日又告。慶封曰。苟利夫子。必去之。難。吾助女。九月庚辰。崔成崔彊殺東郭偃棠无咎於崔氏之朝。崔子怒而出。其眾皆逃。求人使駕不得。使圉人駕。寺人御而出。且曰。崔氏有福。止余猶可。遂見慶封。慶封曰。崔慶一也。是何敢然。請為子討之。使盧蒲嫳帥甲以攻崔氏。崔氏堞其宮而守之。弗克。使國人助之。遂滅崔氏。殺成與彊而盡俘其家。其妻縊。嫳復命於崔子。且御而歸之。至則無歸矣。乃縊。崔明夜辟諸大墓。辛巳。崔明來奔。慶封當國。 楚薳罷如晉涖盟。晉侯享之。將出。賦既醉。叔向曰。薳氏之有後於楚國也宜哉。承君命不忘敏。子蕩將知政矣。敏以事君。必能養民。政其焉往。 崔氏之亂。申鮮虞來奔。僕賃於野。以喪莊公。冬。楚人召之。遂如楚。為右尹。 崔。濟南東朝陽縣西北有崔氏城。

公 曷為再言豹。殆諸侯也。曷為殆諸侯。為衛石惡在是也。曰。惡人之徒在是矣。

穀 湨梁之會。諸侯在。而不曰諸侯之大夫。大夫不臣也。晉趙武恥之。豹云者。恭也。諸侯不在。而曰諸侯之大夫。大夫臣也。其臣恭也。晉趙武爲之會也。
胡傳曰。此一地也。曷爲再言宋。書之重。詞之複。其中必有大美惡焉。宋之盟。合左師欲弭諸侯之兵。以爲名。而楚屈建請晉楚之從交相見。自是列國諸侯。南向而朝楚。及申之會。遂大合十有一國之衆。而用齊桓召陵之禮。宋左師鄭子產皆獻禮焉。宋世子佐以後至。辭而不見。伐吳滅賴。無敢違者。自宋之盟始也。故會盟同地。而再言宋者。貶之也。 劉氏敞曰。此乃一事再見者。前目而後凡耳。何謂殆諸侯乎。且石惡名惡耳。行未必惡也。 公羊之說非也。稱諸侯者常文耳。不稱諸侯者變文也。又豹不氏。乃一事再見卒名之例。不以是爲恭也。穀梁之說亦非也。蔡許失位。左氏貶之。今魯欲自同人之私。失位甚矣。且命不出季氏。而曰不可違。何哉。左氏違命不書族之說尤非也。 李氏廉曰。楚之爭伯。常始於宋。而楚之分伯。亦成於宋。其爭伯也。圍宋盟宋矣。然僖二十七年。宋之盟。無嫌於宋與。春秋猶怨宋也。至宣十五年。宋楚爲平。已開天下南北之變矣。故以貶詞書。未幾而成十二年。華元克合晉楚之成。於是晉楚分伯之幾。啓於宋矣。春秋諱而不書。蓋有以也。至是向戌以弭兵爲名。驅列國之諸侯而交見於楚廷。宋其春秋之罪人歟。春秋兩書宋爲地主。以首禍罪宋也。 王氏樵曰。鄢陵之敗。鄭叛吳與。楚少懦矣。而悼公之亡。晉亦不在諸侯。故二十五年。趙武告穆叔有自今以往。兵其少弭之語。然則合和南北。以苟數年之無事。晉楚之同心也。吳乘其後。奔命不暇。楚非昔日之楚矣。使誠欲劫盟。豈先使晉知之。蓋形我而使我懼。則可以獲所求耳。是以欲晉楚之從交相見。則許之。爭長則讓之。一一不較。趙武叔向。如嬰兒寄玩於人之股掌。乃曰弭兵。以召諸侯。而稱兵以害我。吾庸多矣。非所患也。諸侯歸晉之德只。非歸其尸盟也。虛爲大語耳。孔子相夾谷之會。以爲有文事。必有武備。聖人之制事得人。蓋如此。趙武信楚而以藩爲軍。使楚乘其無備。雖左還入於宋。不亦晩乎。

冬十有二月乙亥朔日有食之

左 十一月。乙亥。朔。日有食之。辰在申。司歷過也。再失閏矣。
杜氏預曰。周十一月。今九月。斗當建戌而在申。故知再失閏也。文十一年三月甲子。至今年七十一歲。應有二十六閏。今長歷推之。得二十四閏。通計少再閏。 孔氏穎達曰。此經言十二月。而傳言十一月。今杜以長歷推之。乙亥是十一月朔。非十二月也。傳曰辰在申。再失閏矣。若是十二月。當爲辰在亥。以申爲亥。則是三失閏。非再失也。推歷與傳合。知傳是而經誤也。

丙辰 靈王二十七年 **二十有八年** 晉平十三年。齊景三年。衛獻三十二年。蔡景四十七年。鄭簡二十一年。曹武十年。陳哀二十四年。杞文五年。宋平三十一年。秦景三十二年。楚康十五年。吳餘祭三年。

春無冰

左 二十八年。春。無冰。梓愼曰。今茲宋鄭其饑乎。歲在星紀。而淫於玄枵。以有時菑。陰不堪陽蛇乘龍。龍。宋鄭之星也。宋鄭必饑。玄枵。虛中也。枵。耗名也。土虛而民耗。不饑何爲。

附錄左 夏。齊侯。陳侯。蔡侯。北燕伯。杞伯。胡子。沈子。白狄朝於晉。宋之盟故也。齊侯將行。慶封曰。我不與盟。何爲於晉。陳文子曰。先事後賄。禮也。小事大。未獲事焉。從之如志。禮也。雖不與盟。敢叛晉乎。重邱之盟。未可忘也。子其勸行。 北燕。燕國。今薊縣。孔疏譜云。北燕。姬姓。召公奭之後也。胡。歸姓之國。汝陰縣西北有胡城。

夏衛石惡出奔晉

左 衛人討甯氏之黨。故石惡出奔晉。衛人立其從子圃。以守石氏之祀。禮也。

季氏本曰。衛侯既殺甯喜。羣臣必有後言。石惡用事之臣。宗寵黨附。尤衛侯所疑。以逼而奔耳。

邾子來朝

左 邾悼公來朝。時事也。

高氏閌曰。邾自晉執其君。魯取其田。益微弱矣。至是悼公來朝。

秋八月大雩

左 秋。八月。大雩。旱也。

附錄左 蔡侯歸自晉。入於鄭。鄭伯享之。不敬。子產曰。蔡侯其不免乎。日其過此也。君使子展迋勞於東門之外而傲。吾曰。猶將更之。今還。受享而惰。乃其心也。君小國。事大國。而惰傲以爲己心。將得死乎。若不免。必由其子。其爲君也。淫而不父。僑聞之。如是者。恒有子禍。

仲孫羯如晉

左 孟孝伯如晉。告將爲宋之盟故如楚也。

附錄左 蔡侯之如晉也。鄭伯使游吉如楚。及漢。楚人還之。曰。宋之盟。君實親辱。今吾子來。寡君謂吾子姑還。吾將使馹奔問諸晉而以告。子大叔曰。宋之盟。君命將利小國。而亦使安定其社稷。鎭撫其民人。以禮承天之休。此君之憲令。而小國之望也。寡君是故使吉奉其皮幣。以歲之不易。聘於下執事。今執事有命曰。女何與政令之有。必使而君。棄而封守。跋涉山川。蒙犯霜露。以逞君心。小國將君是望。敢不唯命是聽。無乃非盟載之言。以闕君德。而執事有不利焉。小國是懼。不然。其何勞之敢憚。子大叔歸。復命。告子展曰。楚子將死矣。不修其政德。而貪昧於諸侯。以逞其願。欲久得乎。周易有之。在復之頤。曰。迷復。凶。其楚子之謂乎。欲復其願。而棄其本。復歸無所。是謂迷復。能無凶乎。君其往也。送葬而歸。以快楚心。楚不幾十年。未能恤諸侯也。吾乃休吾民矣。裨竈曰。今茲周王及楚子。皆將死。歲棄其次。而旅於明年之次。以害鳥帑。周楚惡之。 九月。鄭游吉如晉。告將朝於楚。以從宋之盟。子產相鄭伯以如楚。舍不爲壇。外僕言曰。昔先大夫相先君適四國。未嘗不爲壇。自是至今。亦皆循之。今子草舍。無乃不可乎。子產曰。大適小。則爲壇。小適大。苟舍而已。焉用壇。僑聞之。大適小。有五美。宥其罪戾。赦其過失。救其菑患。賞其德刑。教其不及。小國不困。懷服如歸。是故作壇以昭其功。宣告後人。無怠於德。小適大有五惡。說其罪戾。請其不足。行其政事。共其職貢。從其時命。不然。則重其幣帛。以賀其福而弔其凶。皆小國之禍也。焉用作壇以昭其禍。所以告子孫。無昭禍焉可也。

冬齊慶封來奔

左 齊慶封好田而耆酒。與慶舍政。則以其內實遷於盧蒲嫳氏。易內而飲酒。數日。國遷朝焉。使諸亡人得賊者。以告而反之。故反盧蒲癸。癸臣子之。有寵。妻之。慶舍之士謂盧蒲癸曰。男女辨姓。子不辟宗。何也。曰。宗不余辟。余獨焉辟之。賦詩斷章。余取所求焉。惡識宗。癸言王何而反之。二人皆嬖。使執寢戈而先後之。公膳日雙雞。饔人竊更之以鶩。御者知之。則去其肉而以其洎饋。子雅子尾怒。慶封告盧蒲嫳。盧蒲嫳曰。譬之如禽獸。吾寢處之矣。使析歸父告晏平仲。平仲曰。嬰之衆不足用也。知無能謀也。言弗敢出。有盟可也。子家曰。子之言云。又焉用盟。告北郭子車。子車曰。人各有以事君。非佐之所能也。陳文子謂桓子曰。禍將作矣。吾其何得。對曰。得慶氏之木百車於莊。文子曰。可慎守也已。盧蒲癸王何卜攻慶氏。示子之兆。曰。或卜攻讐。敢獻其兆。子之曰。克。見血。冬十月。慶封田於萊。陳無宇從。丙辰。文子使召之。請曰。無宇之母疾病。請歸。慶季卜之。示之兆。曰。死。奉龜而泣。乃使歸。慶嗣聞之。曰。禍將作矣。謂子家速歸。禍作必於嘗。歸猶可及也。子家弗聽。亦無悛志。子息曰。亡矣。幸而獲在吳越。陳無宇濟水而戕舟發梁。盧蒲姜謂癸曰。有事而不告我。必不捷矣。癸告之。姜曰。夫子愎。莫之止。將不出。我請止之。癸曰。諾。十一月。乙亥。嘗於大公之廟。慶舍涖事。盧蒲姜告之。且止之。弗聽。曰。誰敢者。遂如公。麻嬰爲尸。慶奊爲上獻。盧蒲癸王何執寢戈。慶氏以其甲環公宮。陳氏鮑氏之圉人爲優。慶氏之馬善驚。士皆釋甲束馬而飲酒。且觀優至於魚里。欒高陳鮑之徒。介慶氏之甲。子尾抽桷擊扉三。盧蒲癸自後刺子之。王何以戈擊之。解其左肩。猶援廟桷動於甍。以俎壺投殺人而後死。遂殺慶繩麻嬰。公懼。鮑國曰。羣臣爲君故也。陳須無以公歸稅服而如內宮。慶封歸。遇告亂者。丁亥。伐西門。弗克。還伐北門。克之。入伐內宮。弗克。反陳於嶽。請戰。弗許。遂來奔。獻車於季武子。美澤可以鑑。展莊叔見之。曰。車甚澤。人必瘁。宜其亡也。叔孫穆子食慶封。慶封汜祭。穆子不說。使工爲之誦茅鴟。亦不知。既而齊人來讓。奔吳。吳句餘予之朱方。聚其族焉而居之。富於其舊。子服惠伯謂叔孫曰。天殆富淫人。慶封又富矣。穆子曰。善人富謂之賞。淫人富謂之殃。天其殃之也。其將聚而殲旃。

魚里。嶽里。里名。朱方。吳邑。顏師古曰。漢丹徒縣。吳朱方也。

附錄左 癸巳。天王崩。未來赴。亦未書。禮也。

崔氏之亂。喪羣公子。故鉏在魯。叔孫還在燕。賈在句瀆之邱。及慶氏亡。皆召之。具其器用。而反其邑焉。與晏子邶殿。其鄙六十。弗受。子尾曰。富人之所欲也。何獨弗欲。對曰。慶氏之邑足欲。故亡。吾邑不足欲也。益之以邶殿。乃足欲。足欲。亡無日矣。在外不得宰吾一邑。不受邶殿。非惡富也。恐失富也。且夫富。如布帛之有幅焉。爲之制度使無遷也。夫民生厚而用利。於是乎正德以幅之。使無黜嫚。謂之幅利。利過則爲敗。吾不敢貪多。所謂幅也。與北郭佐邑六十。受之。與子雅邑。辭多受少。與子尾邑。受而稍致之。公以爲忠。故有寵。釋盧蒲嫳於北竟。求崔杼之尸。將戮之。不得。叔孫穆子曰。必得之。武王有亂臣十人。崔杼其有乎。不十人。不足以葬。既。崔氏之臣曰。與我其拱璧。吾獻其柩。於是得之。十二月。乙亥朔。齊人遷莊公。殯於大寢。以其棺尸崔杼於市。國人猶知之。皆曰。崔子也。

邶殿。齊別都。

十有一月。公如楚。諸夏之君。始旅見於楚。

【左】爲宋之盟故。公及宋公。陳侯。鄭伯。許男。如楚。公過鄭。鄭伯不在。伯有廷勞於黃崖。不敬。穆叔曰。伯有無戾於鄭。鄭必有大咎。敬。民之主也。而棄之。何以承守。鄭人不討。必受其辜。濟澤之阿。行潦之蘋藻。寘諸宗室。季蘭尸之。敬也。敬可棄乎。

十有二月。甲寅。天王崩。

【左】王人來告喪。問崩日。以甲寅告。故書之。以徵過也。

乙未。楚子昭卒。

【左】及漢。楚康王卒。公欲反。叔仲昭伯曰。我楚國之爲。豈爲一人行也。子服惠伯曰。君子有遠慮。小人從邇。饑寒之不恤。誰遑其後。不如姑歸也。叔孫穆子曰。叔仲子專之矣。子服子。始學者也。榮成伯曰。遠圖者。忠也。公遂行。宋向戌曰。我一人之爲。非爲楚也。饑寒之不恤。誰能恤楚。姑歸而息民。待其立君而爲之備。宋公遂反。

【附錄左】楚屈建卒。趙文子喪之如同盟。禮也。

【丁巳】景王元年。**二十有九年。**晉平十四年。齊景四年。衛獻三十三年。蔡景四十八年。鄭簡二十二年。曹武十一年。陳哀二十五年。杞文六年。宋平三十二年。秦景三十三年。楚郟敖麇元年。吳餘祭四年。

春王正月。公在楚。

【左】二十九年。春王正月。公在楚。釋不朝正於廟也。楚人使公親襚。公患之。穆叔曰。祓殯而襚。則布幣也。乃使巫以桃茢先祓殯。楚人弗禁。既而悔之。

【附錄左】二月。癸卯。齊人葬莊公於北郭。夏。四月。葬楚康王。公及陳侯。鄭伯。許男送葬。至於西門之外。諸侯之大夫皆至於墓。楚郟敖即位。王子圍爲令尹。鄭行人子羽曰。是謂不宜。必代之昌。松柏之下。其草不殖。

【公】何言乎公在楚。正月以存君也。

【穀】閔公也。

金氏賢曰。公羊子曰。何以言乎公在楚。正月以存君也。穀梁子曰。閔公也。胡文定公曰。特書所在。以存君也。愚謂存君也。閔公也。亦罪公也。公何以在楚。朝楚也。公在位三十年。未聞有在京師者。故曰。亦罪公也。

夏五月。公至自楚。

【左】公還。及方城。季武子取卞。使公冶問。璽書追而與之。曰。聞守卞者將叛。臣帥徒以討之。既得之矣。敢告。公冶致使而退。及舍而後聞取卞。公曰。欲之而言叛。祇見疏也。公謂公冶曰。吾可以入乎。對曰。君實有國。誰敢違君。公與公冶冕服。固辭。彊之而後受。公欲無入。榮成伯賦式微。乃歸。五月。公至自楚。公冶致其邑於季氏。而終不入焉。曰。欺其君。何必使余。季孫見之。

則言季氏如他日不見則終不言季氏及疾聚其臣曰我死必無以冕服斂非德賞也且無使季氏葬我

穀 喜之也致君者殆其往而喜其反此致君之意義也

孫氏復曰公留於楚者七月劉氏敞曰穀梁曰喜之也致君者殆其往而喜其反非也公如晉如齊而致者多矣又何喜乎且春秋公出不必盡致也是爲臣子或喜或不喜者邪

庚午衛侯衎卒

附錄左 葬靈王鄭上卿有事子展使印段往伯有曰弱不可子展曰與其莫往弱不猶愈乎詩云王事靡盬不遑啓處東西南北誰敢寧處堅事晉楚以蕃王室也王事無曠何常之有遂使印段如周

閽弑吳子餘祭

閽音昏祭側界反

左 吳人伐越獲俘焉以爲閽使守舟吳子餘祭觀舟閽以刀弑之

附錄左 鄭子展卒子皮即位於是鄭饑而未及麥民病子皮以子展之命餼國人粟戶一鍾是以得鄭國之民故罕氏常掌國政以爲上卿宋司城子罕聞之曰鄰於善民之望也宋亦饑請於平公出公粟以貸使大夫皆貸司城氏貸而不書爲大夫之無者貸宋無饑人叔向聞之曰鄭之罕宋之樂其後亡者也二者其皆得國乎民之歸也施而不德樂氏加焉其以宋升降乎

公 閽者何門人也刑人也刑人則曷爲謂之閽刑人非其人也君子不近刑人近刑人則輕死之道也

穀 閽門者也寺人也不稱名姓閽不得齊於人不稱其君閽不得君其君也禮君不使無恥不近刑人不狎敵不邇怨賤人非所貴也貴人非所刑也刑人非所近也舉至賤而加之吳子吳子近刑人也閽弑吳子餘祭仇之也

家氏鉉翁曰春秋所以書言禍生於所忽也吳之諸君往往輕以賂禍遏卒於巢餘祭死於閽僚死於專諸春秋之書冣以垂戒示後焉耳

仲孫羯會晉荀盈齊高止宋華定衛世叔儀鄭公孫段曹人莒人滕人薛人小邾人城杞

儀公作齊莒人下公穀有邾人

左 晉平公杞出也故治杞六月知悼子合諸侯之大夫以城杞孟孝伯會之鄭子大叔與伯石往子大叔見大叔文子與之語文子曰甚乎其城杞也子大叔曰若之何哉晉國不恤周宗之闕而夏肄是屏其棄諸姬亦可知也已諸姬是棄其誰歸之吉也聞之棄同即異是謂離德詩曰協比其鄰昏姻孔云晉不鄰矣其誰云之齊高子容與宋司徒見知伯女齊相禮賓出司馬侯言於知伯曰二子皆將不免子容專司徒侈皆亡家之主也知伯曰何如對曰侈將以其力斃專則人實斃之專則速及侈將及矣

穀 古者天子封諸侯其地足以容其民其民足以滿城以自守也杞危而不能自守故諸侯之大夫相帥以城之此變之正也

汪氏克寬曰齊桓恤杞而城緣陵雖僭天子封國之權而得方伯救患之義事雖專而心則

公也。故春秋書曰諸侯城緣陵。略諸侯而不序。且不日城杞而曰城緣陵。所以隱其專也。
晉平治杞而城之。以大夫合天下之衆。而修其私親之城郭。初非救災恤患之舉。心既私
而事亦悖矣。故春秋列序十有一國之大夫而曰城杞。所以著其失也。

案晉平以母家之私。煩諸侯以城杞。伯業所由隳也。晉女叔及鄭
衛之大夫皆譏之。故經書城杞以示貶。穀梁以爲變之正者非也。

晉侯使士鞅來聘

左 范獻子來聘。拜城杞也。公享之。展莊叔執幣。射者三耦。公臣不足。取於家臣。家
臣展瑕展玉父爲一耦。公臣。公巫召伯仲顏莊叔。爲一耦。鄫鼓父。黨叔。爲一耦。

杞子來盟

左 晉侯使司馬女叔侯來治杞田。弗盡歸也。晉悼夫人慍曰。齊也取貨。先君若有知也。不尚
取之。公告叔侯。叔侯曰。虞。虢。焦。滑。霍。揚。韓。魏。皆姬姓也。晉是以大。若非侵小。將何所取。武獻
以下兼國多矣。誰得治之。杞夏餘也。而卽東夷。魯。周公之後也。而睦於晉。以杞封魯猶可。而
何有焉。魯之於晉也。職貢不乏。玩好時至。公卿大夫相繼於朝。史不絕書。府無虛月。如是可
矣。何必瘠魯以肥杞。且先君而有知也。毋寧夫人。而焉
用老臣。杞文公來盟。書曰子。賤之也。 揚。屬平陽郡。

吳子使札來聘

吳始聘。吳始君臣竝見。

左 吳公子札來聘。見叔孫穆子。說之。謂穆子曰。子其不得死乎。好善而不能擇人。吾聞君子
務在擇人。吾子爲魯宗卿。而任其大政。不愼舉。何以堪之。禍必及子。請觀於周樂。使工爲之
歌。周南召南。曰。美哉。始基之矣。猶未也。然勤而不怨矣。爲之歌邶鄘衞。曰美哉淵乎。憂而不
困者也。吾聞衞康叔武公之德如是。是其衞風乎。爲之歌王。曰。美哉。思而不懼。其周之東乎。
爲之歌鄭。曰美哉。其細已甚。民弗堪也。是其先亡乎。爲之歌齊。曰。美哉。泱泱乎大風也哉。表
東海者。其大公乎。國未可量也。爲之歌豳。曰。美哉。蕩乎。樂而不淫。其周公之東乎。爲之歌秦。
曰。此之謂夏聲。夫能夏則大。大之至也。其周之舊乎。爲之歌魏。曰。美哉。渢渢乎大而婉。險而
易行。以德輔此。則明主也。爲之歌唐。曰。思深哉。其有陶唐氏之遺民乎。不然。何憂之遠也。非
令德之後。誰能若是。爲之歌陳。曰。國無主。其能久乎。自鄶以下無譏焉。爲之歌小雅。曰。美哉。
思而不貳。怨而不言。其周德之衰乎。猶有先王之遺民焉。爲之歌大雅。曰。廣哉熙熙乎。曲而
有直體。其文王之德乎。爲之頌。曰。至矣哉。直而不倨。曲而不屈。邇而不偪。遠而不攜。遷而
不淫。復而不厭。哀而不愁。樂而不荒。用而不匱。廣而不宣。施而不費。取而不貪。處而不底。行
而不流。五聲和。八風平。節有度。守有序。盛德之所同也。見舞象箾南籥者。曰。美哉。猶有憾。見
舞大武者。曰。美哉。周之盛也。其若此乎。見舞韶濩者。曰。聖人之宏也。而猶有慙德。聖人之難
也。見舞大夏者。曰。美哉。勤而不德。非禹其誰能修之。見舞韶箾者。曰。德至矣哉。大矣。如天之
無不幬也。如地之無不載也。雖甚盛德。其蔑以加於此矣。觀止矣。若有他樂。吾不敢請已。其
出聘也。通嗣君也。故遂聘於齊。說晏平仲。謂之曰。子速納邑與政。無邑無政。乃免於難。齊國

之政將有所歸未獲所歸難未歇也故晏子因陳桓子以納政與邑是以免於欒高之難聘於鄭見子產如舊相識與之縞帶子產獻紵衣焉謂子產曰鄭之執政侈難將至矣政必及子子爲政慎之以禮不然鄭國將敗適衛說蘧瑗史狗史鰌公子荊公叔發公子朝曰衛多君子未有患也自衛如晉將宿於戚聞鐘聲焉曰異哉吾聞之也辯而不德必加於戮夫子獲罪於君以在此懼猶不足而又何樂夫子之在此也猶燕之巢於幕上君又在殯而可以樂乎遂去之文子聞之終身不聽琴瑟適晉說趙文子韓宣子魏獻子曰晉國其萃於三族乎說叔向將行謂叔向曰吾子勉之君侈而多良大夫皆富政將在家吾子好直必思自免於難

孔氏穎達曰邶自紂城而北謂之邶邶城在衛輝府東北鄘自紂城而南謂之鄘鄘城在新鄉縣西豳周之舊國在新平漆縣東北鄭氏詩譜云豳屬扶風栒邑邠州東北有豳亭豳谷三水有豳城皆是也鄣在滎陽密縣東北有鄣城

【公】吳無君無大夫此何以有君有大夫賢季子也何賢乎季子讓國也其讓國奈何謁也餘祭也夷昧也與季子同母者四季子弱而才兄弟皆愛之同欲立之以爲君謁曰今若是迮而與季子國季子猶不受也請無與子而與弟弟兄迭爲君而致國乎季子皆曰諾故諸爲君者皆輕死爲勇飲食必祝曰天苟有吳國尚速有悔於予身故謁也死餘祭也立餘祭也死夷昧也立夷昧也死則國宜之季子者也季子使而亡焉僚者長庶也即之季子使而反至而君之爾闔廬曰先君之所以不與子國而與弟者凡爲季子故也將從先君之命與則國宜之季子者也如不從先君之命與則我宜立者也僚焉得爲君乎於是使專諸刺僚而致國乎季子季子不受曰爾殺吾君吾受爾國是吾與爾爲篡也爾殺吾兄吾又殺爾是父子兄弟相殺終身無已也去之延陵終身不入吳國故君子以其不受爲義以其不殺爲仁賢季子則吳何以有君有大夫以季子爲臣則宜有君者也札者何吳季子之名也春秋賢者不名此何以名許夷狄者不壹而足也季子者所賢也曷爲不足乎季子許人臣者必使臣許人子者必使子也

【穀】吳其稱子何也善使延陵季子故進之也身賢賢也使賢亦賢也延陵季子之賢尊君也其名成尊于上也

杜氏預曰吳子餘祭既遣札聘上國而後死札以六月到魯未聞喪也不稱公子其禮未同於上國

孔氏穎達曰上云閽弒吳子此言吳子使聘傳曰其出聘也通嗣君也不知通嗣君通誰嗣也賈逵服虔皆以爲夷末新即位使來進聘案隱三年武氏子來求賻文九年毛伯來求金並不言王使傳皆云王未葬也是知先君未葬嗣君不得命臣此與閽弒吳子文不隔月吳魯相去經塗至遠豈以君死之月即命臣乎而得書吳子使也且傳稱季札至魯徧觀周樂至戚聞鐘聲譏孫文子云君又在殯而可以樂乎自請觀樂譏人聽樂曠世大賢豈當若是故杜以爲通嗣君通餘祭嗣也二十五年遏爲巢牛臣所殺餘祭嗣立至此始使札通上國吳子未死之前命札出使既遣札聘而後身死札以六月到魯未及聞喪故每事皆行吉禮也經傳皆無札至之月知以六月到者以城杞在五月之下城杞既訖乃有士鞅來聘杞子來盟若共在月中則不容此事下文有秋知札以六月至也札去之後吳使告喪告以五月被弒故追書在聘上耳札實公子不書公子者其禮未同於上國故史不書氏以札是卿故書其名耳

孫氏復曰吳成六年伐郯始見於經

稱吳。襄五年會于戚稱人。今使札來聘稱子者。與其慕義來聘。進之也。先書閽弒吳子餘祭。而後言吳子使札來聘者。吳子使札來聘。未至於魯。而吳子遇弒。故先書閽弒吳子餘祭。以吳子既弒而札至於魯。故後書吳子使札來聘。黃氏仲炎曰。胡氏謂季札遜國之事。聖人不取。故於春秋書吳子使札來聘。無異於楚椒。蓋以不稱氏族為貶也。不知春秋之紀事。皆為戒而已矣。不以稱氏族為褒。亦不以不稱氏族為貶也。遜國之事。自是季札之善。聘魯之役。自是吳子之謀。二者不相關也。聖人豈得因其聘魯。而致不足於其遜國也哉。季氏本曰。胡傳謂因其辭國生亂而貶之。夫札之辭國。在聘魯二十九年之後。而貶之於二十九年之前。無乃加非其罪歟。姚氏舜牧曰。此條本與楚子使椒來聘。秦伯使衛來聘同。讀春秋者。先看當日所使聘者何事。其所以使聘者何心。然後看所使聘者何人。如此條所書。要見當時晉楚交主夏盟。晉楚之從者。交相見也。而一不及吳。且二十四年楚子伐吳。二十五年吳子伐楚。為楚所戕。以是吳子使札來聘。致其殷勤。此雖為國結援。然能以禮來。亦有可取。故春秋進而稱子。若楚之子。秦之伯焉。其稱札也。亦若楚之椒。秦之衛焉。此蓋以使事論。而非以人品論也。正意在吳子使聘上。撇去正意。獨於札之一字。謂來聘書名。乃夫子特致其貶。恐非夫子書法之旨。余氏光曰。自左氏有諸樊將立季札之說。而公羊遂附益之。以為兄弟皆愛之。同欲立以為君。季子不受。及致諸樊餘祭。皆輕死為勇者也。一則取死於伐。一則見弒於閽。而國威不振者。終二君之世。要其行事。似非知禮義者所為。未必肯讓札也。況又不能正終。必非先有遺命。其次傳及弟蓋餘國家多難。羣臣議立長君耳。及夷昧初。季札始用。通好上國。言詞有文。故季札以知禮稱。而謚美歸之矣。夫夷昧之死。札辭為君。亦或有之。但久居臣位。事僚終身。則未見其有靈立。固避之狀。至僚弒國亂。是時人心欲推立札。如傳載光使專諸刺僚。而致國乎季子。季子不受。延陵之逃。實在於此。是札之辭國。以此而得名矣。若札者。即其潔身獨善。亦一清修之士也。胡傳乃謂因其辭國生亂而貶之。無乃加非其罪。而輕於絕人與。

【案】吳能以禮來聘。春秋書吳子以進之。札以名書。當以杜注孔疏為正。非褒貶之所係也。公羊以札能讓國而賢之。穀梁以吳能使賢而善之。皆非經旨。胡傳謂札以讓國階禍。聖人書名以示敗。而不得比於季友叔肸之例。則鑿之甚矣。又謂聖人於札望之深。責之備。夫二百四十二年之間。列國之卿大夫。不乏賢者。何獨於札而望之責之乎。姚氏舜牧。黃氏仲炎。季氏本。辨之詳矣。余氏光又以光弒僚而致國乎季子。季子不受。此為讓國之實。而公羊為附益之說。亦頗有理。今故刪公穀及胡傳。而凡以書名為貶者。皆無取焉。

秋九月葬衛獻公

齊高止出奔北燕北燕始見經。

【左】秋九月。齊公孫蠆。公孫竈。放其大夫高止於北燕。乙未。出。書曰出奔。罪高止也。高止好以事自為功。且專。故難及之。

【穀】其曰北燕。從史文也。

許氏翰曰。君放大夫可也。臣放大夫。是無君也。不可以訓。故以出奔書之。

冬仲孫羯如晉

左 冬。孟孝伯如晉。報范叔也。

附錄左 為高氏之難故。高豎以盧叛。十月庚寅。閭邱嬰帥師圍盧。高豎曰。苟使高氏有後。請致邑。齊人立敬仲之曾孫酀。良敬仲也。十一月乙卯。高豎致盧而出奔晉。晉人城緜而寘旃。鄭伯有使公孫黑如楚。辭曰。楚鄭方惡。而使余往。是殺余也。伯有曰。世行也。子皙曰。可則往。難則已。何世之有。伯有將彊使之。子皙怒。將伐伯有氏。大夫和之。十二月己巳。鄭大夫盟於伯有氏。裨諶曰。是盟也。其與幾何。詩曰。君子屢盟。亂是用長。今是長亂之道也。禍未歇也。必三年而後能紓。然明曰。政將焉往。裨諶曰。善之代不善。天命也。其焉辟子產。舉不踰等。則位班也。擇善而舉。則世隆也。天又除之。奪伯有魄。子西即世。將焉辟之。天禍鄭久矣。其必使子產息之。乃猶可以戾。不然將亡矣。

【戊午】景王二年 **三十年** 晉平十五年。齊景五年。衛襄公惡元年。蔡景四十九年。鄭簡二十三年。曹武十二年。陳哀二十六年。杞文七年。宋平三十三年。秦景三十四年。楚郟敖二年。吳夷末元年。

春王正月楚子使薳罷來聘

薳。于委反。罷音皮。公作頗。後同。

左 三十年。春。王正月。楚子使薳罷來聘。通嗣君也。穆叔問王子之為政何如。對曰。吾儕小人。食而聽事。猶懼不給命而不免於戾。焉與知政。固問焉。不告。穆叔告大夫曰。楚令尹將有大事。子蕩將與焉。助之匿其情矣。

附錄左 子產相鄭伯以如晉。叔向問鄭國之政焉。對曰。吾得見與否。在此歲也。駟良方爭。未知所成。若有所成。吾得見。乃可知也。叔向曰。不既和矣乎。對曰。伯有侈而愎。子皙好在人上。莫能相下也。雖其和也。猶相積惡也。惡至無日矣。 二月癸未。晉悼夫人食輿人之城杞者。絳縣人或年長矣。無子。而往與於食。有與疑年。使之年。曰。臣小人也。不知紀年。臣生之歲正月甲子朔。四百有四十五甲子矣。其季於今。三之一也。吏走問諸朝。師曠曰。魯叔仲惠伯會郤成子于承匡之歲也。是歲也。狄伐魯。叔孫莊叔於是乎敗狄於鹹。獲長狄僑如及虺也豹也。而皆以名其子。七十三年矣。史趙曰。亥有二首六身。下二如身。是其日數也。士文伯曰。然則二萬六千六百有六旬也。趙孟問其縣大夫。則其屬也。召之而謝過焉。曰。武不才。任君之大事。以晉國之多虞。不能由吾子。使吾子辱在泥塗久矣。武之罪也。敢謝不才。遂仕之。使助為政。辭以老。與之田。使為君復陶。以為絳縣師。而廢其輿尉。於是魯使者在晉。歸以語諸大夫。季武子曰。晉未可媮也。有趙孟以為大夫。有伯瑕以為佐。有史趙師曠而咨度焉。有叔向女齊以師保其君。其朝多君子。其庸可媮乎。勉事之而後可。

夏四月己亥。鄭伯及其大夫盟。君子是以知鄭難之不已也。

高氏閌曰。公踰年在楚。郟敖新即位。故使薳罷來聘以報之。自文公九年至此。歷七十餘年。未嘗交聘。今薳罷之來。蓋為恭也。自是吳楚皆不復來聘矣。 張氏洽曰。魯以君行。而楚以大夫聘。此齊桓晉文所以行乎列國者。故自宋之盟。楚人行霸主之禮。非晉平趙武之責而何哉。

夏四月，蔡世子般弑其君固。（般音班。）

【左】蔡景侯爲大子般娶於楚，通焉。大子弑景侯。

【穀】其不日，子奪父政，是謂夷之。

劉氏敞曰：穀梁曰其不日，子奪父政，非也。向若書日者，可遂云非奪父政乎。

五月甲午，宋伯姬卒。（公穀伯姬上無宋字。）

【左】或叫於宋大廟，曰：譆譆，出出。鳥鳴於亳社，如曰譆譆。甲午，宋大災。宋伯姬卒，待姆也。君子謂宋共姬女而不婦，女待人，婦義事也。

【穀】取卒之日加之災上者，見以災卒也。其見以災卒奈何。伯姬之舍失火，左右曰：夫人少辟火乎。伯姬曰：婦人之義，傅母不在，宵不下堂。左右又曰：夫人少辟火乎。伯姬曰：婦人之義，保母不在，宵不下堂。遂逮乎火而死。婦人以貞爲行者也。伯姬之婦道盡矣。詳其事，賢伯姬也。

胡傳曰：或以爲共姬女而不婦，非也。世衰道微，暴行交作，女德不貞，婦道不明，能全其節，守死不回，見於春秋者，宋伯姬耳。聖人冠以夫謚，書於春秋曰：葬宋共姬，以著其賢行，勵天下之婦道也。

汪氏克寬曰：伯姬以成九年歸於宋，共公成十五年共公卒，嫠居三十有四年，其年蓋六十矣。火延其宮，必待傅姆而後避，固守婦節，以及於死。或者云：傅姆宵出，必有常處。伯姬守常而不知變，必逮於火，以是爲賢，則嫂溺援之以手者非耶。竊謂援溺之權，乃丈夫變禮，以救他人之死。婦人越禮以貪生，而免已之死，則非義矣。伯姬年邁六十，雖曰避火全生，未害其貞。然君子之道過乎厚，小人之道過乎薄。春秋賢伯姬，所以著其秉節不渝，庶幾風勵于古。使夫不當避而避，以失節於造次顛沛之際者，知所警也。豈曰小補之哉。

天王殺其弟佞夫。（公作年夫。）

【左】初，王儋季卒，其子括將見王，而歎。單公子愆期爲靈王御士，過諸廷，聞其歎而言曰：烏乎，必有此夫。入以告王，且曰：必殺之。不慼而願大，視躁而足高，心在他矣。不殺，必害。王曰：童子何知。及靈王崩，儋括欲立王子佞夫，佞夫弗知。戊子，儋括圍蔿，逐成愆。成愆奔平畤。五月癸巳，尹言多、劉毅、單蔑、甘過、鞏成殺佞夫。括、瑕、廖奔晉。書曰：天王殺其弟佞夫，罪在王也。（平畤，周邑。）

【穀】傳曰：諸侯且不首惡，況於天子乎。君無忍親之義，天子諸侯所親者，惟長子母弟耳。天王殺其弟佞夫，甚之也。

劉氏敞曰：殺世子母弟，直稱君者，甚之也。此其爲甚之奈何。儋括將作亂，立佞夫，佞夫弗知，王誅儋括也，并殺佞夫，非親親之道也。

王子瑕奔晉。

【附錄】【左】六月，鄭子產如陳涖盟，歸復命，告大夫曰：陳，亡國也，不可與也。聚禾粟，繕城郭，恃此二者，而不撫其民。其君弱植，公子侈，大子卑，大夫敖，政多門，以介於大國，能無亡乎。不過十年矣。

秋七月，叔弓如宋，葬宋共姬。（穀共姬上無宋字。）

左 秋七月。叔弓如宋。葬共姬也。

公 外夫人不書葬。此何以書。隱之也。何隱爾。宋災。伯姬卒焉。其稱諡何。賢也。何賢爾。宋災伯姬存焉。有司復曰。火至矣。請出。伯姬曰。不可。吾聞之也。婦人夜出。不見傅母。不下堂。傅至矣。母未至也。逮乎火而死。

穀 外夫人不書葬。此其言葬何也。吾女也。卒災。故隱而葬之也。

劉氏敞曰。葬宋共姬。使共姬避火而全生。未足以害其貞也。然而不以己之可以全其生之故。而違天下之常義。此安乎性命者乃能之。故審乎死生之度。辨乎榮辱之境。知禮之重。重於生。辱之甚。甚於死。伯夷叔齊餓于首陽之下。求仁得仁。何以過此乎。詩云。彼己之子。舍命不渝。

鄭良霄出奔許。自許入于鄭。鄭人殺良霄。

左 鄭伯有耆酒。爲窟室。而夜飲酒。擊鐘焉。朝至未已。朝者曰。公焉在。其人曰。吾公在壑谷。皆自朝布路而罷。既而朝。則又將使子皙如楚。歸而飲酒。庚子。子皙以駟氏之甲伐而焚之。伯有奔雍梁。醒而後知之。遂奔許。大夫聚謀。子皮曰。仲虺之志云。亂者取之。亡者侮之。推亡固存。國之利也。罕駟豐同生。伯有汰侈。故不免。人謂子產。就直助彊。子產曰。豈爲我徒。國之禍難。誰知所敝。或主彊直。難乃不生。姑成吾所。辛丑。子產斂伯有氏之死者而殯之。不及謀而遂行。印段從之。子皮止之。衆曰。人不我順。何止焉。子皮曰。夫子禮於死者。況生者乎。遂自止之。壬寅。子產入。癸卯。子石入。皆受盟于子皙氏。乙巳。鄭伯及其大夫盟於大宮。盟國人於師之梁之外。伯有聞鄭人之盟己也。怒。聞子皮之甲不與攻己也。喜。曰。子皮與我矣。癸丑。晨自墓門之瀆入。因馬師頡介於襄庫。以伐舊北門。駟帶帥國人以伐之。皆召子產。子產曰。兄弟而及此。吾從天所與。伯有死於羊肆。子產襚之。枕之股而哭之。斂而殯諸伯有之臣在市側者。既而葬諸斗城。子駟氏欲攻子產。子皮怒之。曰。禮。國之幹也。殺有禮。禍莫大焉。乃止。於是游吉如晉還。聞難不入。復命於介。八月甲子。奔晉。駟帶追之。及酸棗。與子上盟。用兩珪質於河。使公孫肸入盟大夫。己巳。復歸。書曰。鄭人殺良霄。不稱大夫。言自外入也。於子蟜之卒也。將葬。公孫揮與裨竈晨會事焉。過伯有氏。其門上生莠。子羽曰。其莠猶在乎。於是歲在降婁。降婁中而旦。裨竈指之曰。猶可以終歲。歲不及此次也已。及其亡也。歲在娵訾之口。其明年乃及降婁。僕展從伯有。與之皆死。羽頡出奔晉。爲任大夫。雞澤之會。鄭樂成奔楚。遂適晉。羽頡因之。與之比。而事趙文子。言伐鄭之說焉。以宋之盟故。不可。子皮以公孫鉏爲馬師。斗城。鄭地。酸棗。陳留縣北有古酸棗城。任。晉縣。屬廣平郡縣東南有古任城。

穀 不言大夫。惡之也。

案 鄭良霄出奔。而君大夫國人共盟之。猶魯之盟東門氏叔孫氏臧氏也。其位之絕可知矣。胡傳主劉氏敞說。以爲位未絕者。誤也。

冬十月。葬蔡景公。

附錄 左 楚公子圍殺大司馬蔿掩。而取其室。申無宇曰。王子必不免。善人。國之主也。王子相楚國。將善是封殖。而虐之。是禍國也。且司馬。令尹之偏。而王之四體也。絕民之主。去身之偏。

艾王之體。以禍其國。無不祥大焉。何以得免。

公 賊未討。何以書葬。君子辭也。

穀 不日卒而月葬。不葬者也。卒而葬之。不忍使父失民於子也。

劉氏敞曰。穀梁曰。不日卒而月葬。不葬者也。卒而葬之。不忍使父失民於子也。非也。君弒。賊未討。不書葬。此乃春秋之常矣。凡不書葬者。豈失民之謂乎。

晉人齊人宋人衛人鄭人曹人莒人邾人滕人薛人杞人小邾人會于澶淵宋災故

左 爲宋災故。諸侯之大夫會。以謀歸宋財。冬。十月。叔孫豹會晉趙武。齊公孫蠆。宋向戌。衛北宮佗。鄭罕虎。及小邾之大夫。會于澶淵。既而無歸于宋。故不書其人。君子曰。信其不可不愼乎。澶淵之會。卿不書。不信也。夫諸侯之上卿。會而不信。寵名皆棄。不信之不可也如是。詩曰。文王陟降。在帝左右。信之謂也。又曰。淑愼爾止。無載爾僞。不信之謂也。書曰。某人某人會于澶淵。宋災故。尤之也。不書魯大夫。諱之也。

附錄左 鄭子皮授子產政。辭曰。國小而偪。族大寵多。不可爲也。子皮曰。虎帥以聽。誰敢犯子。子善相之。國無小。小能事大。國乃寛。子產爲政。有事伯石。賂與之邑。子大叔曰。國皆其國也。奚獨賂焉。子產曰。無欲實難。皆得其欲。以從其事。而要其成。非我有成。其在人乎。何愛於邑。邑將焉往。子大叔曰。若四國何。子產曰。非相違也。而相從也。四國何尤焉。鄭書有之。曰。安定國家。必大焉先。姑先安大。以待其所歸。既。伯石懼而歸邑。卒與之。伯有既死。使大史命伯石爲卿。辭。大史退。則請命焉。復命之。又辭。如是三。乃受策入拜。子產是以惡其爲人也。使次己位。子產使都鄙有章。上下有服。田有封洫。廬井有伍。大人之忠儉者。從而與之。泰侈者。因而斃之。豐卷將祭。請田焉。弗許。曰。惟君用鮮。衆給而已。子張怒。退而徵役。子產奔晉。子皮止之。而逐豐卷。豐卷奔晉。子產請其田里。三年而復之。反其田里。及其入焉。從政一年。輿人誦之。曰。取我衣冠而褚之。取我田疇而伍之。孰殺子產。吾其與之。及三年。又誦之曰。我有子弟。子產誨之。我有田疇。子產殖之。子產而死。誰其嗣之。

公 宋災故者何。諸侯會于澶淵。凡爲宋災故也。會未有言其所爲者。此言所爲何。錄伯姬也。諸侯相聚而更宋之所喪。曰。死者不可復生。爾財復矣。此大事也。曷爲使微者。卿也。卿則其稱人何。貶。曷爲貶。卿不得憂諸侯也。

穀 會不言其所爲。其曰宋災故何也。不言災故。則無以見其善也。其曰人何也。救災以衆。何救焉。更宋之所喪財也。澶淵之會。中國不侵伐夷狄。夷狄不入中國。無侵伐八年。善之也。晉趙武楚屈建之力也。

胡傳曰。智者無不知。當務之爲急。不能三年之喪。而緦小功之察。放飯流歠。而問無齒決。是之謂不知務。蔡世子般弒其君。天下之大變。人理所不容也。則會其葬而不討。宋國有災。小事也。則合十二國之大夫。更宋之所喪。而歸其財。則可謂知務乎。是故諸國之大夫。貶而稱人。魯卿諱而不書。又特言會之所爲。以垂戒後世。可謂深切著明矣。劉氏敞曰。左氏云。謀歸宋財。既而無歸。故不書其人。非也。失信者如清丘之盟。直貶其人而已矣。今獨舉其事。又貶其人。非特惡失信而已也。公羊云。此大事。曷爲使微者。卿也。其稱人。卿不得憂諸侯也。亦非也。諸侯相聚而更宋之所喪。何大事之有。大夫受君命以出。是諸侯耳。

何用必其非諸侯之命乎。穀梁云：善之也。其曰人，何也。救災以衆。亦非也。一國失火，自焚其財。小事耳。諸侯何至羣聚而謀之乎。以此爲善，是春秋貴小惠而不貴道也。且宋以五月失火，諸侯以冬會于澶淵，是可謂救災乎。朱子曰：程子所謂春秋大義數十，如成宋亂、宋災故之類，乃是聖人直著誅貶。

【己未】景王三年。**三十有一年**晉平十六年。齊景六年。衞襄二年。蔡靈公般元年。鄭簡二十四年。曹武三十三年。陳哀工十七年。杞文八年。宋平三十四年。秦景三十五年。楚郟敖三十年。吳夷末二年。

春王正月

【附錄】【左】三十一年，春，王正月，穆叔至自會，見孟孝伯，語之曰：趙孟將死矣。其語偷，不似民主。且年未盈五十，而諄諄焉如八九十者，弗能久矣。若趙孟死，爲政者其韓子乎。吾子盍與季孫言之，可以樹善，君子也。晉君將失政矣，若不樹焉，使早備魯，既而政在大夫，韓子懦弱，大夫多貪，求欲無厭，齊楚未足與也，魯其懼哉。孝伯曰：人生幾何，誰能無偷。朝不及夕，將安用樹。穆叔出而告人曰：孟孫將死矣。吾語諸趙孟之偷也，而又甚焉。又與季孫語晉故，季孫不從。及趙文子卒，晉公室卑，政在侈家，韓宣子爲政，不能圖諸侯，魯不堪晉求，讒慝宏多，是以有平丘之會。齊子尾害閭丘嬰，欲殺之，使帥師以伐陽州，我問師故。夏五月，子尾殺閭丘嬰以說於我師。工僂灑、渻竈、孔虺、賈寅出奔莒。出羣公子。陽州魯地，在東平西北，蓋齊魯境上之邑也。

夏六月辛巳，公薨于楚宮

【左】公作楚宮。穆叔曰：大誓云：民之所欲，天必從之。君欲楚也夫，故作其宮。若不復適楚，必死是宮也。六月辛巳，公薨于楚宮。叔仲帶竊其拱璧，以與御人，納諸其懷，而從取之，由是得罪。

【穀】楚宮，非正也。

李氏廉曰：襄公在位三十一年，當其初立，外則晉悼之伯，方務綏睦親鄰；內則季孫行父、仲孫蔑、叔孫豹皆賢大夫，故魯國自事伯外，皆無他虞。奈何自五年季文子卒後，武子繼之，專權肆欲，城費而私邑張，作三軍而公室卑，入鄆而君命不行，於是諸大夫則而象之。城成郛而孟氏彊矣，城防而臧氏亦彊矣。悼公既沒，齊邾交伐，魯之不振益甚。盍以兵權分於三家故也。至其末年，乃俯首南面而朝於楚，雖晉伯之失使然，而魯之人望亦泯矣。孔子曰：祿之去公室五世矣，政逮於大夫四世矣。盍宣成以來已然，而實成於襄公也。李氏曰：仲孫之用事者五，叔孫之用事者十有四，季孫之用事者十，則三卿專政之形成。齊人伐我者七，邾人伐我者二，莒人侵我者四，則鄰國交爭之禍起。雖享國長久，倚晉爲重，已階削弱之端，此襄公生亂而不悟其變也。

秋九月癸巳，子野卒

【左】立胡女敬歸之子子野，次於季氏。秋，九月，癸巳，卒，毀也。立敬歸之娣齊歸之子公子裯。穆叔不欲，曰：大子死，有母弟則立之，無則立長。年鈞擇賢，義鈞則卜，古之道也。非適嗣，何必娣之子。且是人也。居喪而不哀。在慼而有嘉容。是謂不度。不度之人。鮮不爲患。若果立之。必爲季氏憂。武子不聽。卒立之。比及葬。三易衰。衰衽如故衰。於是昭公十九年矣。猶有童心。君子是以知其不能終也。

穀 子卒日。正也。

己亥仲孫羯卒 羯居謁反。

左 己亥。孟孝伯卒。

冬十月滕子來會葬 諸侯始親來會葬。

左 冬十月。滕成公來會葬。惰而多涕。子服惠伯曰。滕君將死矣。怠於其位。而哀已甚。兆於死所矣。能無從乎。

癸酉葬我君襄公

附錄左 公薨之月。子產相鄭伯以如晉。晉侯以我喪故。未之見也。子產使盡壞其館之垣而納車馬焉。士文伯讓之曰。敝邑以政刑之不修。寇盜充斥。無若諸侯之屬。辱在寡君者何。是以令吏人完客所館。高其閈閎。厚其牆垣。以無憂客使。今吾子壞之。雖從者能戒。其若異客何。以敝邑之爲盟主。繕完葺牆。以待賓客。若皆毀之。其何以共命。寡君使匄請命。對曰。以敝邑褊小。介於大國。誅求無時。是以不敢寧居。悉索敝賦。以來會時事。逢執事之不閒。而未得見。又不獲聞命。未知見時。不敢輸幣。亦不敢暴露。其輸之。則君之府實也。非薦陳之。不敢輸也。其暴露之。則恐燥溼之不時而朽蠹。以重敝邑之罪。僑聞文公之爲盟主也。宮室卑庳。無觀臺榭。以崇大諸侯之館。館如公寢。庫廄繕修。司空以時平易道路。圬人以時塓館宮室。諸侯賓至。甸設庭燎。僕人巡宮。車馬有所。賓從有代。巾車脂轄。隸人牧圉。各瞻其事。百官之屬。各展其物。公不留賓。而亦無廢事。憂樂同之。事則巡之。教其不知。而恤其不足。賓至如歸。無寧菑患。不畏寇盜。而亦不患燥溼。今銅鞮之宮數里。而諸侯舍於隸人。門不容車。而不可踰越。盜賊公行。而天癘不戒。賓見無時。命不可知。若又勿壞。是無所藏幣。以重罪也。敢請執事。將何所命之。雖君之有魯喪。亦敝邑之憂也。若獲薦幣。修垣而行。君之惠也。敢憚勤勞。文伯復命。趙文子曰。信。我實不德。而以隸人之垣以贏諸侯。是吾罪也。使士文伯謝不敏焉。晉侯見鄭伯。有加禮。厚其宴好而歸之。乃築諸侯之館。叔向曰。辭之不可以已也如是夫。子產有辭。諸侯賴之。若之何其釋辭也。詩曰。辭之輯矣。民之協矣。辭之繹矣。民之莫矣。其知之矣。鄭子皮使印段如楚。以適晉告。禮也。

十有一月莒人弒其君密州

左 莒犂比公生去疾及展輿。既立展輿。又廢之。犂比公虐。國人患之。十一月。展輿因國人以攻莒子。弒之。乃立。去疾奔齊。齊出也。展輿。吳出也。書曰。莒人弒其君買朱鉏。言罪之在也。

附錄左 吳子使屈狐庸聘於晉。通路也。趙文子問焉。曰。延州來季子其果立乎。巢隕諸樊。閽戕戴吳。天似啟之。何如。對曰。不立。是二王之命也。非啟季子也。若天所啟。其在今嗣君乎。甚德而度。德不失民。度不失事。民親而事有序。其天所啟也。有吳國者。必此君之子孫實終之。季子守節者也。雖有國不立。十二月。北宮文子相衛襄公以如楚。宋之盟故也。過鄭。印段廷勞於棐林。如聘禮而以勞辭。文子入聘。子羽爲行人。馮簡子與子大叔逆客。事畢而出。言於衛侯曰。鄭有禮。其數世之福也。其無大國之討乎。詩云。誰能執熱。逝不以濯。禮之於政。如熱之有濯也。濯以救熱。何患之有。子產之從政也。擇能而使之。馮簡子能斷大事。子大叔美秀而文。公孫揮能知四國之爲。而辨於其大夫之族姓。班位貴賤能否。而又善爲辭令。裨諶能謀。謀於野則獲。謀於邑則否。鄭國將有諸侯之事。子產乃問四國之爲於子羽。且使多爲辭令。與裨諶乘以適野。使謀可否。而告馮簡子使斷之。事成。乃授子大叔使行之。以應對賓客。是以鮮有敗事。北宮文子所謂有禮也。

鄭人游於鄉校。以論執政。然明謂子產曰。毀鄉校如何。子產曰。何爲。夫人朝夕退而游焉。以議執政之善否。其所善者。吾則行之。其所惡者。吾則改之。是吾師也。若之何毀之。我聞忠善以損怨。不聞作威以防怨。豈不遽止。然猶防川。大決所犯。傷人必多。吾不克救也。不如小決使道。不如吾聞而藥之也。然明曰。蔑也今而後知吾子之信可事也。小人實不才。若果行此。其鄭國實賴之。豈唯二三臣。仲尼聞是語也。曰。以是觀之。人謂子產不仁。吾不信也。子皮欲使尹何爲邑。子產曰。少。未知可否。子皮曰。愿。吾愛之。不吾叛也。使夫往而學焉。夫亦愈知治矣。子產曰。不可。人之愛人。求利之也。今吾子愛人則以政。猶未能操刀而使割也。其傷實多。子之愛人。傷之而已。其誰敢求愛於子。子於鄭國。棟也。棟折榱崩。僑將厭焉。敢不盡言。子有美錦。不使人學製焉。大官大邑。身之所庇也。而使學者製焉。其爲美錦。不亦多乎。僑聞學而後入政。未聞以政學者也。若果行此。必有所害。譬如田獵。射御貫則能獲禽。若未嘗登車射御。則敗績厭覆是懼。何暇思獲。子皮曰。善哉。虎不敏。吾聞君子務知大者遠者。小人務知小者近者。我小人也。衣服附在吾身。我知而慎之。大官大邑所以庇身也。我遠而慢之。微子之言。吾不知也。他日我曰。子爲鄭國。我爲吾家。以庇焉。其可也。今而後知不足。自今請雖吾家。聽子而行。子產曰。人心之不同。如其面焉。吾豈敢謂子面如吾面乎。抑心所謂危。亦以告也。子皮以爲忠。故委政焉。子產是以能爲鄭國。

衛侯在楚。北宮文子見令尹圍之威儀。言於衛侯曰。令尹似君矣。將有他志。雖獲其志。不能終也。詩云。靡不有初。鮮克有終。終之實難。令尹其將不免。公曰。子何以知之。對曰。詩云。敬愼威儀。惟民之則。令尹無威儀。民無則焉。民所不則。以在民上。不可以終。公曰。善哉。何謂威儀。對曰。有威而可畏謂之威。有儀而可象謂之儀。君有君之威儀。其臣畏而愛之。則而象之。故能有其國家。令聞長世。臣有臣之威儀。其下畏而愛之。故能守其官職。保族宜家。順是以下皆如是。是以上下能相固也。衛詩曰。威儀棣棣。不可選也。言君臣上下父子兄弟內外大小皆有威儀也。周詩曰。朋友攸攝。攝以威儀。言朋友之道。必相教訓以威儀也。周書數文王之德曰。大國畏其力。小國懷其德。言畏而愛之也。詩云。不識不知。順帝之則。言則而象之也。紂囚文王七年。諸侯皆從之囚。紂於是乎懼而歸之。可謂愛之。文王伐崇。再駕而降爲臣。蠻夷帥服。可謂畏之。文王之功。天下誦而歌舞之。可謂則之。文王之行。至今爲法。可謂象之。有威儀也。故君子在位可畏。施舍可愛。進退可度。周旋可則。容止可觀。作事可法。德行可象。聲氣可樂。動作有文。言語有章。以臨其下。謂之有威儀也。

胡傳曰。經以傳爲案。傳有乖繆。則信經而棄傳可也。若密州之事是矣。左氏稱莒子生去疾及展輿。既立展輿。又廢之。莒子虐。國人患焉。展輿因國人以攻莒子。弒之。乃立。信斯言則子弒其父也。而春秋有不書乎。故趙匡謂其文當曰。展輿因國人之攻莒子。弒之。乃立。而後來傳寫。誤爲以字爾。左氏傳通諸史。敘事尤詳。能令後人得見本末。因以求意。經文可知。而門弟子轉相傳受。日月既久。浸失本眞。如書晉趙盾許世子止等事。詳考傳之所載。以求經之大義可也。而傳不可疑。如莒人弒其君密州。獨依經之所言。以證傳之謬誤可也。而傳不可信。盡以爲可疑而廢傳。則無以知其事之本末。盡以爲可信而任傳。則經之宏意大旨。或泥而不通矣。要在學者詳考而精擇之可也。劉氏敞曰。左氏曰。莒人弒其君買朱鉏。言罪之在也。如是則父有罪。子得而弒之也。蔡世子般弒其君固。固之惡最甚矣。何以亦貶乎。且經曰密州。傳曰買朱鉏。吾誰適從哉。程子曰。莒子虐。國人弒之。而立展輿。展輿非親弒也。故書國人。又曰。春秋傳爲案。經爲斷。以傳考經之事迹。以經別傳之眞僞。家氏鉉翁曰。左氏云。書莒人之弒其君。言罪之在也。置其子之大惡。歸過於其父。春秋必不然。蓋犂比公虐。國人作亂而弒之。展輿既廢於父。而見立於國人。使展輿能討賊於既立之後。庶乎可免矣。

春秋卷之十一

國家圖書館出版品預行編目資料

春秋三傳／孔子著；（晉）杜預，（漢）何休，（戰國魯人）穀梁子注釋. -- 初版. -- 新北市：華夏出版有限公司, 2024.04
冊；　公分. --（傳世經典；006-008）
ISBN 978-626-7296-96-7（上冊；平裝） --
ISBN 978-626-7296-97-4（中冊；平裝） --
ISBN 978-626-7296-98-1（下冊；平裝）
1.CST：春秋三傳 2.CST：注釋

621.7　　112016093

傳世經典 007
春秋三傳（中）

著　作　孔子
注　釋　（晉）杜預、（漢）何休、（戰國魯人）穀梁子
出　版　華夏出版有限公司
220 新北市板橋區縣民大道 3 段 93 巷 30 弄 25 號 1 樓
電話：02-32343788　傳真：02-22234544
E-mail：pftwsdom@ms7.hinet.net
印　刷　百通科技股份有限公司
電話：02-86926066 傳真：02-86926016
總 經 銷　貿騰發賣股份有限公司
新北市 235 中和區立德街 136 號 6 樓
電話：02-82275988　傳真：02-82275989
網址：www.namode.com
版　次　2024 年 4 月初版一刷
特　價　新台幣 320 元（缺頁或破損的書，請寄回更換）

ISBN-13：978-626-7296-97-4